Markus Thiel
Mariss Jansons

Markus Thiel

Mariss Jansons

Ein leidenschaftliches Leben
für die Musik

Mit 41 Farb- und Schwarz-Weiß-Abbildungen

Mehr über unsere Autoren und Bücher:
www.piper.de

ISBN 978-3-492-05959-6
2. Auflage 2020
© Piper Verlag GmbH, München 2020
Satz: psb, Berlin
Gesetzt aus der Berling
Litho: Lorenz & Zeller, Inning am Ammersee
Druck und Bindung: GGP Media GmbH, Pößneck
Printed in Germany

Inhalt

Vorwort	7
Eine zweite Geburt	11
Vaterfiguren	20
Erste Schritte zum Pult	30
Abnabelung von der Sowjetunion	43
In wilder Ehe mit Oslo	51
Durchstarten mit Tschaikowsky	59
Russische Verlockungen, internationale Triumphe	70
Britische und Wiener Seitensprünge	80
Der Herzinfarkt als Lebenszäsur	91
Abschied im Zorn	98
Gewöhnung an Pittsburgh	106
Konfrontationen und Sirenenrufe	116
Ein US-Orchester im Wandel	125
Münchner Auf- und Umbrüche	133
Ritterschlag im Concertgebouw	141

Etwas Würze für das Münchner Konzertleben	149
Amsterdamer Anfänge	157
Eine neue Saalschlacht	166
Rückkehr zur Oper	173
Mit den Münchnern um die Welt	184
Interpretation und Offenheit	194
Persönliche Favoriten	204
Die Wiener Neujahrskonzerte	213
Münchner Alltagsstress und Absagen	220
Amsterdamer Lehrmeister unter Termindruck	229
Das Münchner Konzerthaus – Ein Lebensprojekt	238
Amsterdamer Finale	247
Berliner Versuchungen	253
Stippvisiten und Modernes	260
Festspiel-Oper und Schubert-Überraschungen	268
Verhängnisvoller Tschaikowsky	277
Die letzten Auftritte	285
Coda	293
Danksagung	299
Anhang	301

Vorwort

Es hätte anders kommen sollen. Ein längeres Telefongespräch war noch verabredet. Wir wollten vor allem über Mussorgskys Oper *Boris Godunow* sprechen, die er im Sommer 2020 bei den Salzburger Festspielen zu dirigieren plante. Endlich, denn Oper war ihm kostbarer als vieles andere. Und vielleicht hätte Mariss Jansons auch ein paar Details oder Richtigstellungen zu diesem Buch angebracht, obgleich er sich nie als ständig eingreifende, über jedes Zitat wachende Instanz begriff. Doch wenige Tage vor dem Gespräch, in der Nacht zum 1. Dezember 2019, ist er in seiner Heimatstadt St. Petersburg verstorben. Gerade weil er noch Pläne hatte, übrigens auch zu seinem allmählichen Rückzug vom Pult, kam der Tod so überraschend. Es war der Tag, an dem die Musikwelt in Schockstarre verfiel.

Dabei stand er dem Projekt anfangs so skeptisch gegenüber. Dmitri Schostakowitsch habe ein Buch verdient, sagte er ganz am Anfang unserer Gespräche. Auch Peter Tschaikowsky, Sergej Prokofjew, Richard Strauss – überhaupt all jene, deren Noten er regelmäßig auf die Pulte seiner Musiker legen ließ. Aber Dirigenten oder ganz generell Künstler jeglicher Art? Der Interpret, der Nachschaffende, der bloße Realisateur eines von einem genialen Geist geschaffenen Werks, ein solcher Mensch brauche keine Biografie: Was an Relevantem, so dachte und sprach Jansons, hätte ein solches Buch über ihn schon mitzuteilen?

Man könnte dies als Koketterie abtun, als geschmeicheltes Abwinken. Vielleicht auch als Skepsis, die aus der Angst geboren war, zu viel preiszugeben. Doch Mariss Jansons war es Ernst damit. Es hatte auch lange gedauert, bis er mit dieser Biografie und einer Zusammenarbeit einverstanden war. »Ich bin nicht davon überzeugt«, sagte er gern. Ein Satz, den alle kennen, die mit ihm zu tun hatten. Musiker ohnehin, Mitarbeiter der verschiedenen Orchestermanagements, Agenten, Intendanten, auch Regisseure. Es ist kein Nein, kein Ja, kein Vielleicht, kein »Ich weiß nicht«. Der Zweifel sprach aus diesem Satz. Jener stumme, lästige, peinigende, aber eben dennoch wichtige, lohnende, fruchtbare Begleiter, den Jansons seit Beginn seiner Karriere stets an seiner Seite wusste und den er nicht abschüttelte – weil er es nicht konnte und es auch nicht wollte.

Und weil ein solches Buch im Grunde gar nicht zu diesem Künstler passte. Mariss Jansons war, wie diese Biografie zeigen möchte, die große paradoxe Erscheinung unter den Dirigentenstars. Einerseits war da diese so geradlinige Laufbahn. Sie begann mit großen, prägenden Dirigentenfiguren, führte weiter zu einem eher nachrangigen Orchester, das dank Jansons erstrangig wurde, setzte sich fort in einer Art Übersee-Experiment, um schließlich mit den Chefpositionen bei zwei Weltklasse-Ensembles ihre Erfüllung zu finden. Am Ende hatte dieser Dirigent, von dem Simon Rattle (übrigens auch ohne Koketterie) einst sagte, er sei »der Beste von uns allen«, Legendenstatus erreicht.

Andererseits geschah dies alles, ohne dass Jansons auf der PR-Klaviatur der Äußerlichkeiten gespielt, ohne dass er die angeblichen Erfordernisse des Klassikmarktes bedient hatte. Jansons' Karriere vollzog sich ohne jenes Begleitgetöse, das bei anderen auch Unzulängliches gnädig übertönt. Und wenn er gelegentlich solchen Maßnahmen zustimmte und sie einsetzte, dann war dafür eine oft für alle Beteiligten enervierende Umstimmungsprozedur erforderlich (»Ich bin nicht überzeugt«).

Neben einer Schilderung seines Lebenswegs und der genauen Beleuchtung der biografischen Stationen sollen hier also auch übergreifende Aspekte thematisiert werden. Die Darstellung und Deutung orientiert sich dabei an Jansons' Orchesterstationen. Manchmal kann es zu themenbedingten Überschneidungen, Parallelisierungen und zeitlichen Sprüngen kommen. Wenn diese Biografie nicht immer der Chronologie folgt, dann deshalb, weil sich dadurch Konstanten und Querverweise akzentuieren lassen.

Zu den hier leitenden Fragen zählt zum Beispiel jene nach dem Selbstverständnis des Dirigenten Jansons in seiner Rolle als Orchesterchef, aber auch als Interpret, der bei aller Klangarbeit und klar konzeptionierten Orchestererziehung offen blieb für die Haltungen der Kollegen und andere Richtungen der Aufführungspraxis.

Zur Sprache kommt darüber hinaus das Selbstverständnis eines Künstlers, der von Vorbereitung und Analyse geradezu besessen war – und dessen Arbeitshaltung auf die Orchester ausstrahlte: Obgleich Jansons in der Zeit der großen, unantastbaren, monarchisch gebietenden Maestri sozialisiert worden war, war er nie auf deren autoritäre Herrscherwerkzeuge angewiesen, um sich durchzusetzen. Was er mit seiner – auch gesundheitsgefährdenden – Arbeit vorlebte, war Argument genug. Darin zeigt sich ein weiteres Paradox seiner Laufbahn: Sie wurzelte in der Ära der Pultgebieter und erfüllte sich in einer Zeit, in der der Dirigent zum Primus inter Pares wurde, zum – gleichwohl herausgehobenen – Partner selbstbewusster Musiker. Ein Wandel, dem sich Jansons anpasste, der ihn auch veränderte.

Jansons verzehrte sich buchstäblich für seine Arbeit. Auch das machte ihn zum von allen respektierten, verehrten, geliebten Künstler. Es gibt Menschen, die ihm skeptisch gegenüberstanden, nicht zuletzt auch Musiker. Aber Jansons stieß nie auf offene, unausräumbare Ablehnung. Er war, wie dieses Buch zeigen will, ein Sonderfall im weltweiten Musikleben, weil er geradezu unangreifbar erschien – und zuweilen auch ungreifbar. Jansons hatte ausgeprägte Charakterzüge, aber keine Allüren. Und all dies kam nicht nur in seiner Rolle als Interpret zur Geltung, sondern auch als engagierter, unbeirrter, hartnäckiger Kulturpolitiker. Ob in Pittsburgh, wo er um den Erhalt des Orchesters kämpfte. Oder in München, wo er das neue Konzerthaus durchsetzen konnte – ein Vorhaben, von dem Mariss Jansons (im Gegensatz zu vielen Beteiligten und Mitstreitern) von Anfang an und rückhaltlos überzeugt gewesen war. Vielleicht wurde es auch deshalb zu seinem wichtigsten, zu seinem Lebensprojekt – auch wenn er nie ans Dirigentenpult des Konzertsaals treten durfte.

Eine zweite Geburt

Vier Takte sind es nur, kurz nachdem das berühmte Motiv erstmals in den Saal gemeißelt wird. Weil es nicht so recht klappt, wie er es sich vorstellt, singt der junge Mann im dunklen Rollkragenpullover mit den leicht zu Berge gekämmten Haaren die Passage einfach vor: »Ta, ta, ta, taaa – ti, ti, ti, tiii – ta, ta, ta, taaa.« Im Piano wandert das Motiv durch die Violinen, wird später von der Viola übernommen, bevor es zum Tutti-Ausbruch kommt. Als ob die Musiker das nicht kennen würden. Unter vielen Dirigenten haben sie die Takte gespielt, mutmaßlich auch unter ihrem aktuellen Chef Lorin Maazel. Sie haben sie in unzähligen Aufnahmen gehört und womöglich auch während der Ausbildung exerziert. Und jetzt steht da dieser 28-Jährige mit dem ernsten Gesicht, der es bei diesem Schlager tatsächlich auf Grundsätzliches abgesehen hat.

»Das ist das Wichtigste«, sagt er mit Nachdruck. »Wenn diese drei Takte zusammen sind, dann ist alles in Ordnung. Bitte alles ganz gleich, nicht schneller. Hören Sie aufeinander.« Mariss Jansons erklärt dem Radio-Symphonieorchester Berlin, dem heutigen Deutschen Symphonieorchester Berlin, den Anfang von Beethovens fünfter Symphonie. Mehr noch: Er fordert

Präzision, von teils altgedienten Musikern. »Bitte sehr, noch einmal.« Ein Blick übers Orchester hinweg, schräg nach oben, dann mit entschlossener Miene nochmals ein kurzer, fast ansatzloser Auftakt. »Ta, ta, ta, taaa.« Nachhilfe für ein etabliertes Ensemble, auch wenn es vielleicht nicht ganz mithalten kann mit den Philharmonikern derselben Stadt? Jansons darf das, es wird sogar von ihm erwartet. Im September 1971 nimmt er am Herbert-von-Karajan-Dirigentenwettbewerb teil. Schon länger ruht das Auge des Klassikgottes auf ihm, jetzt soll Jansons in Berlin die beträchtlichen Erwartungen erfüllen. Fünf Runden sind angesetzt, teilweise mit extrem schwierigem Repertoire. Für die ersten Durchgänge wurden die späteren Berliner Symphoniker engagiert. In der Jury sitzen Prominente wie der Brite Walter Legge, mächtiger Produzent des Labels EMI und Gründer des Philharmonia Orchestra London, oder der Österreicher Hans Swarowsky, einer der wichtigsten Dirigierlehrer seiner Zeit. Swarowsky notiert im Prüfungsprotokoll über Jansons und seine Interpretationen von Mozart, Beethoven und Strawinsky: »Jupiter gut, fließend unterteilt, teilweise in Triolen. Eroica sehr gut. Sacre sehr gut. Bartók besonders gut.« Sein Gesamturteil: »ursprünglicher Musiker«.

Für eine der ersten Runden hat Jansons einen Ausschnitt aus Ravels *Daphnis und Chloé* vorgeschlagen, womit er aber auf Bedenken stößt: Ein solch heikles Stück sei dafür weniger geeignet, man empfehle daher Beethovens Fünfte. Als eine Art Kompromiss darf Jansons den Ravel im Schlusskonzert des Wettbewerbs dirigieren. Filmaufnahmen vom Herbst 1971 zeigen Jansons nicht nur beim Proben, sondern auch im Konzert. Den kniffligen Übergang vom dritten zum vierten Satz im Beethoven-Opus bewältigt er mit großer Klarheit und höchster Konzentration. Immer wieder kontrollierende

Blicke ins Orchester, kein bloßes Taktieren, eine fühlbare Wachheit auf beiden Seiten, ein ständiges Regulieren.

Im Schlusskonzert dann *Daphnis und Chloé*. »Ich war sehr nervös«, erinnerte sich Mariss Jansons später. »Karajan saß im Saal, und ich war mit dem musikalischen Ergebnis meines Dirigats nicht zufrieden. Das, was ich aus dem Werk herausholen wollte, konnte ich nicht zeigen.«

Es hat nicht ganz gereicht. Den ersten Platz erringt der polnisch-israelische Dirigent Gabriel Chmura, den zweiten Preis teilen sich Mariss Jansons und der Pole Antoni Wit, Rang drei belegt der Bulgare Emil Tschakarow. Doch das eigentliche, von vielen Wettbewerbsbesuchern und von den Medien wahrgenommene Ereignis ist Jansons. Er gibt zahlreiche Interviews und erhält wohlwollende Kritiken. Er habe den reifsten Eindruck gemacht, heißt es vielfach. »Der Russe Mariss Jansons konnte auch im Konzert mit Beethovens fünfter Symphonie und *Daphnis und Chloé* brillant bestehen«, hebt ein Fernsehbeitrag hervor. »Ein junger Kenner der Partituren und des Dirigierhandwerks.«

Das Berliner Publikum reagiert auf seine Weise, ein Zuhörer spricht in die Kamera: »Der Russe war kolossal.« Bei der Preisverleihung schreitet Herbert von Karajan nochmals aufs Podium, drückt die Schultern seines Eleven mit gönnerhafter Miene. Man ahnt, wer sein eigentlicher Favorit war. Auch für den Hoffnungsträger bedeutet die Geste mehr als eine Silbermedaille, sie kommt einer zweiten Geburt gleich: »Ich war nicht mehr der Sohn von Arvīds Jansons«, sagte er später. »Ich war nun Mariss Jansons.«

Die erste Geburt ereignet sich 28 Jahre zuvor im lettischen Winter des Jahres 1943. Allerdings nicht wohlbehütet und mit entsprechender medizinischer Versorgung, sondern unter Todesgefahr. Iraīda Jansone, Angehörige einer jüdischen Familie, hält sich in Riga versteckt, die Stadt ist von den Deutschen besetzt. Ihr Bruder und ihr Vater wurden bereits von der SS ermordet. Auch sie fürchtet, verhaftet und deportiert zu werden.

Am 14. Januar 1943 bringt sie ihren Mariss zur Welt – in einem Land, das kaum mehr existiert. Seit 1941 steht Lettland unter deutscher Besatzung. Doch war das Land bereits vor dem Einmarsch der Wehrmacht vollkommen traumatisiert von einem Jahr sowjetischer Besatzung. Zigtausende Letten wurden nach Sibirien gebracht, es herrschte ein Terrorregime. Die Deutschen werden von vielen als Befreier begrüßt. Manche sehen sie als das kleinere Übel, andere als Verheißung. Die Invasoren aus dem Westen können auch auf Kollaborateure vertrauen.

Ob importiert oder im Land schon längst unterschwellig präsent: Ein verheerender Antisemitismus bricht sich Bahn, der für die jüdische Bevölkerung einem Todesurteil gleichkommt. Bis zum Spätherbst 1941 ist die jüdische Gemeinde nahezu ausgelöscht, bei den Massakern im Wald von Rumbula etwa werden fast 30 000 Juden ermordet. Kurz zuvor entsteht in Riga, der sogenannten »Moskauer Vorstadt«, ein Getto, in dem Tausende Juden zusammengepfercht werden. Da auch Deportierte aus dem Westen hier hausen müssen, verschlimmern sich die Wohnverhältnisse drastisch.

Das Zusammenleben wird unerträglich. Viele werden daraufhin aus der Stadt in die lettischen Wälder transportiert und getötet. Im Juni 1943, wenige Monate nach Mariss Jansons' Geburt, verfügt der Reichsführer der SS, Heinrich Himmler, dass auch in Lettland Konzentrationslager entstehen sollen. Das Getto von Riga wird schrittweise aufgelöst. Nur ein kleiner Teil der lettischen Juden kann dem Grauen entkommen, versteckt, geduldet, unterstützt von wohlwollenden Landsleuten. Iraīda Jansone und ihr einziges Kind Mariss gehören dazu. Die damals Verfolgte ist mit dem Dirigenten Arvīds Jansons verheiratet. Eine Musikerbeziehung: er der geachtete Mann am Dirigentenpult und frühere Geiger im Opernorchester und sie die Mezzosopranistin. Als der Krieg endlich vorüber, jedoch noch längst nicht psychisch bewältigt ist, sind beide am Opernhaus ihrer Heimatstadt Riga engagiert. Einen Babysitter kann und will sich das Paar nicht leisten, allerhöchstens eine Putzfrau, um die Wohnung in Ordnung zu halten. Und so wird der kleine Mariss fast täglich in den Musentempel mitgenommen – was ihm nicht allzu viel auszumachen scheint. Er erforscht die geheimnisvollen dunklen Gänge hinter der Bühne und Garderoben und ist ständig von singenden, tanzenden, spielenden Menschen umgeben.

Das Grauen der deutschen Besatzung mag überwunden sein, doch nun führt die Familie ein Leben unter dem Sowjetsystem – und wird bedroht. Mariss erfährt dies bereits im Alter von vier Jahren. Ein KGB-Offizier taucht plötzlich auf, um seine Tante mitzunehmen. »Warum?«, fragt der Junge. Da antwortet der Uniformierte: »Wir gehen ein bisschen spazieren, dann kommt sie zurück.« Die Tante wird nach Sibirien deportiert.

Umso mehr bietet die Oper einen Schutzraum, auch eine Flucht aus der Realität. Mariss nimmt die dort aufgeführten Werke in sich auf, anfangs unbewusst, später mit immer größerer Faszination. Wird für Tschaikowskys *Schwanensee* oder *Don Quichotte* auf eine Musik von Ludwig Minkus geprobt, tanzt Mariss das Beobachtete später der Putzfrau in der elterlichen Küche vor. Nicht immer zur Begeisterung des Einfraupublikums, Pfannen und Töpfe fallen zu Boden, Teller gehen zu Bruch. Sehr bald schon darf Mariss auch die Aufführungen verfolgen, wobei ihm die Trennung von Fiktion und Realität nicht immer leichtfällt. An einem Abend sitzt der Fünfjährige wieder einmal in der Loge rechts über dem Orchestergraben. Wie so oft steht seine Mutter auf der Bühne, diesmal als Carmen. Wie im Stück vorgesehen, stürzt sich im letzten Akt der Tenor auf sie, es ist Don José in seinem finalen Eifersuchtsanfall mit tödlichen Folgen. »Bitte nicht meine Mutter berühren!«, gellt es plötzlich aus der Loge. Arvīds Jansons bringt seinen Sohn weg.

Zwischen Mutter und Sohn entwickelt sich – auch weil der Vater durch den Beruf stark gefordert ist – eine besonders innige Beziehung. Die Unterdrückung und Auslöschung der jüdischen Bevölkerung ist kaum ein Thema in der Familie. Noch immer, auch später, grassiert in der Sowjetunion ein schleichender Antisemitismus, manchmal tritt er offen zutage. Empathie, humanitäre Prinzipien, auch religiöse Grundsätze, all das lehrt Iraīda Jansone den kleinen Mariss und lebt es ihm vor. Auch strenge Manieren, wie sie im Lettland der damaligen Zeit und in dieser Gesellschaftsschicht üblich waren.

In der Schule setzt sich diese Erziehung für das Kind fort. »Wir hatten dort sehr eiserne Regeln, was den mitmenschlichen Umgang betraf«, erinnerte sich Jansons. »Wenn der Lehrer einen etwas fragte, musste man aufstehen. Außerdem mussten wir Jungen uns immer verbeugen und die Mädchen knicksen. Und für eine Note, egal wie schlecht, mussten wir uns bedanken.« Zeitlebens stand Jansons unter dem Einfluss dieser Prägung. Mit einer antiautoritären Erziehung (»Das macht uns doch eher zu Wilden«) konnte er wenig anfangen: »Ich mag altmodisch sein, aber es geht doch um das Miteinander. Um gesellschaftliche Beziehungen und darum, wie man sich in die Gemeinschaft einbringen kann und sollte.« Eine autoritäre Stimmung herrscht im Hause Jansons dennoch nicht. Nie bekommt der Sohn von der Mutter ein simples »Du musst!« zu hören. »Sie hat mir alles erklärt, sodass ich alles verstehen konnte. Und sie hat mir alles mit Liebe vermittelt.«

Vom Vater ist das Kind zutiefst fasziniert, ebenso wie von dessen Beruf, mit dem man ein großes Ensemble steuern kann. Im Opernhaus beobachtet Mariss zwar mit Freude das Bühnengeschehen. Doch wandert sein Blick in diesen Jahren immer häufiger zum Pult. Auch dies macht sich zu Hause bemerkbar. Mariss zieht sich dort gern ein Hemd und eine saubere Hose an, stellt sich vor den Tisch, legt ein Buch darauf und verteilt Holzstücke vor sich – seine »Musiker« und seine »Partitur«. Schon mit drei Jahren beginnt dieses Nachahmen und Nachspielen. Es gibt Fotos, die diese Szenen zeigen: Mariss mit zerzauster Frisur und Taktstock in der rechten Hand. Später, als er schreiben kann und mehr über Komponisten, ihre Werke und ihre Geschichte weiß, verfasst er sogar Programmhefte für imaginäre Abonnenten. »In meiner Fantasie hat sich schon damals festgesetzt, dass ich Dirigent bin«, sagte er viel später. »Ich war in dieser Welt und habe mit diesen Ideen gelebt.«

Die Eltern reagieren anfangs amüsiert, begreifen aber bald, dass diese Begeisterung nicht bloß eine vorübergehende Phase ist: Ihr Sohn meint es ernst. Nie haben sie ihr Kind zu diesem frühen Zeitpunkt zur Musik gezwungen. Mariss wächst natürlich und wie selbstverständlich in diese Welt hinein. Diese Entwicklung kann gerade deshalb nicht mehr rückgängig gemacht werden, weil sie durch Wahrnehmung, eigenes Wollen und Spielerisches angestoßen wird. »Es war«, so sagte Jansons im Rückblick, »als ob es da einen Sonnenstrahl gab, der mir zeigte: Schau, geh diesen Weg.«

Mit sechs Jahren bekommt Mariss vom Vater eine Geige. Arvīds Jansons ist der Meinung, dies sei das richtige Instrument für den Sohn, und unterrichtet ihn selbst. Der Kleine macht schnell Fortschritte, aus dem ersten Kratzen werden bald akzeptable, ansprechende Klänge. Doch das ständige Üben, das Arbeiten am Ton ermüdet sogar den Hochbegabten. Mariss verliert die Lust, auch weil er noch eine andere Leidenschaft hegt. Dieser geht er nicht im Musikzimmer der elterlichen Wohnung, sondern im Hinterhof nach.

Fast täglich treffen sich Mariss und seine Freunde zum Fußball. Ein paarmal gehen Fensterscheiben zu Bruch, einige Anwohner sind empört. Die jungen Spieler lassen sich davon nur vorübergehend stören. Ab und zu ist ein Mädchen dabei, das in einem der angrenzenden Häuser wohnt. Ihr Vater ist der bekannte Trainer der Mannschaft »Daugava«, die Jungs erkundigen sich, ob sie bei ihm vorfühlen könne. Ein paar Tricks, einige Kniffe, das könnten sie gut gebrauchen. Der Trainer lässt sich überzeugen und staunt über das Talent des achtjährigen Mariss.

Der hat inzwischen die Geige so gut wie aufgegeben. Fußballspieler, so denkt er sich, das wäre doch als Karriereziel auch nicht übel. Eines Tages spricht der Trainer beim Ehepaar Jansons vor. Ihr Sohn, schwärmt er, könne ein sehr guter Spieler werden. Ob man ihn nicht auf eine Sportschule schicken wolle? Die Eltern sind entsetzt, eine Äußerung des Vaters besiegelt alles: »Vergiss es.« Und zum Trainer gewandt: »Er wird Musiker.«

Ein Schock für Mariss Jansons. Doch kann er nicht sehr lange angehalten haben. Im Nachhinein nahm er den Eltern die Entscheidung nicht krumm. »Niemand hat mich je zur Musik gezwungen.« Die »besondere Atmosphäre«, die ständig präsenten großen Komponisten und ihre Werke setzen ihn nicht unter Druck, all dies wird zur Selbstverständlichkeit. Und so reift bald die Einsicht: Sollte auch er sich später in der Welt der Musik bewegen wollen, dann nur auf Basis einer profunden Ausbildung. Erste entsprechende Kenntnisse hat sich Mariss Jansons ohnehin schon angeeignet. Eines der ersten Werke, das er regelmäßig hört, beginnt mit jenem »Ta, ta, ta, taaa«, das er später dem Radio-Symphonieorchester Berlin vorsingen wird. Beethovens fünfte Symphonie fasziniert ihn bereits als Kind. Immer wieder müssen die Eltern für ihren Sohn die Platte auflegen. Bis Mariss Jansons eines Tages, das improvisierte Dirigieren am Küchentisch ist längst vorbei, selbst in die Partitur von Beethovens Opus 67 blickt. Er lernt, mitzulesen, Instrumente zu erkennen, Entwicklungen zu verfolgen. Dem faszinierten Jungen wird immer klarer, was hinter den Klängen aus dem Lautsprecher steckt. Mehr noch: Diese Symphonie wird nicht nur zum heiß geliebten Werk, sondern auch zur Medizin: »Immer wenn ich krank war und zu Hause bleiben musste, bat ich meine Mutter, sie solle mir die Partitur der Fünften bringen. Dann legte sie die Platte auf – und ich war in meiner Welt.«

Vaterfiguren

Keiner darf davon erfahren. Nach der langen, auch ungeliebten Existenz als Korrepetitor, nach Kämpfen mit dem Vater und wiederholten Demütigungen nun also das Debüt als Dirigent. Nicht im Zentrum der Metropole, sondern in einer Nachbarstadt. Nicht mit großer Symphonik oder Oper, sondern mit Operette – Carl Millöckers *Gasparone* steht auf dem Programm. Und dies alles unter einem Pseudonym, da der Familienname weder den Sohn noch den Vater belasten soll. Und so tritt im Februar 1955 ein »Karl Keller« ans Pult in einer Gaststätte, die als Ersatzspielort des Potsdamer Hans-Otto-Theaters dient. Dass es sich um Karl, später Carlos, Kleiber und somit den Sprössling des hoch geachteten Erich Kleiber handelt, wissen nur Eingeweihte.

Eine komplizierte, auch verkorkste Vater-Sohn-Beziehung trägt hier ihre vielleicht seltsamste Frucht. Wohl kein anderer Dirigenten-Nachkomme mit eigenen musikalischen Ambitionen und enormem Talent macht im 20. Jahrhundert eine solch belastende Entwicklung durch. Das Beispiel Erich und Carlos Kleiber steht fast automatisch vor Augen, wenn es um einen anderen dynastischen Dirigentenfall geht. Auch in Mariss Jansons' Leben gibt es eine starke, berühmte, prägende

Vaterfigur. Ein Vorbild, verehrt, bewundert und ihm ergeben, ohne das er nie eine künstlerische Laufbahn eingeschlagen hätte – auch wenn es erhebliche und entscheidende Unterschiede zu den Kleibers gibt.

Arvīds Jansons wird am 10. Oktober 1914 in der lettischen Hafenstadt Liepāja geboren, die damals zum russischen Reich zählt. Er hat drei Schwestern und einen Bruder und ist – vorerst – der einzige Musiker der Familie. Von 1929 bis 1935 studiert er Violine am städtischen Konservatorium, auch um die Familie finanziell zu unterstützen. Fünf Jahre später sitzt Arvīds Jansons unter den zweiten Violinen im Opernorchester von Riga – einmal spielt er auch unter Erich Kleiber. Parallel studiert er Komposition und Dirigieren, unter anderem bei Leo Blech, der aus Deutschland emigrieren musste.

Als im Zweiten Weltkrieg über 40 Prozent der lettischen Künstler das Land verlassen müssen und daher Dirigenten dringend benötigt werden, um das Theaterleben aufrechtzuerhalten, bekommt der 30-Jährige seine Chance. Auch er darf nun ans Pult, anfangs hauptsächlich als Ballettdirigent, Opern kommen erst später hinzu. Ein künstlerischer Makel ist das nicht, anders als im heutigen Theatersystem, wo Ballettdirigenten wesentlich weniger angesehen sind und Generalmusikdirektoren sich so gut wie nie für eine Ballettpremiere erwärmen können.

In jener Zeit bringt die Oper von Riga pro Saison meistens fünf Neuproduktionen heraus. Entweder drei Opern und zwei Ballette oder umgekehrt. Bei den sowjetischen Soldaten und anderen Bürgern der Besatzungsmacht steht dieses Genre hoch im Kurs – nicht nur, weil es hier weniger Verständnisschwierigkeiten gibt als in den auf Lettisch aufgeführten Opern. Auch die lettische Oberschicht neigt traditionell zum Ballett, Arvīds Jansons wird also schnell bekannt.

Er wird bei nahezu allen Ballettpremieren eingesetzt, übernimmt aber auch Opern, meistens Nachdirigate des Chefs. 1945 finden sich in seinem Terminkalender unter anderem *Tosca, Otello, La Traviata, Pique Dame, Carmen*, vor allem aber die Ballette *Don Quichotte, Laima, Dornröschen, Rote Mohnblume* und *Geist der Rose*. Dank eines Gesetzes aus dem Jahr 1920 genießt die Nationaloper einen besonderen Status: Staatliches Geld ist garantiert, die öffentliche Hand fördert Oper und Ballett als Teil der nationalen Kultur, mehr noch: als Teil der nationalen Identität.

Insofern ist die Familie Jansons nicht nur durch den Beruf des Vaters privilegiert, sondern auch, weil sie in den Augen des Staates an der Bewahrung und Fortentwicklung des nationalen Selbstverständnisses mitarbeitet. Und weil sie damit weit entfernt von jener gesellschaftlichen Realität des Baltikums lebt, die nur die Agrarwirtschaft oder die industrielle Produktion kennt. Dieser Status geht jedoch nicht mit politischen Zwängen einher. Arvīds Jansons vermeidet im Sowjetreich eine Parteimitgliedschaft. Überhaupt sind ihm diesbezügliche öffentliche und offizielle Äußerungen fremd. Erst recht in der zweiten Hälfte der Vierzigerjahre bis zum Tod Stalins, die für das Theaterleben eine enorm schwierige Zeit bedeutet.

In ihren Gesprächen verschonen die Eltern ihr einziges Kind von solchen Themen. Lieber setzen sie auf die Faszinationskraft und die fiktive Welt der allabendlichen Bühnenerlebnisse, was man auch als Flucht aus der Realität verstehen könnte. »Insgesamt gesehen hatte ich eine glückliche Kindheit«, bestätigte Mariss Jansons. Vater und Mutter vermeiden es, den Sohn allzu stark zu verwöhnen und den eigenen Status auszuspielen. »Ich halte es für gefährlich, wenn alles zu reibungslos klappt und die Eltern einem alles ermöglichen.« Einmal, als der

Sohn unbedingt ein Spielzeugauto haben will, wird ihm der Wunsch verweigert, erinnerte sich Jansons. »Ich war sehr traurig, mir wurde aber auch gezeigt: Das Leben ist nicht so sonnig und einfach, wie es manchmal bei uns schien.«

Stilistisch ist Arvīds Jansons kein Dirigent, der sich emotional in den Werken verliert oder besondere Eitelkeit an den Tag legt. Der Begriff mag etwas abgedroschen sein, aber er ist ein Diener der Musik im besten Sinne. Noch heute zeugen Dokumente davon. Die Filmaufnahmen zeigen eine absolut klare, handwerklich orientierte, jedoch nie unterkühlte Zeichengebung. Dies spiegelt sich in den Interpretationen wider: Tschaikowskys *Schwanensee*-Musik zum Beispiel wird so luzide wie pathosarm entwickelt, bleibt dabei aber sehr flexibel in den Tempi. Diffuses, Unscharfes, Flächiges meidet Arvīds Jansons: Eine äußerst detailbewusste, frische, mit viel Brio und Angriffseffekten dirigierte *Symphonie fantastique* von Berlioz gibt davon Kunde.

Einen fast kuriosen Sonderfall bildet eine Aufnahme mit Mozarts Requiem. Die Tempi sind sogar noch getragener, extremer als jene von Sergiu Celibidache. Das *Lacrimosa* ist mutmaßlich das langsamste der Aufführungsgeschichte, das Stocken, Innehalten, die dennoch eigentümliche Magie erzählen auch viel von der inhaltlichen Reflexion und der Religiosität ihres Interpreten. Und wie Arvīds Jansons trotz dieser Zeitlupenmomente Bögen spannt, Steigerungen kontrolliert und auf Kantabilität achtet, verrät einiges von seiner technischen Souveränität.

Von 1947 bis 1952 ist er zusätzlich Dirigent des Lettischen Radio-Orchesters – bis er den ersten Leningrader Dirigentenwettbewerb nach dem Krieg gewinnt. Von der schon damals legendären Leningrader Philharmonie bekommt er das Angebot, Assistent des

Chefdirigenten Jewgenij Mrawinsky zu werden. Arvīds Jansons zögert nicht lange, nimmt den Posten an und wechselt nach Leningrad. Zunächst ist er auf der zweiten Assistenzposition hinter Kurt Sanderling, später, als dieser in die DDR geht, rückt Arvīds Jansons auf. Frau und Kind lässt er in Riga zurück, erst vier Jahre später ist die Familie in der russischen Metropole wieder vereint. Viele Zweiergespräche dürften vor diesem Entschluss geführt worden sein. Aber mit Sicherheit spielt auch eine Lebensmaxime von Arvīds Jansons eine Rolle, über die er mit dem Sohn spricht und die dieser später zu seinem Credo machen wird, auch wenn er nicht immer danach handeln kann: »Ich habe Papa oft gefragt: Wie entscheide ich mich im Leben? Er meinte dann immer: Wichtig ist, dass du dein Herz fragst, es wird dir richtig antworten. Schon im ersten Moment nach dieser Frage bekommst du eine Antwort, darauf musst du hören. Eine Sekunde danach kann es schon zu spät sein, da hat sich schon der Kopf eingeschaltet.«

In Leningrad bezieht Arvīds Jansons eine kleine Wohnung direkt an der legendären Philharmonie. Ab und zu bekommt er Besuch von Frau und Kind, die sich in der Enge zurechtfinden müssen. Der plötzliche, die Familie so belastende Wechsel hat mehrere Gründe. Zum einen weiß Arvīds Jansons, dass ihn auf der anderen Seite der Ostsee ein wesentlich höheres musikalisches Niveau mit entsprechenden Aufstiegsmöglichkeiten erwartet. Zum anderen gibt es atmosphärische Probleme mit Leonīds Vīgners, dem Chefdirigenten in Riga. Arvīds Jansons versteht, dass er dort nicht weiterkommt. Seine Kündigung hat negative Konsequenzen, ein paar Monate später verliert Iraīda Jansone ihr Engagement an der Oper. Für Ehefrau und Sohn bricht eine schwierige Zeit des Übergangs an. »Viele Letten waren damals neidisch auf meinen Vater«, sagte Mariss Jansons. »Sie haben ihm übel genommen, dass er ging. Als er aber berühmt wurde, da waren alle stolz auf ihn.« Der Sohn ist trotz allem fasziniert von der neuen Position seines väterlichen Vorbilds: Mit neun Jahren kennt er die Familiennamen aller 220 Mitglieder der Leningrader Philharmonie auswendig – obgleich er bis zu diesem Zeitpunkt kein einziges Mal an die Newa gereist ist. 1956 holt Arvīds Jansons seine kleine Familie schließlich zu sich. Oberflächlich gesehen eine Wiedervereinigung, eine Klärung der Familienverhältnisse, für den Sohn aber eine Katastrophe. Ein Einschnitt, der vielleicht größte, folgenschwerste im Leben von Mariss Jansons.

Nicht nur, dass er all seine Freunde, ob aus Musik oder Sport, hinter sich lassen muss, das Kind spricht auch kein Wort Russisch, ist also anfangs vollkommen isoliert. Die Eltern besorgen einen Privatlehrer. Und für Mariss – zusätzlich angestachelt vom Vater und aus Angst, ihn zu enttäuschen – beginnt eine gewaltige Aufholjagd. Aus dem 13-Jährigen wird kein verschüchterter, zurückgezogener Teenager, sondern ein Workaholic. Mit an Besessenheit grenzender Intensität lernt er Russisch, damit er in der Schule bestehen kann. Und er trifft in Leningrad auf einen weiteren Mann, der ihm dies alles vorlebt und der in künstlerischer Hinsicht zu einer zweiten Vaterfigur wird: Jewgenij Mrawinsky.

Er, der am 22. Mai 1903 in St. Petersburg zur Welt kam, ist so anders als Arvīds Jansons. Enorm selbstbewusst, aristokratisch bis zur Unnahbarkeit, unerbittlich, gefürchtet, auch Angst einflößend. Mrawinsky ist ein autoritärer Orchestererzieher, eine Art sowjetische Version von Arturo Toscanini oder George Szell. Nachdem er 1936 einen Dirigentenwettbewerb für sich entscheidet, übernimmt er die Leningrader Philharmonie und formt sie zu einem weltweit konkurrenzfähigen Spitzenensemble. Erst 1982 tritt er vom Amt zurück, bleibt dem Orchester aber bis zu seinem Tod im Jahr 1988 verbunden. In dieser überlangen Chefperiode dirigiert er die Uraufführungen von sieben Schostakowitsch-Symphonien, ist Widmungsträger dessen achter Symphonie, bevor nach einem Streit über Schostakowitschs Dreizehnte das gute Verhältnis zerbricht. Politisch verhält sich Mrawinsky eher unauffällig, ist aber so etwas wie der musikalische Zar der Sowjetunion.

Sein Wesen spiegelt sich in seinen Interpretationen wider. Ob bei Tschaikowsky oder bei anderen russischen Komponisten: Mrawinsky ist ein Interpret, der keinem Klischee entspricht. Die Klarheit des Stils, die unverschleierte Dramatik, die fast extreme Trennschärfe und kristalline Brillanz sind einzigartig. Im kühlen Feuer seiner neuen Sachlichkeit strahlen auch die anderen Komponisten. Filmaufnahmen zeigen, wie er Werke bisweilen eher abruft, als sein Orchester emotional zu befeuern. Diese Sicherheit, ob aufseiten der Musiker oder ihres Dominators, hat eine Vorgeschichte: Selbst für die Wiederaufnahme der Repertoireschlager versenkt sich Mrawinsky erneut in Partituren und lässt sein Orchester für viele Proben antreten. Auch Mariss Jansons wird das später so halten, ein Zufriedengeben mit dem einmal Erreichten wird ihm immer fremd bleiben. Im Westen stößt Mrawinsky mit seiner Arbeit bei großen Kollegen auf Bewunderung. Als Herbert von Karajan, so eine Anekdote, Tschaikowskys Fünfte einspielt und nach Abschluss der Sitzungen Mrawinskys Interpretation hört, befiehlt er, die Bänder zu vernichten.

In Mariss Jansons Charakterisierung war Mrawinsky »eine Figur aus Stahl, aber in seinem Innersten voller Liebe und Emotion«. Einmal beobachtete Jansons in Leningrad eine bezeichnende Szene: Der Pianist Swjatoslaw Richter, der Geiger David Oistrach und der Cellist Swjatoslaw Knuschewitsky stehen vor Konzertbeginn zusammen und unterhalten sich lebhaft. Dann geht Mrawinsky vorbei: »Er hat nichts getan, er hat nichts gesagt – er ging nur vorbei. Und diese drei Genies, diese Künstlerlegenden verstummten plötzlich und standen wie hypnotisiert da. Das war diese Magie, diese Aura seiner Willensstärke. So war es auch mit Karajan. Er sprach kein Wort zu viel.«

Von Mrawinsky wird Jansons die extreme Probenökonomie lernen. Von Beginn an konfrontiert der russische Großmeister sein Orchester mit einer genau bis penibel vorgefertigten Klangvorstellung, arbeitet vor allem viel an der Koordination und am rhythmischen Gerüst. Doch statt, wie manch anderer Kollege, bei der Umsetzung auf die Musiker zu vertrauen, sich hier also zurückzunehmen, gibt er ihnen zudem spieltechnische Hinweise. Momente, die Jansons damals enorm imponieren und ihn beeinflussen werden. Er begreift, wie entscheidend der Rat des Vaters war, sich auch auf Instrumenten ausbilden zu lassen – um die Orchestermusiker nicht nur mit theoretischen, konzeptionellen Probenhinweisen für seine Interpretation einzunehmen.

Im Lichte der beiden so unterschiedlichen Dirigenten Jewgenij Mrawinsky und Arvīds Jansons erfährt Mariss Jansons also seine musikalische Sozialisation. Komplexer wird das Verhältnis dadurch, dass sich Mrawinsky auch für Arvīds Jansons zur dominierenden Persönlichkeit entwickelt, von der er, als Assistent, zugleich abhängig ist. Das Leben der kleinen Familie wird also beeinflusst und in gewisser Weise auch bestimmt von einem allseits gefürchteten Übervater, der Kommunikation als Einbahnstraße begreift. Auch damit müssen sich Iraīda, Mariss und Arvīds Jansons nun arrangieren. Sowohl Arvīds Jansons als auch Jewgenij Mrawinsky erkennen und fördern das Talent des Nachwuchsmusikers und stellen sich ihm nicht entgegen. Das ist womöglich der entscheidende, auch charakterbildende Unterschied zu Carlos Kleiber. Wie sich der Kleiber-Freund Michael Gielen erinnert, habe Carlos von Erich Kleiber auf seinen Dirigentenwunsch zu hören bekommen: »Ein Kleiber ist genug.« Der Sohn wird sogar in die naturwissenschaftliche Richtung getrieben und muss ein Chemiestudium aufnehmen, das er jedoch abbricht. Auch später, als der Vater endlich das Berufsziel von Carlos akzeptiert, zeigt dieser oft eine merkwürdige Unlust, vor allem am theoretischen Unterbau des Dirigierens. Kleiber-Biograf Alexander Werner schreibt dazu: »Er stand unter Druck und setzte sich unter extremen Druck, was bei aller Gewissheit des eigenen Könnens nichtsdestoweniger Selbstzweifel und Versagensängste auslöste.« Und: »War das Ergebnis nicht so, wie er es sich vorstellte, litt er psychisch und körperlich.«

Mariss Jansons bleibt vor solchen Extremzuständen, auch vor grundsätzlichem, fast pathologischem Zweifel am eigenen Lebensweg bewahrt. Dies nicht zuletzt, weil ihm Vater und Mutter stets sehr nahestehen und einen verständnisvollen Austausch ermöglichen – anders als Erich Kleiber, der oft monatelang gastiert und für seine Familie nicht greifbar ist. Überdies hat sich Letzterer längst zu einem Global Player des Musiklebens entwickelt, mit einer entsprechenden Karrierestrategie, die ihn an die Hotspots des Klassikzirkus treibt. Der Stern von Arvīds Jansons dagegen strahlt wesentlich weniger hell, obgleich er die Leningrader Philharmoniker ein paarmal im Ausland dirigiert, Engagements in Japan und Australien erhält und ab 1965 ständiger Gastdirigent des britischen Hallé Orchestra wird. Während bei Carlos Kleiber die Auseinandersetzung mit dem Vater, aber auch der selbst auferlegte Zwang, sich abzugrenzen, zu einem jahrzehntelangen Trauma führen, hat für Mariss Jansons im Grunde nur der Umzug aus Lettland nach Russland tief greifende Folgen. Das Gefühl, der neuen Situation sofort gerecht werden zu müssen, vielleicht auch, den Vater nicht enttäuschen zu dürfen, und der Anspruch, dabei schnellstmöglich und stringent zum Ziel zu kommen, bestimmen nun das Leben des Teenagers – und legen den Grundstein für sein späteres Berufsethos. »Ich wurde ein fanatischer Arbeiter mit einem fanatischen Verantwortungsgefühl. Ich wollte nie schlechter als die anderen sein. Ich hatte in der Musikschule manchmal acht Stunden lang studiert, zu Hause wartete dann die Privatlehrerin für die anderen Fächer. Manchmal habe ich bis Mitternacht gearbeitet.«

Allerdings treiben die Eltern ihr einziges Kind nicht mit Strafandrohungen dazu an, sie stehen ihm vielmehr wohlwollend zur Seite. In der Extremsituation einer vollkommenen Entwurzelung formen sich wesentliche Charakterzüge von Mariss Jansons aus, die noch viel später ausgeprägt sind – er leidet nicht unter seinem Vater, eher unter der Last, die er sich selbst in dieser Situation aufbürdet. Die Parallelen zum deutschen Dirigentenduo waren ihm bewusst, erst recht aber die entscheidenden Unterschiede: »Ich bekam zwar wie Carlos Kleiber die Partituren meines Vaters, nach denen ich mich richtete. Er war aber ein lieber Mensch, der mich immer unterstützte. Er war fast zu herzlich und zu bescheiden anderen gegenüber. Er war mir als Musiker und Mensch ein Vorbild. Wenn es Probleme gab, bin ich eher zu meiner Mutter gegangen. Sie hatte einfach mehr Zeit, ich war fast dauernd mit ihr zusammen. Sie war in einer besonderen Weise verrückt, weil sie mich so stark geliebt und beschützt hat.«

Erste Schritte zum Pult

Gut 600 Kilometer liegen zwischen Riga und Leningrad, das heute wieder St. Petersburg heißt. Damals lässt sich die Strecke in einer Tagesreise bewältigen. Mariss Jansons hat allerdings Mitte der Fünfzigerjahre das Gefühl, er werde nie in der Stadt an der Newa ankommen. In Leningrad erlebt er seinen ersten großen Kulturclash. Und daran ist nicht nur die anfangs unverständliche Sprache schuld. Auch vermeintlich kleine Dinge sind ihm fremd. Dem Kind wurde in Riga beigebracht, sich ständig zu verbeugen. Aus Dankbarkeit, aus Freundlichkeit, im täglichen Umgang. Eine zurückhaltende Höflichkeit ist Familienpraxis. Doch in der Sowjetunion, so muss der Teenager nun erfahren, gibt es Wichtigeres. Nicht selten ist der Umgang ruppiger.

»Ich war ein Knabe, der nicht anders sein wollte und der auch nicht zeigen wollte, dass er von Lettland anderes gewöhnt war.« Seine Devise heißt in den ersten Jahren: Nur nicht auffallen. Nur niemandem zeigen, dass man nicht allein aus einem fremden Land, sondern auch noch aus einer privilegierten Schicht stammt. Der Vater bringt Geschenke mit nach Hause, auch hochwertige Kleidung – Mariss weigert sich, diese in der Schule zu tragen. Ohnehin vermeidet er es, seinen Mitschülern vom Vater und dessen Beruf zu erzählen. Schnell durchschaut der Heranwachsende die Gepflogenheiten und Traditionen des sowjetischen Systems. Wenn in der Arbeiterschicht der Sohn denselben Beruf wie der Vater ausübt, dann ist das nicht nur gesellschaftlich sanktioniert, es wird sogar gefördert. In den oberen Schichten verhält sich die Sache anders. Viele Kinder berühmter Eltern profitieren von ihrem familiären Status, kommen über Protektion und oft mit ungenügenden Voraussetzungen an ihre Positionen. Keinesfalls will sich Mariss hier etwas vorwerfen lassen. Arvīds Jansons ist einer der Ersten, die sich in Leningrad einen Mercedes leisten können. Das Auto ist schnell stadtbekannt, ebenso sein Besitzer. Als ihn der Vater zur Schule fährt, bittet Mariss, ihn ein paar Straßen vorher aussteigen zu lassen. Spontan, aus eigenem Willen sei dies geschehen, berichtete er. »Mich hat das nicht frustriert. Ich war sogar glücklich darüber, dass ich so gehandelt habe. Sonst hätte ich mich geschämt. Ich wollte einfach nicht zeigen, dass wir mehr besaßen als der Durchschnitt der Bevölkerung.«

Die Mitschüler nehmen den Neuen ohne Ressentiments auf. Vielleicht auch, weil sie merken, wie sehr Mariss Jansons unter der Situation leidet. In einem seiner ersten Russischdiktate zählt der Lehrer 49 Fehler. So kann es nicht weitergehen. Die Eltern engagieren eine Privatlehrerin, im Anschluss an den normalen Unterricht geht es noch vier, fünf Stunden lang weiter. Nach drei Monaten folgt ein neues Diktat, es sind nur noch zwölf Fehler.

Mariss Jansons kommt immer besser bei den Gleichaltrigen an. Man merkt, dass er aus einem anderen Land stammt, er strahlt etwas Exotisches aus. Er ist größer als die anderen Jungen. Weil er aber um keinen Preis

Aufmerksamkeit erwecken will, geht er lieber krumm. Trotzdem fällt der Lette auf, die Mädchen finden ihn attraktiv. »Viele waren verliebt«, gab Mariss Jansons zu. Einerseits eine komfortable Situation, andererseits genau das, was ihm zuwider ist: Er kann nicht in der Masse untertauchen. »Einmal kam nach den Sommerferien ein anderer Junge in meine Klasse, der fast so groß war wie ich. Die Mädchen fanden ihn toll. Das hat mich irgendwie beruhigt.«

Die Aufholjagd in der Schule, die ihn so viel Mühen und Freizeit kostet, führt schließlich zum Ziel. Mariss Jansons schließt die Schule mit einer Silbermedaille ab.

Seine erste musikalische Ausbildung bekommt er auf einer »Spezialmusikschule«, die noch heute einen guten Ruf genießt. Wer im heutigen St. Petersburg dieses Gebäude betritt, den beschleicht der Gedanke, dass sich seit den Tagen des jungen Mariss hier nicht allzu viel getan haben kann. Holzteile lösen sich aus dem Parkett, die Wände sind von bräunlicher Patina überzogen. Ein Klavierflügel, dem ein Bein fehlt, wird von einem Stuhl gestützt. Und dennoch hallen in den Gängen die Etüden und ersten Interpretationsversuche der Nachwuchsmusiker wider. Es sind gewissermaßen die Nachnachnachfolger Mariss Jansons'.

Auf der Musikschule geschieht noch etwas anderes: Mariss Jansons verliebt sich. In der siebten Klasse begegnet er der Klavierstudentin Ira, 1966 heiraten die beiden. Die Ehe scheint zunächst glücklich, die gemeinsame Tochter Ilona wird 1967 geboren. Auch sie wird später eine musikalische Laufbahn einschlagen und als Korrepetitorin ans Mariinsky-Theater gehen. »Sie hatte keine Chance, etwas anderes zu werden als Musikerin«, sagte Jansons. Doch die Ehe mit Ira hält nicht lange, später, während seiner Zeit in Oslo, lassen sie sich scheiden. »Vielleicht war ich noch zu jung«, resümierte er rückblickend.

Doch zunächst, an der Musikschule in Leningrad, bleibt sein Ziel das dortige Konservatorium. 1957 schafft er die Aufnahmeprüfung. Jansons studiert Dirigieren, Klavier und Violine. Etwas anderes als den Beruf des Vaters kann er sich nun nicht mehr vorstellen. »Ich hatte sehr gut Geige gespielt, war sogar einer der Besten gewesen. Dann bin ich faul geworden. Und als ich in St. Petersburg Chordirigieren lernte, war alles klar – obwohl ich den Geigenunterricht fortgesetzt hatte. Das lag an meinem Vater, der sagte, dieses Instrument sei für einen Dirigenten sehr wichtig.« Alles andere neben und außerhalb der Musik kommt demgegenüber zu kurz. Jansons geht völlig in der Ausbildung auf. Was ihn damals störte und belastete, rechtfertigte er im Rückblick: »Ich hatte damals keine Freizeit. Aus heutiger Sicht war das das Richtige für mich. Ich lernte, arbeitsfähig zu sein und Verantwortung zu tragen.« Der Charakter eines Workaholic bildet sich immer mehr heraus.

Sein Dirigierlehrer wird Nikolai Rabinowitsch, einer der prägendsten Pädagogen seiner Zeit. Auf die Idee, gegen die Vätergeneration zu opponieren, wenigstens vorübergehend andere Lebensweisen oder Berufsziele auszuprobieren oder gar in Erwägung zu ziehen, kommt Jansons offenbar nie. »Ich sehe die Gefahr, dass man durch Opposition auch zum Dilettanten wird, ob menschlich oder wie in meinem Fall auch künstlerisch. Die eigene innere Welt ist noch nicht gefestigt genug. Ich hatte daher ein großes Vertrauen in meine Vorbilder und habe wie ein Soldat alles erfüllt. Kann sein, dass dies auch meine lettische Disziplin ist.«

Das Leningrader Konservatorium zeichnet sich nicht nur durch einen hoch angesehenen Lehrkörper aus, es befindet sich überdies im Gebäude des Opernhauses.

Die kurzen Wege bieten einen immensen Vorteil, die Studenten können mit einem professionellen Chor, Sängern und dem Ballett arbeiten. Zweimal pro Woche dürfen die Dirigierschüler ans Pult des »richtigen« Orchesters. Zusätzlich leitet Jansons einen Chor. Doch langsam wird es eng für ihn. Als er an einem Wintervormittag bei 25 Grad unter null im Anschluss an eine Chorprobe und noch in tiefer Dunkelheit zu spät im Konservatorium erscheint, hat der Professor kein Verständnis mehr. Er könne nicht Dirigieren lernen und gleichzeitig einen Chor betreuen, bekommt Jansons zu hören. Er müsse sich schnellstmöglich entscheiden. Jansons bleibt beim Dirigieren.

Im Opernstudio werden die Klassiker mit Studenten und Profis einstudiert. Jansons erste Oper, bei der er am Pult stehen darf, ist Mozarts *Le nozze di Figaro* – auf Russisch, wie damals üblich. Es wird vor allem auf Emotionalität Wert gelegt. »Technik und Stil waren natürlich auch wichtig«, erinnerte er sich. »Aber es war anders als beispielsweise in Amerika: Dort steht die Technik während der Ausbildung an erster Stelle, während man sich in Europa nach wie vor auf Feinheiten der Klangkultur und des Stilgefühls konzentriert. In Russland konnte es vorkommen, dass ein Schüler ein Prüfungsstück emotional vollkommen verinnerlicht wiedergab – dann war es nicht so tragisch, wenn ihm als Pianist ein kleiner Fehler passierte. Ein falscher Ton wurde von den Professoren nicht überbewertet.«

Für Jansons ist das Konservatorium eine Insel in einer Welt, die zunehmend bedrohlicher wird. Das Sowjetreich, das Künstler – so sie keine Opposition riskieren – umhegt und aus Prestigegründen hätschelt, gerät ins Wanken. Im Frühjahr 1968 versucht die Kommunistische Partei der Tschechoslowakei unter Alexander Dubček, im eigenen Land ein Liberalisierungs- und Demokratisierungsprogramm durchzusetzen. Dies nicht zuletzt, weil sich in der Bevölkerung Widerstand gegen das starre, menschenverachtende Herrschaftssystem regt. Doch der sogenannte »Prager Frühling« bleibt nur eine Episode, im August marschieren Truppen des Warschauer Pakts in der Tschechoslowakei ein.

In dieser aufgeheizten Stimmung darf Jansons als junger Kapellmeister im tschechischen Ostrava dirigieren. Hehre Kunst hin oder her: Der 25-Jährige gilt dort vielen als Vertreter des sowjetischen Kulturprogramms und wird dementsprechend verachtet. Einmal findet Jansons in seinem Steak einen Glassplitter. Die Proben laufen nicht gut, das tschechische Orchester kümmert sich kaum um die Anweisungen des Dirigenten. Doch dann begreifen die Mitglieder, wie sehr dieser junge Mann am Pult für die Musik brennt, besonders für ihre, für die tschechische. Das Eis ist gebrochen.

Ein deutscher Pianist überlässt Jansons in diesen tschechischen Tagen eine kurze Strecke lang das Steuer seines Mercedes. Ein Traum für den Dirigenten. Doch dann die böse Überraschung: Eine Polizeikontrolle hält die beiden an, Jansons hat nur seinen Pass, aber keinen Führerschein dabei. Man bedeutet dem tschechischen Polizisten, dies sei doch ein Künstler der Sowjetunion. Der salutiert und lässt den Mercedes weiterfahren. Auch dies eine Begebenheit in den Wirren des fragilen nationalen Frühlings.

Politisches wird in der Familie Jansons nur hinter vorgehaltener Hand besprochen. »Quasi in der Küche« habe man darüber geredet, nur selten und aus großer Vorsicht zudem nur mit Bekannten und Freunden in Leningrad. Hinzu kommt, dass die Familie nicht leiden und auch keine Entbehrungen in Kauf nehmen muss. Sie ist keinen Repressalien ausgesetzt wie etwa Mstislaw Rostropowitsch oder Gidon Kremer. Einige Male jedoch lässt Arvīds Jansons alle Vorsicht fahren. Er erzählt im Restaurant lautstark politische Witze, sodass Iraīda Jansone ihren Mann mehrfach ermahnen und zur Ruhe zwingen muss.

1968 wird zu einem Schicksalsjahr für Mariss Jansons. Er debütiert bei den Leningrader Philharmonikern. Und zur selben Zeit kommt es zu einer folgenschweren Begegnung: Herbert von Karajan gastiert mit seinen Berliner Philharmonikern in der Sowjetunion. Er lässt wissen, dass er nicht nur Konzerte, sondern auch einen Meisterkurs geben möchte. Das Kulturministerium macht sich an die Organisation. In Leningrad werden zwölf Dirigierschüler ausgewählt, Mariss Jansons ist der jüngste. Vor den Augen und Ohren des Feldherrn der westlichen Klassikwelt erarbeitet Jansons die Coda aus dem ersten Satz der zweiten Symphonie von Johannes Brahms.

Karajan ist begeistert. Er macht Mariss Jansons und dem ebenfalls teilnehmenden Dmitrij Kitajenko ein großzügiges, exklusives Angebot: Beide dürfen bei ihm in Berlin studieren. Ist das der Traumstart in die Karriere? Die sowjetischen Behörden lehnen Mariss Jansons' Ausreisegesuch ab. Karajan selbst schreibt einen Brief an Ekaterina Furzewa, Kulturministerin und Mitglied des Politbüros, und wählt dabei deutliche, nicht immer freundliche Worte. Vergeblich. Vor dieser starren Haltung muss selbst der machtbewusste und -gewohnte Großdirigent kapitulieren.

Doch ein Ausweg eröffnet sich. In jener Zeit unterhält die Sowjetunion ein kulturelles Austauschprogramm mit Österreich. Dirigierschüler dürfen nach Wien zum Unterricht, österreichische Nachwuchsballerinas im Gegenzug an die einst von Zarin Anna Iwanowna gegründete Leningrader Waganowa-Akademie, eine der weltweit einflussreichsten Ballettschulen.

Netzwerker Karajan lässt dabei den Namen Mariss Jansons fallen – der protegierte Taktstock-Eleve bekommt das Ticket nach Wien und damit den Einlassschein zur Universität für Musik und Darstellende Künste. Ein Jahr nach dem Meisterkurs in Leningrad fährt Jansons mit dem Zug in die österreichische Hauptstadt und muss sich dort sofort in der sowjetischen Botschaft melden. Ein KGB-Mann mit Kontakten nach Lettland empfängt ihn – auch an der Donau bleibt Jansons unter Beobachtung.

Wichtig ist für ihn vor allem eines: Endlich befindet er sich in einem weiteren Musikmekka. Die politische Dimension, die Situation im neutralen, freien Österreich, spielt für Jansons demgegenüber eine nur sekundäre Rolle. Entscheidend sind seine Lehrer: Hans Swarowsky und Karl Österreicher. Swarowsky, 1899 in Budapest geboren, ehemaliger Chefdirigent der Grazer Oper und der Wiener Symphoniker, ist seit 1946 Professor an der Hochschule und mittlerweile einer der international bedeutendsten Dirigierlehrer. Viele prominente Vertreter der Zunft gehen aus seinen Klassen hervor. Claudio Abbado, Iván Fischer, Jesús López Cobos, Zubin Mehta, Giuseppe Sinopoli oder Stefan Soltesz finden sich auf der Liste.

Auch wenn er nicht Mrawinskys diktatorische Züge besitzt, so ist Swarowsky ihm doch vom Selbstverständnis her verwandt. Eitelkeit, Äußerlichkeit, Effekte, all das ist ihm nicht nur fremd, er verabscheut es. Der griechisch-deutsche Musikwissenschaftler Constantin Floros, ebenfalls ein Swarowsky-Schüler, erinnert sich in einem Essay an seine Ausbildung in Wien: »Was konnten wir von Swarowsky im Einzelnen lernen? Zunächst eine äußerst präzise Schlagtechnik, die theatralische Gesten jeder Art verschmähte. Sodann die Auseinandersetzung mit Tempofragen, die genaue Beachtung der

Phrasierung und Artikulation, der Dynamik und der sogenannten Vortragsbezeichnungen, die in vielen Fällen Ausdrucksbezeichnungen sind. (...) Seiner Ansicht nach enthielten die Partituren der großen Komponisten alle für die rechte Interpretation erforderlichen Aufgaben. Für die primäre Pflicht des Dirigenten hielt er es, diese Angaben peinlich genau zu beachten.«

Auch Mariss Jansons profitiert von diesen grundlegenden Dingen, die sich in der Körpersprache eines Dirigenten niederschlagen sollen. »Swarowsky hat meine Technik total verändert. Ich musste erst lernen, wie man vor dem Orchester dirigiert. Das ist nicht so leicht, weil man nicht weiß, wie sehr man mit seinem Schlag voraus sein darf. Man muss führen, gleichzeitig darf man die Atmosphäre und die Energie des Orchesters nicht gefährden. Meine Bewegungen waren damals einfach noch nicht elastisch und flexibel genug.«

Der andere Pädagoge, von dem Mariss Jansons in Wien geformt wird, war selbst Schüler Swarowskys und später dessen Assistent. Karl Österreicher, 1923 im niederösterreichischen Rohrbach geboren, leitete ab 1964 das Hochschulorchester und wurde 1969 Professor. Stilistisch ist auch Österreicher ein Verfechter von klanglicher und struktureller Clarté. Das Werk, nicht sein Interpret soll zum Hörer sprechen, so sein Credo. Bruckner habe er in »scharf konturierten, mitunter sogar schroffen, immer jedoch klaren Interpretationen« dirigiert, schrieb 2003 die *Wiener Zeitung* acht Jahre nach Karl Österreichers Tod.

Tagsüber also sind die Lehrstunden bei den beiden Professoren zu absolvieren, auch erste Praxisübungen am Pult von Kammermusikensembles oder dem Hochschulorchester. Abends geht Jansons regelmäßig Richtung Karlsplatz. Fast täglich ist er im Goldenen Saal des Musikvereins. Anfangs stellt er sich noch brav an, um dann nach Öffnen der Türen die Treppen zu den besten Plätzen des Stehparketts emporzurennen. Später besucht er immer häufiger auch Proben. Und irgendwann kennen ihn die Türschließer und das Personal am Künstlereingang: Jansons mogelt sich einfach so hinein. Was er dort sieht und hört, kennt er bis dato nur von Erzählungen des Vaters oder aus dem Plattenschrank. Plötzlich ist er all den legendären Orchestern mit ihren Dirigenten sehr nah, nicht nur den Wiener Philharmonikern und Symphonikern, auch prominenten Gastensembles. Vor ihm, dessen Horizont auch in musikalischer Hinsicht auf die Sowjetunion beschränkt war, breitet sich eine Welt aus, die er zunächst einmal bewältigen und einordnen muss.

Jansons findet sich in einem eigentümlichen Spannungsverhältnis wieder. Seine Lehrer Swarowsky, Österreicher, die prägende Gestalt Mrawinsky, teilweise auch der Vater Arvīds Jansons, sie alle waren starke bis unerbittliche Organisatoren der jeweiligen Werke gewesen. Ihnen war es in erster Linie um Präzision und die penible Befolgung der Vorschriften gegangen, weniger um Selbstverwirklichung und Aufgehen im Klang. Um die Skelettierung und Analyse der Struktur, statt um Sättigung und überhöhenden Genuss. Wichtig waren Schärfung und Kanalisierung gewesen, nicht Unschärfebeziehungen und hochkalorische Hörerlebnisse. Wie radikal anders, geradezu gegensätzlich hat der Dirigierschüler damals die Begegnung mit Herbert von Karajan erlebt, dessen Deutungen (auch) ins klangliche Imponiergehabe, ins Hypermuskuläre, in den Ästhetizismus driften – und dessen Körpersprache und Versenkung ins Dirigieren immer etwas Demonstratives besitzen.

Kaum in Wien angekommen, meldet sich Jansons telefonisch bei Karajan. Der ist hocherfreut und gibt sich generös: Der junge Mann darf ihm gern assistieren. 1970 ist es endlich so weit. Ein Wiedersehen mit Karajan, aber eben nicht im für Jansons verbotenen Berlin, sondern auf neutralem Gebiet, bei den Salzburger Osterfestspielen. 1967 hatte Karajan das Festival als eine Art Privatunternehmung gegründet. Mit den Berliner Philharmonikern, die ausschließlich in Salzburg Oper spielen, hat er in den ersten Jahren Wagners *Ring des Nibelungen* erarbeitet, mit der *Walküre* als etwas ungewöhnlichem Beginn.

Im Frühjahr 1970 also reist Jansons an die Salzach, wo der *Ring* mit der *Götterdämmerung* abgeschlossen werden soll. In den Konzerten stehen unter anderem Mozarts Requiem, die erste Symphonie von Brahms, Bruckners Neunte und Mozarts Klavierkonzert KV 488 mit Christoph Eschenbach auf dem Programm. Als Jansons die Berliner Philharmoniker nach der Leningrader Begegnung 1968 jetzt erneut hört, ist er »schockiert«, wie er sich später erinnerte. Eine solche Expansion des Klangs, eine solche Substanz und Dichte ist ihm neu. Er steht Karajan täglich zwischen neun Uhr morgens und elf Uhr abends zur Verfügung, ist in jeder Probe anwesend und kann unter anderem beobachten, wie der Star ewig an einem einzigen Geigenton feilt. 20 bis 30 Sekunden muss die Note gehalten werden, bis Karajan in Jansons' Erinnerung mit den Worten abbricht: »Nein, nein, das klingt nicht so, bitte finden Sie den Klang. Nochmals bitte.«

Der oft Unnahbare gewährt Jansons sogar Gespräche über Musik. Es sind Momente gleichsam zwischen Tür und Angel: Karajan pflegt erst in der letzten Sekunde zu Proben und Aufführungen zu kommen, danach steigt er sofort wieder in seinen roten Ferrari. Doch der junge Mann, der ständig auf der Seiten- oder Hinterbühne steht, interessiert ihn. Jansons gegenüber spricht Karajan ein paarmal von seinen Beweggründen bei der

Interpretation, von seinen Grundsätzen. Wohl nicht nur, weil er Jansons' Begabung spürt, sondern auch, weil er dessen Arbeitseinsatz verfolgt.

Karajans Idealvorstellung besteht darin, von ihm hörigen Workaholics umgeben zu sein. In einer Probe für die *Götterdämmerung* wird dies ziemlich deutlich. Wie üblich zeigt Karajan die leeren Takte nicht an. Der Paukist, der erstmals dabei ist, verpasst prompt den Einsatz. Karajan, so erzählte Jansons, bricht ab und wird wütend: »Was ist los? Sie müssen die Partitur kennen! Nehmen Sie die Partitur, und schauen Sie, was an dieser Stelle alles passiert und wer da zu singen hat!« Der Gemaßregelte nimmt sich also nicht nur seine Stimme, sondern auch die Partitur vor und beginnt, sie zu studieren.

Jansons' Unterkunft in Salzburg ist eher provisorisch. Er wohnt in der Bibliothek der Österreichisch-Sowjetischen Gesellschaft und schläft zwischen langen Bücherregalen mit Marx-, Engels- und Lenin-Ausgaben. Doch muss, wie er findet, neben der Existenz als Assistent auch noch anderes möglich sein. Einmal lädt er ein Dutzend Freunde ein, es wird ein wenig gefeiert. Alle schlafen in der Bibliothek, bis es der Karajan-Protegé mit der Angst zu tun bekommt. Noch vor dem Morgengrauen weckt Jansons alle und bedeutet ihnen, sie mögen besser gehen. Das Pflichtbewusstsein siegt über den kleinen Ausbruch aus dem Alltag – ein weiterer typischer Jansons-Moment.

»Als Traum, als wunderbare Zeit« empfindet er diese Wochen bei Karajan. Und es geht weiter: Auch zu den Salzburger Sommerfestspielen darf Jansons anreisen. Er erlebt neben vielen anderen Konzerten eine Mozart-Serie mit Seji Ozawa *(Così fan tutte)*, Zubin Mehta *(Entführung aus dem Serail)*, Wolfgang Sawallisch *(Zauberflöte)*, Karl Böhm *(Hochzeit des Figaro)* und natürlich mit Karajan *(Don Giovanni)*. Letzterer dirigiert auch

Verdis *Otello*. Während der Proben kommt es zu einem lautstarken Konflikt, bei dem Karajan – überraschend nicht nur für Jansons – nachgibt. Immer wieder probt er mit Jon Vickers, dem Sänger der Titelrolle, eine bestimmte Stelle. Karajan findet ständig etwas auszusetzen. Nicht nur Vickers' Kraft schwindet, auch dessen Geduld. Der Tenor explodiert: »Lassen Sie mich jetzt endlich in Ruhe!« Und Karajan, so berichtete Jansons, »hat es geschluckt und hörte auf«.
Auch aus solchen Momenten lernt der Jungdirigent. Später wird er zwar sehr nachdrücklich bis unnachgiebig auftreten, Verletzendes, Überforderndes oder Bloßstellendes lehnt er aber ab. Karajan empfindet er in diesen Tagen in jeglicher Hinsicht als unerreichbar: »Er erschien mir immer wie ein großer Vogel mit weiten Schwingen. Wir waren unten auf der Erde, doch er überflog die Welt und betrachtete sie aus einer viel höheren Perspektive.« Dieser Vogel sollte sich den Niederungen des Studenten noch ein weiteres Mal nähern. Karajan lädt ihn zu seinem eigenen Wettbewerb in Berlin ein. Dass der 28-Jährige am Ende nicht siegt, sondern nur einen ehrenvollen zweiten Platz belegt, tut dabei nichts zur Sache: Aus dem Sohn von Arvīds Jansons wird endgültig Mariss Jansons.

Abnabelung von der Sowjetunion

1971 wird zum Wendejahr für Mariss Jansons. Es hat sich zwar bereits herumgesprochen, dass in Leningrad ein vielversprechender Dirigent heranwächst. Doch die Bestätigung, mehr noch, der eigentliche Karrierebeschleuniger ist der Karajan-Preis. Im Nachhinein wunderte sich Jansons selbst, wie unerschrocken er den Berliner Edelmusikern gegenübertrat. In Leningrad sind ihm die Mitglieder der dortigen Philharmoniker einigermaßen vertraut, Berlin nötigte ihm dagegen höchsten Respekt ab und bereitete ihm auch eine gehörige Portion Angst.

Was ihm damals vielleicht nur ansatzweise klar gewesen war, wurde später Gewissheit: »Ich glaube einfach, dass ich ein guter Orchestererzieher bin«, sagte Jansons und meinte das ganz allürenfrei. Man könne ein guter Dirigent sein, auch ein guter Chefdirigent, doch Erzieher und Former eines Ensembles, dies sei doch etwas anderes. In Leningrad darf er schließlich von einem der damals besten Orchestererzieher lernen, als Assistent von Jewgenij Mrawinsky – womit die Jansons-Dynastie auf der Position der Zuarbeiter und Unterstützer des Chefdirigenten fortgesetzt wird.

Mariss Jansons darf sämtliche Proben besuchen und mit dem gefürchteten Mrawinsky alles besprechen.

Technik vermittelt dieser ihm kaum, es geht fast immer um Inhaltliches, um Interpretation. Sein erstes Leningrader Konzert nach dem Karajan-Wettbewerb hat es in sich. In der Philharmonie dirigiert der Assistent unter anderem Strawinskys *Le Sacre du Printemps*, Mrawinsky zeigt sich beeindruckt. Schon vor dem Karajan-Wettbewerb hatte Jansons Sibelius' erste Symphonie mit Strauss' *Till Eulenspiegel* gekoppelt, auch dies handwerklich mehr als diffizile Stücke.

Jansons darf ein reguläres Abonnementprogramm pro Saison leiten, doch bald wird dies aufgestockt. Ohnehin bedeutet die Assistenz so etwas wie eine Stellvertreterstelle, auch wenn dies vertraglich nie festgelegt wird. Mrawinsky hat das Potenzial des Jungdirigenten längst erkannt. Vor allem aber weiß er: Wer beim so einflussreichen Rabinowitsch studiert hat, dem haftet gleichsam ein Gütesiegel an. Hinzu kommt die besondere Situation in der Stadt. Eine Art »Leningrader Schule« beeinflusst dort nicht nur die musikalische Interpretation, sondern auch das gesellschaftliche Leben. Eine Kulturelite also, der auch die Familie Jansons angehört, nicht zuletzt dank der Protektion durch den aristokratischen, fließend Französisch und Deutsch sprechenden Mrawinsky.

Auch aus diesem Grund gerät Mariss Jansons kaum in künstlerische Konflikte mit seinem Chef. Ganz im Sinne von dessen strukturbewussten, nie hyperemotionalen Interpretationen versteht auch Jansons seine eigenen Deutungen. Abgesehen davon versucht er, Mrawinskys Lieblingsstücke aus dem russischen Repertoire zu meiden. Eigentlich dirigiert er diese nur auf den Tourneen. Hier fällt die Umgehung von Tschaikowsky und den anderen Nationalkomponisten naturgemäß schwer – die ausländischen Veranstalter engagieren die Leningrader Philharmoniker schließlich wegen ihrer Kompetenz gerade bei diesen Werken.

Übermäßig lukrativ sind diese Gastspiele nicht, zumindest nicht für Musiker und Dirigent. Der sowjetische Staat verdient dagegen gut an den Tourneen, 90 Prozent der Gagen müssen an ihn abgeführt werden. Zu seinen besten Zeiten als Reisedirigent der Leningrader bleiben Jansons 100 Dollar pro Abend. »Wir haben nicht geschimpft darüber, wir waren das schließlich gewohnt«, so Jansons später. Die Vermehrung des Ruhms, die Zusammenarbeit mit den Leningradern, erst recht mit Lehrmeister Mrawinsky, bleiben für ihn ohnehin unbezahlbar.

»Mrawinsky war eine Persönlichkeit, wie ich sie sonst nie erlebt habe«, erinnerte sich Jansons. »Er war im Grunde schüchtern. Er war kein Mensch für die Gesellschaft. Er war sehr religiös, und – ich weiß nicht, wie ihm das gelungen ist – er hat nie die obligatorischen Galas für die Kommunistische Partei dirigiert. Es konnte ihm nicht einmal etwas anhaben, dass nach der ersten Tournee der Leningrader Philharmoniker zwölf Musiker im Westen blieben. ›Schauen Sie, Genosse Mrawinsky, die Musiker verlassen Sie‹, hieß es. ›Nein‹, sagte er, ›die verlassen euch!‹«

Auch Jansons wird irgendwann mit dem Thema Parteimitgliedschaft konfrontiert. Dreimal tragen kommunistische Funktionäre ein Ansinnen an ihn heran, das eher einer Aufforderung gleichkommt. Beim ersten Mal lehnt er mit der Begründung ab, er sei doch viel zu jung. Beim zweiten Mal, ebenso wie einige Zeit später, lässt er sich eine andere Ausrede einfallen: Wenn er jetzt Mitglied werde, dann argwöhne man doch überall, dieser Dirigent mache nur aufgrund politischer Protektion Karriere. Dies wiederum könne doch kaum im Interesse sowjetischer Kulturpolitik sein. Die Funktionäre können dem Dirigenten kaum etwas entgegensetzen – und akzeptieren.

Das Jahr 1971 ist für Mariss Jansons noch aus einem anderen Grund bedeutsam. Am Leningrader Konservatorium wird er Dozent für Dirigieren. Sein Potenzial als Orchestererzieher darf er nun an nur unwesentlich jüngere Kollegen weitergeben – obgleich er noch vergleichsweise wenig praktische Erfahrung besitzt. Die Teilzeitprofessur behält er bis zum Jahr 2000. Erst dann wird er erkennen, dass er angesichts der vielen Dirigiertermine den Studenten nicht mehr in ausreichendem Maße zur Verfügung stehen kann.

Was noch vor wenigen Jahren undenkbar war, wird Jansons nun ständig gestattet: Er darf in den Westen, und dies als Co-Dirigent eines der weltweit besten Orchester. Auf Anordnung der Behörden soll vor allem »sowjetische Musik« gespielt werden. Es ist die Voraussetzung, um überhaupt eine Genehmigung für eine Auslandsreise zu erhalten. Orchester und Dirigenten kommen dem nach, zumal es auch in den ausländischen Konzertsälen erwartet wird. Trotzdem gibt es Grauzonen: Wer will den Leningradern schon Klassiker wie Beethoven oder Brahms verbieten? Und so wird man auch andernorts auf Mariss Jansons aufmerksam, erlebt ihn am Pult eines der kulturellen Aushängeschilder der Sowjetunion. Mrawinsky ist zwar auf den Tourneen als Hauptdirigent annonciert. Doch ab und zu springt auch für Jansons ein Konzert heraus. Und wenn sein Chef krank ist, übernimmt er die Tourneetermine komplett.

Jansons mutmaßte im Nachhinein, dass Mrawinsky eine bewusste Terminpolitik verfolgt habe. Obgleich er Chef gewesen sei, habe er es vermieden, allzu viele Konzerte zu dirigieren. »Er war regelmäßig da, aber es hielt sich eben in Grenzen. Wenn er dann kam, war das für die Musiker immer ein Event. Man fragt sich daher, wie lange eine solche Ausnahmesituation anhalten kann. Doch Mrawinsky hat gezeigt, dass es geht, er war schließlich fünf Jahrzehnte bei den Philharmonikern. Manche meinten zwar, er habe sie zu sehr gequält. Aber einen übergroßen Respekt fühlten alle.« Diese Erfahrung wird Jansons für seine eigenen Chefpositionen mitnehmen und eine ähnliche Terminpolitik praktizieren. Zehn bis zwölf Wochen pro Spielzeit bei seinen Orchestern, darüber geht er nie hinaus. Vor allem um die Beziehung zu den Klangkörpern nicht überzustrapazieren – wie es Karajan in Berlin passiert war. Jansons wird im Laufe seiner ganz im Sinne Mrawinskys organisierten Karriere demonstrieren, wie es funktionieren kann. Der Beweis sind seine jeweils rund zwei Jahrzehnte währenden Chefverträge in Oslo und München.

1976 führt eine Tournee mit Mrawinsky und den Leningradern Mariss Jansons nach Großbritannien. Erstmals trifft er dort auf den Musikmanager Stephen Wright. Dieser begreift, welch imponierenden Jungdirigenten er vor sich hat. Wright will ihn fördern, ihn stärker mit westlichen Orchestern in Kontakt bringen. Denn so komfortabel die Situation für Jansons ist: Assistenzdirigent, obgleich in seinem geliebten Leningrad, das genügt nicht einmal als mittelfristige Perspektive.

Er erörtert dies in vielen Gesprächen mit dem Vater. Arvīds Jansons möchte jedoch nicht, dass der Sohn eine Stelle im Ausland annimmt. Er argumentiert auch mit dem hohen musikalischen Niveau in der UdSSR. Die Pianisten Emil Gilels und Swjatoslaw Richter, der Geiger David Oistrach und natürlich der Mentor Jewgenij Mrawinsky – unter diesen Prominenten könne sich doch der Sohn durchaus eine wichtige Position erarbeiten.

Mariss Jansons ist tatsächlich bereits von anderen sowjetischen Institutionen kontaktiert worden. Es gibt

Angebote für Chefposten in Moskau oder am zweiten Leningrader Opernhaus, dem Maly-Theater. Andererseits hat Jansons seinem Vater Entscheidendes voraus. Er hat den Westen intensiv kennengelernt und in Wien zu jungen Kollegen aus mehreren Ländern Kontakte geknüpft, vor allem aber zum Global Player des Musikmarkts, Herbert von Karajan. Der zweite Platz bei dessen Wettbewerb hatte ihm die Tür weit geöffnet, viele sind neugierig auf den selbstbewussten, versierten Dirigenten, ob Orchester oder Veranstalter.

Im Juni 1978 gastiert Jansons mit den Leningradern im Wiener Musikverein. Ausgerechnet dort, wo er nur wenige Jahre zuvor staunend die Größten der Musikwelt beobachten durfte. Es ist ein typisches Mrawinsky-Programm. Vor der Pause werden Prokofjews *Symphonie classique* und Mendelssohn Bartholdys erstes Klavierkonzert mit dem Solisten Alexander Slobobodyanik gespielt, danach entfesselt Jansons die Kräfte von Tschaikowskys vierter Symphonie.

Im Grunde kommt für Jansons eine Karriere in der Sowjetunion also nicht mehr infrage, er ist darüber hinausgewachsen. Auch wenn er noch Jahrzehnte später vom Kulturleben in der Sowjetunion schwärmt, von der starken Förderung durch den Staat, von den Stars, die daraus geboren, entwickelt und gehätschelt wurden, auch vom »L'art pour l'art«, von einer Kunstausübung ohne Marktkräfte und Gewinnmaximierung: Der Emanzipierungsprozess hat eingesetzt. Nun gilt es, ihn zu vollenden.

Auch die Leitung eines russischen Opernhauses scheint für ihn, der das Musiktheater so liebt, nicht mehr das Richtige: Wie könnte er angesichts der administrativen Zusatzarbeit überhaupt noch gastieren? »Mein Vater meinte damals: Versuche, so lange wie möglich bei Mrawinsky zu bleiben, damit du lernen kannst. Später dachte ich: Vielleicht habe ich einen Fehler gemacht. Vielleicht hätte ich eine Stelle in der Sowjetunion annehmen sollen. Dann wäre ich eben ein russischer Chefdirigent mit einem möglicherweise großen Namen geworden. Und ich hätte ins Ausland reisen dürfen. Ich glaube aber, letztlich war es die richtige Entscheidung. Es war auch überhaupt nicht klar, welche Repressalien es noch hätte geben können.«

Außerdem handelt Mariss Jansons mittlerweile nach einem Prinzip. Er möchte nicht, dass ihn der Vater überall ins Gespräch bringt. Protektionismus lehnt er nicht nur ab, er »hasst« ihn.

Jansons richtet seinen Blick bereits vor dem Treffen mit Manager Stephen Wright nach Nordeuropa. Sicher auch, weil dies unverfänglicher ist für einen Sowjetbürger. Verpflichtungen in Skandinavien lassen sich leichter bei den Parteibürokraten durchsetzen als Positionen im klassenfeindlichen Ausland wie Deutschland, Frankreich oder gar den USA. Er zieht Kopenhagen in Erwägung, auch Stockholm. Dann die Idee: Arvīds Jansons hat das Oslo Philharmonic Orchestra in den Siebzigerjahren einige Male dirigiert. Er wirbt dort für den Sohn, sicher nicht nur zu dessen Freude.

Im September 1975 steht Mariss Jansons in Oslo erstmals am Pult. Die Musiker finden sofort Gefallen am Debütanten – dies pikanterweise nur wenige Wochen, bevor der neue Chefdirigent, der Finne Okku Kamu, sein Amt antritt. Doch hat Kamu relativ schnell erklärt, nur vier Jahre in Oslo bleiben zu wollen. Eine eigentümliche Situation: Obwohl mit Kamu eine neue Zeit anbricht, muss sich das Orchester bereits wieder nach einem Nachfolger umsehen. Mariss Jansons rückt sofort ins Blickfeld. Man spricht in Oslo mit ihm, zudem reist eine Delegation nach Leningrad. »Kamu war deswegen nicht eifersüchtig oder verstimmt«, erinnerte sich Kontrabassist Svein Haugen.»Oder er zeigte es wenigstens nicht, er war eine feine Person.«

Eine Durchgangsstation soll diese erste Chefposition für Jansons werden. Ein Kennenlernen des westlichen Klassiksystems, ein Erproben und Sicheinfühlen abseits der großen Zentren. Ein Warmlaufen für die große Karriere, auch wenn er sich das womöglich nicht ganz eingesteht. Doch es kommt anders. Aus fünf, sechs, sieben geplanten Jahren werden schließlich zweiundzwanzig. Nur einer reicht an diese Zeitspanne heran, der norwegische Dirigent, Pianist und Komponist Odd Grüner-Hegge, der dem Oslo Philharmonic Orchestra zwischen 1931 und 1933 sowie zwischen 1945 und 1962 vorstand. Kein anderer als Mariss Jansons sollte am Ende so lange die Geschicke dieses einst verkannten Klangkörpers bestimmt haben.

In wilder Ehe mit Oslo

Der übliche repräsentative Schauplatz ist ein Raum im Rathaus, manchmal auch der Konzertsaal selbst. Die Anwesenden: in der Regel Bürgermeister, Orchestervorstand, Management, Presse und der Hoffnungsträger, allesamt PR-trächtig und feierlich ausstaffiert, dazu allseitiges Kameralächeln. Der Anlass: die Vertragsunterzeichnung des jeweiligen neuen Chefdirigenten. Die Botschaft: Aufbruch, Vorfreude, Stolz auf den prominenten Neuzugang und damit auch auf sich selbst. Der Schönheitsfehler im Fall von Mariss Jansons: Die Zeremonie in Oslo fällt aus.

Ein Gentleman's Agreement, einen Handschlag, ein paar positive Vorgespräche, all das gibt es, doch keinen Vertrag. Sollte sich darin etwa Misstrauen gegenüber dem jungen Mann aus Leningrad widerspiegeln? Die Verweigerung hat weniger mit Osloer Befindlichkeiten oder Jansons' Person zu tun, sondern mit seiner Staatsbürgerschaft und den bizarren Gepflogenheiten der Sowjetunion. Als sich Jansons mit dem Oslo Philharmonic Orchestra über eine Zusammenarbeit einig ist, muss zunächst ein diplomatischer Verhandlungsmarathon in Gang gesetzt werden.

Mehrfach reist Jansons zu Gesprächen nach Moskau,

um dort vom Kulturminister empfangen zu werden. Parallel dazu spricht der norwegische Botschafter vor. »Jeder dieser Politiker scheute die Verantwortung bei seiner Entscheidung«, sagte Jansons. »Jeder hatte Angst vor der übergeordneten Instanz. Und typisch war: Für fast alles, was in der Sowjetunion eigentlich verboten war, konnte man auf mehr oder weniger elegante Weise eine Erlaubnis bekommen.« Sofern dies, und das war nicht nur Jansons bewusst, dem Staat von Nutzen war. Und sofern es überhaupt kontrolliert wurde: »Man hat zum Beispiel verlangt, dass auf jeder Auslandsreise sowjetische Musik gespielt wurde. Das haben wir Künstler auf Papier gern bestätigt. Aber ob wir wirklich danach handelten, interessierte keinen Menschen.«

Bei seinem ersten Gastspiel vier Jahre vor seinem Amtsantritt hatte Jansons ein großes Pensum zu bewältigen gehabt. In vier Wochen waren vier Programme erarbeitet worden. Im ersten Konzert war die *Ouverture appassionata* des zeitgenössischen norwegischen Komponisten Harald Sæverud (1897–1992) zu hören gewesen, dazu Ludwig van Beethovens Violinkonzert mit Solistin Camilla Wicks und Jansons' eigene Kombination aus der ersten und zweiten Suite von Sergej Prokofjews *Romeo und Julia*. Das zweite Programm hatte Gioachino Rossinis Ouvertüre zu *Die diebische Elster*, Johann Sebastian Bachs Cembalokonzert in h-Moll und den *Totentanz* von Franz Liszt (beides mit dem Solisten Einar Stehen Nøkleberg) sowie die siebte Symphonie von Antonín Dvořák beinhaltet. Die dritte Kombination, ein Familienkonzert, hatte aus Franz Schuberts h-Moll-Symphonie, der *Norwegischen Rhapsodie Nr. 1* von Johan Halvorsen (1864–1935) und Camille Saint-Saëns' *Karneval der Tiere* bestanden. Im vierten Konzert schließlich waren Beethovens erstes Klavierkonzert (Solist: Stephen Bishop) und die erste Symphonie von Jean Sibelius gespielt worden.

Diese vier Programme sind aufschlussreich, bemühen sie sich doch, einen stilistischen Bogen vom Barock bis zur gemäßigten Moderne zu schlagen. Zudem finden sich Schlager und typische »Jansons-Werke« wie die Symphonien von Dvořák und Sibelius. Vor allem aber hatte sich der Nachwuchsdirigent norwegischen Komponisten stellen müssen, die zum Kernrepertoire des Orchesters gehören. Eine so umfangreiche wie typische Testauswahl also, und dies sowohl aus der Perspektive des Ensembles als auch der des Dirigenten. Nach diesen vier Wochen war den Osloern vermutlich klar gewesen: Jansons passte zu ihnen – auch wenn es da dieses merkwürdige diplomatische Problem gab.

Wie alle Künstler, denen Gastspiele im Westen gestattet werden, bringt auch Jansons Devisen mit nach Hause. Bis zu 90 Prozent der Einnahmen müssen abgeführt werden. Die damalige Rechtslage gestattet die Ausreise in ein bestimmtes Land nur einmal pro Jahr, maximal 70 Tage pro Jahr sind erlaubt. Jansons Engagement als Chefdirigent in Oslo steht demnach vor einer unüberwindlich scheinenden Hürde. Wie soll dieses von der UdSSR vorgegebene Zeitkorsett mit der Aufgabe in Norwegen in Einklang zu bringen sein? Schließlich sind mehr als zehn Wochen und mindestens vier Reisen notwendig. Nach einem erneuten Bittgang nach Moskau wird auch dieses Problem auf sowjetisch-salomonische und gnädige Weise gelöst. Jansons darf Chefdirigent werden, einen offiziellen Vertrag aber nicht unterschreiben. »Wenn ich länger als die erlaubte Zeit im Ausland sein wollte«, so Jansons im Rückblick, »bin ich zu einer Behörde, habe alles erläutert – und dort wurde ein Auge zugedrückt. Es war ein ständiges Lavieren, aber im Grunde jedes Mal mit einem positiven Ergebnis.«

Fast zehn Jahre lang lebt Jansons gewissermaßen in wilder Ehe mit dem Oslo Philharmonic Orchestra. »De facto war das egal, alle entscheidenden Personen in der Sowjetunion wussten, dass ich eigentlich Chefdirigent war. Es ist gefährlich, wenn man das alles hinterfragt, also nutzt man die Freiräume aus.« Erst als die Perestroika nicht nur Gesetze, sondern einen ganzen Staat aufweicht, findet dieser weltweit sicherlich einmalige Zustand für Jansons und das Orchester ein Ende.

Was aus heutiger Sicht manch amüsante Anekdote beschert, bedeutet damals (nicht nur) für die Künstler eine gefährliche Situation. Als Leonid Breschnew 1977 die Staatsspitze der UdSSR übernimmt, wird der Stalinismus plötzlich nicht mehr verurteilt, sondern in Teilen sogar rehabilitiert. Es kommt zu Rücknahmen der Chruschtschow-Reformen und zu massiven Einschränkungen der Meinungsfreiheit. Im Rückblick ist dies das letzte, in seinen Folgen auch fatale Aufbäumen eines bereits maroden Systems, das ab Mitte der Achtzigerjahre dem endgültigen Untergang geweiht ist.

Intellektuelle und Künstler werden dadurch in eine heikle, in Einzelfällen lebensbedrohliche Lage gebracht. Viele Orchestermitglieder setzen sich ab, auch die Prominenz der Kulturszene drängt es gen Westen. Der Schriftsteller und Dramatiker Alexander Solschenizyn wird 1974 verhaftet und ein Jahr später ausgewiesen. Der Pianist Mikhail Rudy, ein enger Freund von Jansons, bleibt 1977 in Frankreich. Dem Violinisten Gidon Kremer wird 1978 nur widerwillig ein zweijähriger Gastierurlaub genehmigt, von dem er nicht wieder zurückkehrt. Der Dirigent Kirill Kondraschin bittet 1979 während einer Tournee durch die Niederlande um politisches Asyl. Und mittendrin nun Mariss Jansons, der um eine dauerhafte Anstellung im Ausland bittet.

Jansons beteuert gegenüber der sowjetischen Administration, sich keinesfalls absetzen zu wollen. Dies ist nicht beschwichtigend, sondern tatsächlich ernst gemeint. Seine Frau, seine Tochter und die Eltern leben noch in Leningrad, die will und kann Jansons unter keinen Umständen zurücklassen. »Anders wäre das gewesen, wenn ich keine Familie gehabt hätte«, gab er im Rückblick zu. Und der zweite, nicht zu unterschätzende Grund: »Ich lebte nicht in der für mich schlechtesten Situation. Es gab zwar strenge Regeln und Verbote, ich war aber in jener Künstlergruppe, der aus Prestige- und Geldgründen das Reisen gestattet war. Wenn man nicht den Mund aufmachte, war vieles leichter.«

Diese Vorteile, das Familienleben, dazu der attraktive Wohnort Leningrad, all dies hält Jansons also von einer Flucht ab. Und auch wenn zu Hause – schon vor dem Hintergrund der eigenen Familiengeschichte – Politisches diskutiert wird: Die Rolle des Dissidenten möchte der aufstrebende Dirigent nicht einnehmen, auch weil sie ihm nicht liegt. »Ich verstehe Rostropowitsch, aber dessen Arbeit wurde behindert bis verboten«, meinte Jansons später. Wie viele andere Künstler pflegt er damals also ein persönliches Arrangement, ohne die Grenze zur politischen Anpassung, zum Mitläufertum oder zur stillen Parteinahme zu übertreten.

Ein Arrangement allerdings, das umso leichter fällt, als es von der UdSSR in einer perfiden politischen Dialektik geduldet und sogar gefördert wird. Es gibt allerdings Einschränkungen, Nadelstiche, wenngleich sie bisweilen nur eine begrenzte Wirkung entfalten. Zum Beispiel darf sich keine dieser männlichen Kulturgrößen bei Gastspielen von der Ehefrau begleiten lassen. Die Künstler beschweren sich daraufhin bei den Behörden. Der Pianist Emil Gilels etwa gibt hinterlistig zu bedenken, er sei nicht mehr jung und kräftig genug, benötige daher die Unterstützung seiner Frau. Der Cellist und Dirigent Mstislaw Rostropowitsch variiert diese Argumentation in einem Brief auf seine Weise, wie Jansons gern erzählte: »Sehr geehrte Frau Ministerin, ich bin ein junger und kräftiger Mann – bitte erlauben Sie mir gerade deshalb, dass meine Frau mitkommt.«

Jansons war sich – ob während seiner Osloer Zeit oder später – seiner privilegierten Position sehr bewusst und auch dessen, dass er sich nie aus der Deckung wagte. Den politischen Menschen Jansons, abgesehen vom Kulturpolitischen, gab es nie. Bis zuletzt lebte er eine stille Existenz an seinem Rückzugsort St. Petersburg. Außermusikalische Äußerungen waren von ihm in der Öffentlichkeit nicht zu vernehmen. Es gibt auch keine Posierfotos mit Staatsgranden oder nationalistische Festkonzerte wie im Falle seines Kollegen Valery Gergiev. »Ich gehörte eben nicht zu denen, die mit der Faust auf den Tisch gehauen haben«, sagte Jansons. »Außerdem spielen Verbote und Unfreiheiten für jemanden, der Talent hat und gefördert wird, kaum eine Rolle.« Er, der schon als Kind durch die Umsiedlung nach Leningrad zum Workaholic wurde, hatte für anderes auch gar keine Zeit. Die Arbeit und der frühe Ruhm bildeten in gewisser Weise einen Schutzpanzer. »Ja, man kann sagen, dass ich glücklich war. Ich habe keine wirklich dramatischen Situationen bewältigen müssen, ich bin nie vom Schicksal bestraft worden.«

Musikalisch sind sich Mariss Jansons und das Oslo Philharmonic Orchestra bald einig. Zur Überraschung des Ensembles führt er mit jedem Mitglied ein Gespräch. Auch die Rahmenbedingungen der Zusammenarbeit werden schnell ausgehandelt – nur eben nicht offiziell fixiert. Als diese Hürden schließlich genommen sind, bricht in Oslo eine neue Zeit an. Für das Ensemble, besonders aber für den Dirigenten, der sich nun erstmals in einer umfassenden Verantwortungsposition wiederfindet und all das, was er beim Vater, bei Mrawinsky und bei Karajan beobachtet und gelernt hat, auf seine Art anwenden und seiner so besonderen Situation anpassen muss.

Jansons löst in Oslo Okko Kamu ab, der finnische Dirigent und Geiger bedeutete für das Ensemble letztlich eine Übergangslösung. Am 27. September 1979 tritt Jansons erstmals in seiner Funktion als Chefdirigent ans Pult des Konserthus. Eine Ouvertüre des Norwegers Edvard Fliflet Bræin (1924–1976), das Violinkonzert von Felix Mendelssohn Bartholdy (mit Konzertmeister Bjarne Larsen als Solist) und die vierte Symphonie von Peter Tschaikowsky bilden das Programm dieses landesweit beachteten Abends.

Doch Narrenfreiheit und Unabhängigkeit genießt Jansons in seinen jährlichen Oslo-Wochen, für die er Leningrad vorübergehend hinter sich lässt, keinesfalls. Wie im Falle anderer Kollegen ist die Sowjetunion ständig präsent. Nicht als diffuse Staatsmacht, sondern in Person eines ständigen Aufpassers. Im Falle von Jansons handelt es sich um einen weiblichen Abgesandten. Diese Frau beherrscht nur Russisch – ein weiteres Paradox, auch eine bizarre Hilflosigkeit des Sowjetsystems. Jansons muss also ständig übersetzen – und könnte dies eigentlich schamlos ausnutzen.

Als das Oslo Philharmonic Orchestra einmal in Schweden gastiert, bekommt diese »Beschützerin« plötzlich ein ernsthaftes Problem: Sie hat kein Visum für Schweden. Nur bis zum Tourneebus kann sie Jansons begleiten und muss danach auf seine Rückkehr hoffen. Als der Tross nach dem Konzert wieder in Oslo eintrifft, lässt sich Jansons an seinem Hotel absetzen, steigt also früher als die Musiker aus. Als der Bus am Ziel ankommt, kann die Bewacherin zu ihrer Bestürzung den Chefdirigenten nicht entdecken. Bis zuletzt war Jansons die diebische Freude beim Schildern dieser Begebenheit anzumerken: »Am Ziel stiegen alle aus,

nur ich nicht. Einige Musiker sagten, dass der Chef in Schweden geblieben sei. Sie war entsetzt und versuchte mich sofort telefonisch zu erreichen. Man kann sich vorstellen, wie erleichtert sie war, als ich im Hotel den Hörer abnahm.«
Während seiner Oslo-Aufenthalte wird Mariss Jansons stets im selben Hotel, ja sogar im selben Zimmer untergebracht. Das erregt seinen Argwohn. Bei privaten Telefongesprächen ist er ohnehin immer vorsichtig. Und bei diesem Aufenthalt kann er mit Sicherheit davon ausgehen, dass sich die sowjetischen Behörden einklinken und die Anrufe abhören. Das Hotelzimmer ist nach seiner Einschätzung nicht sicher. »Mir war klar, dass mich die sowjetische Botschaft hier ausspionierte. Was nicht bedeutet, dass ich Existenzängste hatte. Aber ich wusste einfach, was ich auf dem Zimmer sagen konnte – und was besser in Gesprächen außerhalb des Hotels.«

Durchstarten mit Tschaikowsky

»Wenn du eine gute Karriere im Westen machen willst, kannst du nicht nur russisches Repertoire spielen.« Mariss Jansons ist klar, dass er, der junge Mann aus der UdSSR mit lettischen Wurzeln, in Oslo nicht als Klischeerusse auftreten kann. Auch das Orchester verbindet mit seiner Verpflichtung keine entsprechende Programmatik. Das verbittet sich sogar angesichts der schwierigen Vergangenheit beider Staaten. Eines freilich erwartet man vom Neuen: zeitgenössisches norwegisches Repertoire. Nicht nur aus Nationalstolz, sondern auch, weil in Skandinavien (ebenso wie im Baltikum) die gemäßigte Moderne tatsächlich zur Abonnementkost gehört. »Das hat mir gar nicht gefallen«, räumte Jansons viele Jahre später ein, was mit seiner Sozialisation im schwergewichtigen romantischen Repertoire, aber auch mit der Entdeckung der Wiener Klassiker während seiner Studienzeit zu tun hat. Darüber hinaus vertritt er die Ansicht, dass es im 20. Jahrhundert abseits von Schostakowitsch, Prokofjew, Strauss oder Ravel nicht sonderlich viel relevante Konzertstücke gibt.

Jansons geht in seiner Programmarbeit vorsichtig vor: Erst wenn die Werke durch Aufführungen in Oslo gleichsam »abgesichert« sind, will er sie auf Gastspielen präsentieren. Und diese beginnen sich nun zu häufen. Er erhält nicht nur die üblichen Angebote aus Skandinavien, im Reiseprogramm finden sich auch die Londoner Proms, die Salzburger Festspiele, die New Yorker Carnegie Hall oder Tokio. Schon bald wird den Agenten und Intendanten bewusst, dass sich da im Norden Europas höchst Vielversprechendes ereignet. Und dies betrifft neben dem Oslo Philharmonic Orchestra auch Mariss Jansons selbst, der sich langsam zu einer Marke entwickelt und zu Gastdirigaten bei prominenten Klangkörpern eingeladen wird.

In den Jahren unmittelbar vor Jansons Amtsantritt hat das Oslo Philharmonic Orchestra zwei kurze Tourneen in die Schweiz und zwei in die USA unternommen. Mit dem neuen Chefdirigenten werden die Gastspiele kontinuierlich ausgedehnt. Für die Beteiligten ist dies nicht unbedingt einfach. Das Ensemble pflegte bislang rund drei Wochen pro Jahr zu touren, Jansons schwebt viel mehr vor, um die internationale Reputation zu steigern. Er trifft auf Widerstand und muss zunächst das Management überzeugen. Ein weiterer längerer Diskussionsprozess, was dieser Dirigent nicht unbedingt gewohnt ist.

Manche dieser Tourneen brennen sich geradezu ins kollektive Orchestergedächtnis ein. Wie jene, die das Ensemble mit Arve Tellefsen (Violine) und András Schiff (Klavier) im Herbst 1984 für zwei Wochen nach Großbritannien führt. Diese Tournee wird zur Schicksalsreise. Parallel zum Oslo Philharmonic Orchestra gastiert Arvīds Jansons wie so häufig beim Hallé Orchestra in Manchester. Schon seit einiger Zeit fühlt er sich nicht wohl. Während einer Probe bricht er mit einem Herzinfarkt zusammen und stirbt am 21. November im Alter von 70 Jahren. Genau an diesem Tag erreicht sein Sohn mit seinem Ensemble Großbritannien.

Ein Schock, nicht nur für die Familie. Am Abend hat Mariss Jansons ein Konzert, er entscheidet sich fürs Dirigieren – und muss sich durch ein Programm mit Griegs *Norwegischen Tänzen* und dessen Klavierkonzert sowie Sibelius' zweiter Symphonie quälen. Die Mutter, die ihren Sohn während seiner Aufenthalte in Oslo nie besuchte, reist zu seinem Spielort. Ein Abbruch der Tournee kommt jedoch nicht infrage. Der trauernde Mariss Jansons handelt so, wie wohl auch der Vater gehandelt hätte: Es muss weitergehen, irgendwie. Die Reise mit dem Oslo Philharmonic Orchestra wird fortgesetzt, gleichzeitig kümmert sich Mariss Jansons um die Beerdigung. Noch in Großbritannien wird Arvīds Jansons eingeäschert, die Urne nimmt der Sohn entgegen. Ob im Bus oder im Hotelzimmer, die sterblichen Überreste des Vaters sind nun immer dabei. Bei der Einreise in die Sowjetunion öffnen Grenzsoldaten das Gefäß und durchsuchen die Asche nach verbotenen Substanzen. Mariss Jansons und seine Mutter sind außer sich, wütend, traurig, hilflos. Um nicht allzu lange aufgehalten zu werden oder zu provozieren, wagt er keinen Widerspruch und lässt die Soldaten gewähren. Immer wieder kommt Mariss Jansons nun der Gedanke, ob er nicht doch im Westen bleiben sollte. Er schiebt diese Vorstellung erneut beiseite. Schließlich leben Tochter und Mutter nach wie vor an der Newa. Es geht einfach nicht.

Schostakowitschs fünfte Symphonie hat fortan eine besondere, sehr persönliche Bedeutung für Jansons. Sie war das Zentralwerk dieser schockierenden wie erfolgreichen Tournee. Zuvor in Oslo hatte Jansons äußerst intensiv an diesem Werk gearbeitet. »Per aspera ad astra«, durch Mühsal zu den Sternen: Das Prinzip, nach dem schon Beethoven seine Fünfte komponierte, beherrscht auch das Werk von Schostakowitsch, das einst von Jansons' Lehrer Mrawinsky uraufgeführt wurde. Der Triumphmarsch am Ende wird vom Sowjetregime als Heimkehr eines verlorenen Komponistensohns gefeiert. Andere sehen im fast haltlosen Dur-Rasen eine Fratze, begreifen es als Jubel unter Zwang. Jansons meidet schon damals den hohlen Positivismus, er will die Ohren seiner Musiker für das Doppel- und Dreifachbödige schärfen. Immer intensiver, immer emotionaler wurden die Konzerte auf dieser Tournee. Beim Finale im Londoner Barbican Centre am 3. Dezember saßen viele Musikerkollegen aus anderen Orchestern im Publikum. »Die kamen anschließend zu uns und waren wie schockiert und extrem ergriffen von dieser Schönheit, dieser Energie, dieser Tiefe«, beschrieb der damalige Konzertmeister Stig Nilsson den Abend. »Wir spielten wohl nie wieder so weit über unserem Level.«

Doch entscheidender noch ist für das Oslo Philharmonic Orchestra in diesen Jahren ein anderer Komponist. Auch wenn sich damit anfangs erhebliche Schwierigkeiten verbinden. Die Norweger werden zu Handlungsreisenden in eigener Sache: Sie suchen nach einem repräsentativen Plattenlabel. Und es fühlt sich anfangs an wie das Klingelputzen eines Vertreters. Der Ort: London, ein Zentrum der Schallplattenindustrie. Die Beteiligten: Mitglieder des Oslo Philharmonic Orchestra. Im Gepäck: das Masterband von Peter Tschaikowskys fünfter Symphonie. Einige Zeit zuvor, im März des Jahres 1983, hatte man sich getroffen, um das Werk einzuspielen. Ohne konkreten Auftrag, ohne Vertrag mit einem Label.

Proben und Aufnahmesitzungen werden außerhalb der Orchesterdienste organisiert. Was bedeutet, dass Mariss Jansons und seine Musiker ohne Bezahlung arbeiten. Man will die erfolgreiche Kooperation endlich über das eigene Land hinaus bekannt machen. Und zwar mit einem Werk, das es erlaubt, sich selbstbewusst mit anderen zu messen. Eine Visitenkarte in Form einer Orchesteraufnahme soll es werden. Nicht nur für das Ensemble, sondern auch für den Mann am Pult, der spürt, wie sehr er in seiner Chefposition vorankommt und reift und wie er sich zunehmend gegen die Konkurrenz behaupten kann. Doch noch eine Fünfte? Der Markt ist damals, als Platten nicht nur Ruhm, sondern (im Gegensatz zu heute) auch Geld bringen, gesättigt. Die Spitzenensembles mit ihren Stars haben insbesondere ihre Interpretationen der letzten beiden Tschaikowsky-Symphonien längst für die Ewigkeit pressen lassen.

Als sich Vertreter des Osloer Orchesters und der Administration an die Themse aufmachen, bekommen sie dies zu spüren. Absage über Absage, bis man beim Label Chandos auf offene Ohren stößt. Die Symphonie wird gepresst, vertrieben, beworben und zur Überraschung aller gut verkauft. Begeisterte Kritiken häufen sich, eine Art Aufwärtsspirale setzt ein. Das Risiko – schließlich sind Jansons und Oslo noch keine Weltmarke – zahlt sich also in jeglicher Hinsicht aus. Ihre Fünfte wird nicht nur in Norwegen wahrgenommen, auch weltweit staunt man nun über das, was sich da fernab der großen Klassikzentren ereignet.

»Es hieß auf einmal, das sei die beste Aufnahme überhaupt«, so Jansons im Rückblick. »Peinlich« sei ihm dieser Superlativ gewesen. »Aber es gab uns einen Schub, alle wollten plötzlich Tschaikowsky von uns hören.« Bei Chandos keimt bald die Idee einer Gesamteinspielung, inklusive *Manfred-Symphonie* und Gustostückchen wie dem *Capriccio Italien*. Man einigt sich schnell, und das Geplante, aber vielleicht nie wirklich Geglaubte tritt ein. »Auf dem internationalen Markt brachte uns das einen Riesenschritt voran«, erinnerte sich Stig Nilsson.

Interessanterweise scheut Jansons Tschaikowskys sechste, weit über das rein Musikalische hinausweisende Symphonie lange Zeit. Dies sicherlich auch, weil er zu deutlich die überragenden Interpretationen von Mrawinsky und Karajan im Ohr hat. Ähnlich geht es ihm mit Beethovens überall geforderter neunter Symphonie. Doch mit dem Tschaikowsky-Zyklus in Oslo gewinnt Jansons endgültig an Sicherheit: Auch die Sechste, so erfährt er für sich, ist zu bewältigen – mehr noch: Ihr lässt sich eine sehr persönliche, unverwechselbare Interpretation abringen. Und je weiter die Arbeit im Osloer Studio voranschreitet, desto perfektionistischer, selbstkritischer werden die Beteiligten. Mit der Einspielung der Sechsten ist Jansons nicht zufrieden. Er lädt den Orchestervorstand ein und bringt seine Bedenken vor: Gegenüber der Fünften falle die Sechste deutlich ab. Die Musiker reagieren mit Verständnis, sofort werden neue Sitzungen anberaumt – ohne Extrabezahlung. Ergebnis ist eine für alle akzeptable Zweitfassung der *Pathétique*. »So waren Moral und Enthusiasmus im Orchester damals«, sagte Jansons Jahrzehnte später. »Einfach unglaublich.«

Dabei waren ihm Aufnahmen an sich stets ein Gräuel, vor allem die Nachbearbeitung und die Freigabe. Seit den frühen Tschaikowsky-Einspielungen änderte sich das bis zum Schluss kaum. »Es ist eine Katastrophe«, sagte Jansons. »Diese Kontrolle und dieses Okaygeben ist mit das Schwierigste, was es für mich gibt.« Wenn eine CD dann endlich abgesegnet, gepresst und im Verkauf war, dann war auch für ihn alles erledigt und vorbei. »Vielleicht höre ich nach zehn Jahren nochmals hinein. Das kann ziemlich belastend sein, weil ich sofort lauter Fehler entdecke. Außerdem verändere ich mich ständig. Ich will immer etwas Neues in den Werken entdecken. Bei den frühen Interpretationen fühle ich da etwas Unfertiges.«

Trotz der späten, wohl unberechtigten Bedenken des Dirigenten behauptet sich die Tschaikowsky-Box bis heute auf dem Markt. 2018 brachte Chandos eine Neuauflage heraus. Wer die Einspielungen hört und sie mit Jansons' späteren Aufnahmen vergleicht, weiß, warum. Mit dem BR-Symphonieorchester spielte er in München 2009 die Fünfte und 2013 die Sechste ein, der Sender publizierte Livemitschnitte auf CD. Ein Vergleich über die Jahrzehnte hinweg ist mehr als lohnend. Allein die Tempoverhältnisse sind sehr aufschlussreich.

Man nehme beispielsweise die Fünfte: Für den ersten Satz benötigt das Oslo Philharmonic Orchestra 13 Minuten und 50 Sekunden, mit dem BR ist Jansons fast eine Minute langsamer. Verblüffend dagegen, wie genau Jansons sein altes Tempo bei der Wiedervorlage im Andante cantabile trifft: 12:24 (Oslo) stehen 12:25 (BR) gegenüber. Im Valse (5:25 Oslo, 5:43 BR) und im Finale (11:25 Oslo, 12:03 BR) driften die Tempi wieder in Richtung des anfänglichen Verhältnisses.

Schon damals zeichnete sich ab, wie sehr sich Jansons von vielen anderen Dirigenten unterschied. Nicht um die Erfüllung irgendwelcher Klischees ging es ihm, nicht um Pathos, falsch verstandene Spieltraditionen, die im Westen oft belächelte und missverstandene »russische Seele«, das Sichverlieren im Werk oder das effektvolle Ausstellen kompositorischer Kniffe und Mittel. Jansons' Tschaikowsky bedeutet immer ein enormes Energiepotenzial, das aber kanalisiert und kontrolliert wird – ohne dabei kühl oder berechnend zu wirken. Ein vermeintliches Paradox, das viel vom Strukturalisten Tschaikowsky enthüllt, vom penibel vorgehenden Klangfarbendramatiker, von seinem Kalkül, seiner Detailkunst.

Man höre dazu nur den Kopfsatz der Fünften. Ob in Oslo oder in München: Wie genau die agogischen

Vorschriften schon in der langsamen Einleitung befolgt werden, wie auch in der späteren Fassung nichts verfließt und wie mit der Balance zwischen Bläser- und Streicherfraktion gespielt wird, wie Akzente und plötzliche Kulissenwechsel mit Substanz versehen werden und nicht zu krachend ausfallen, wie selbst ein Fortissimo immer gestuft und entwickelt wird, das ist musterhaft und weitgehend singulär.

In der späteren Aufnahme ist zu hören, wie vertraut Jansons mit der Fünften im Laufe der Zeit wurde. Es gibt mehr – minimale und geschmackvolle – Rubati, überhaupt ist in der Agogik alles freier. Subtile Verbremsungen werden wieder »aufgeholt«, die Musiker, das liegt sicher auch an der ganz eigenen Klasse des BR-Orchesters, agieren individueller. Und wie Jansons im Kopfsatz den Übergang zu einer tänzerischen Passage (ab Takt 170) als mirakulösen kleinen Moment inszeniert, das fehlt in der kompakteren, drängenderen Oslo-Fassung noch.

Dafür präsentiert die frühere Aufnahme Tschaikowsky als Sturmdränger: Nach dem harten Einbruch des Allegro vivace im Finale zum Beispiel gerät der Satz in einen Taumel, in einen Furor, bei dem sich das Orchester selbst zu überholen scheint. In München wird diese Stelle zwar auch mit viel Brio interpretiert, doch nicht als Überraschungsangriff mit Nullstart, sondern rücksichtsvoller in der mikrokosmischen Arbeit. Die Final-Coda entzieht sich wiederum jeglichem Klischee. Ein Triumph in der Oslo-Version, nie zu bombastisch, in den Streichern aber mehr vom Legato her gedacht, zu dem das trocken artikulierte Blech Nadelstiche setzt. In der Münchner Variante klingt das eine Spur wärmer, gepolsterter, noch dialogischer in der Beziehung zwischen Bläsern und Streichern.

Auch mit der Sechsten – die als »pathetisches«

Schlusswort des Symphonikers Tschaikowsky vom Autobiografischen überwölbt ist und von manchen gleichsam als tragischer Soundtrack seines Komponistenlebens begriffen wird – setzte sich Jansons von vielen Kollegen ab. Die Oslo-Tempi sind wieder zügiger als die Münchner, unterscheiden sich aber nicht so stark. 17:57 zu 18:08 im ersten, 7:27 zu 8:04 im zweiten, 8:20 zu 9:04 im dritten und 9:48 zu 10:19 im vierten Satz. Insgesamt ist die Oslo-Fassung kontrastreicher, wagemutiger und entfernt sich noch mehr von der larmoyanten Deutungstradition der *Pathétique*.

Im Kopfsatz zum Beispiel, nach einer nicht zu schwerlastigen, fast schlichten Einleitung bricht das Allegro vivo mit einer Vehemenz los, die das Philharmonic Orchestra an die Grenze des Spielbaren bringt. Dieser Eindruck des fast Gehetzten stellt sich beim BR weniger ein, dafür ist der Zusammenbruch am Ende des Satzes stärker ausgeprägt, größer, nihilistischer im Gestus – eine Atmosphäre, die im Finale wieder aufgenommen wird.

Beiden Interpretationen der Sechsten ist überdies gemeinsam, dass sie Tschaikowskys Wurzeln im Volkstümlichen widerhallen lassen. Insbesondere der zweite Satz, beim BR eine Spur flexibler genommen und delikater gezaubert, zeichnet sich in Oslo durch freche Pointierungen aus. Ähnliches im dritten Satz, der in der früheren Version derart spitz akzentuiert wird, als Groteske à la Berlioz, so dass das Tempo nie richtig einzurasten scheint. Solche Grenzgänge gestattete sich Jansons in München nicht mehr, das Allegro molto vivace schnurrt weicher, klangvoller und wie ein Uhrwerk vorüber.

Ob Fünfte oder Sechste oder die früheren Symphonien (unter denen die Vierte eine von kaum einer anderen Aufnahme übertroffene Vehemenz erreicht):

Bei Tschaikowsky manifestiert sich, wie wenig Mariss Jansons am Außermusikalischen lag, an Konnotationen, biografischen Allusionen, an schnell abrufbarer Emotionalität. Diese Tschaikowsky-Symphonien – Parallelen gibt es bei Sibelius und Schostakowitsch – werden nicht als Tondichtungen aufgefasst und liefern daher nur auf einer der vielen Ebenen einen vertonten Subtext.

»Bei russischer Musik gibt es eine Entwicklung zu einer falschen Emotionalität, zu übertriebenem Gefühl«, sagte Jansons. »Das ist gefährlich. Alles sollte sehr natürlich dirigiert werden – auch eine große Tragödie wie *Pique Dame*. Abgesehen davon: Ich weiß nicht, ob ein anderer Komponist Gefühle durch Melodien so wunderbar ausdrücken konnte.«

Jansons Vor- und Probenarbeit, auch die genaue Beachtung der Partiturangaben, all das lässt die Werke kraft ihres strukturellen Potenzials strahlen. Auf eigentümliche Weise traf sich Jansons an diesem Punkt (wenn auch in einer ganz persönlichen Variante) mit dem von ihm so verehrten Nikolaus Harnoncourt. Tschaikowsky, das zeichnet sich gerade in der Zusammenarbeit mit dem Oslo Philharmonic Orchestra ab, wird als Klangrhetoriker begriffen. Als dialogisch, diskursiv und manchmal auch dialektisch zu entwickelnder Kosmos. Und eine unüberhörbare Musizier- und Risikolust verhindert dabei, dass alles zur klingenden Vorlesung, zur dürren Analyse wird.

Die Verantwortlichen des kleinen britischen Plattenlabels Chandos begreifen dies damals sehr schnell. Und wie das Marktleben so spielt, weckt dies wiederum Begehrlichkeiten der großen Labels. In diesem Fall tritt EMI auf den Plan, die Chandos 1987 aussticht und mit dem Oslo Philharmonic Orchestra einen der umfangreichsten Exklusivverträge der Unternehmensgeschichte schließt. 1992 wird diese Vereinbarung um weitere 15 Platten erneuert. »Die wollten fast nur noch Russisches von mir«, beklagte sich Jansons später. Er bekommt damit erstmals die Gesetze der internationalen Klassikszene zu spüren. »Unglücklich« ist er irgendwann, obwohl die Konzerte in Oslo und auf Tourneen, ebenso wie seine Gastdirigate, bei denen entsprechende Stücke auf den Pulten liegen, heftigen Applaus hervorrufen. Bis er sich irgendwann, wohl schweren Herzens, dazu entschließt, keinen Tschaikowsky mehr zu spielen. Jansons nimmt das zum Anlass, sein Repertoire zu verbreitern. Alle Brahms-, Schubert- und Schumann-Symphonien werden in Oslo erarbeitet. Fast 15 Jahre lang, so die selbst auferlegte Repertoire-Diät, dirigiert Jansons keine russische Musik mehr – mit Ausnahme seines geliebten Schostakowitsch. Die Tschaikowsky-Box bleibt dennoch Spiegel der gemeinsamen Arbeit und wird zum Katalysator für die neue Marktstellung. Sie dokumentiert für alle Welt hörbar: Aus einem guten ist ein erstklassiger Klangkörper geworden.

Russische Verlockungen, internationale Triumphe

Ein wiedererstarktes, konkurrenzfähiges Oslo Philharmonic Orchestra: Was einem breiten internationalen Publikum eigentlich erst nach Abschluss der Tschaikowsky-Aufnahmen deutlich wird, ist den Insidern des Klassikmarktes schon Mitte der Achtzigerjahre bewusst. Geheimtipp, das wäre zu schwach ausgedrückt. Die Tournee-Engagements zeigen, wie die Nachfrage nach den norwegischen Musikern mit ihrem lettisch-russischen Chef steigt.

Im November 1985 kehrt Jansons an seinen alten Studienort zurück, nach Wien. Eine ausgedehnte Mitteleuropa-Reise führte das Ensemble unter anderem nach Zürich, Genf, Bern, Lausanne, Frankfurt, Witten, Aachen und Linz. Und jetzt das ihn so aufwühlende Gastspiel: Dort, wo er als Student fast täglich die Großen seiner Zunft beobachtet hatte, soll er sich nun erstmals als Chefdirigent präsentieren. Zuvor hat Jansons lediglich zweimal mit den Leningrader Philharmonikern im Musikvereinssaal gastiert. Diesmal bestand allerdings das Problem, dass sich weder im Musikverein noch im Konzerthaus, beide fungieren auch als

Veranstalter, Fürsprecher für das Orchester aus Oslo fanden. Wie oft in solchen Wiener Fällen sprang die Jeunesse Musicale ein, der dritte große Veranstalter. Ihr Chef ist damals Thomas Angyan, der später, von 1988 bis 2020, Intendant des Musikvereins wird. Somit kann die norwegische Delegation am 29. November 1985 im Goldenen Saal gastieren. Auf dem Programm stehen eine Suite aus Griegs *Peer Gynt*, Sibelius' Violinkonzert mit Wladimir Spiwakow und Tschaikowskys sechste Symphonie. »Auf einmal ging für mich der Himmel auf«, erinnerte sich Angyan noch Jahrzehnte später. »Dann habe ich nicht mehr losgelassen und dieses Ensemble immer wieder eingeladen.« Aus der beruflichen Verbindung wird für Angyan und Jansons schließlich eine Freundschaft.

Noch etwas Einschneidendes passiert 1985: Mariss Jansons lernt eine Frau kennen. Im Urlaub am Schwarzen Meer, am Strand in Jalta, geschieht etwas, das sich für einen Liebesroman oder einen Film eignen würde. Ein Freund macht Jansons darauf aufmerksam, dass einige Meter von ihnen entfernt eine äußerst attraktive Dame schwimme. Jansons ist neugierig. Er nähert sich der Unbekannten, sie kommen ins Gespräch. Als sich herausstellt, dass auch sie aus Leningrad stammt, ist Jansons erst recht begeistert. Er nimmt es als Wink des Schicksals. Im Nachhinein waren sich beide einig: »Es war Liebe auf den ersten Blick«, erinnerte sich Irina Jansons. »Ich wusste nicht, dass er Dirigent ist.« Etwas schüchtern und zurückhaltend soll er gewesen sein, gerade das habe ihr so gefallen.

Da beide zu diesem Zeitpunkt noch verheiratet sind, bleiben sie zunächst ohne Trauschein zusammen. Erst 1998, beide sind inzwischen geschieden, schließen sie die Ehe. Anfangs praktiziert Irina Jansons noch als

Ärztin, doch wird ihr bald klar: Wenn sie ihren Mann regelmäßig sehen will, muss sie mitreisen. »Dass ich meinen Job aufgegeben habe, war kein Opfer«, sagte sie später dem *Spiegel*. »Ich wollte mit Mariss zusammen sein, und da gab es keine andere Möglichkeit. Er war ja schon damals ein gefragter Dirigent. Über diese Entscheidung bin ich jeden Tag glücklich. Es fühlt sich für mich an, als könne ich nicht ohne diesen Mann leben.« Mitte der Achtzigerjahre verändert sich die Situation in Mariss Jansons' Heimat grundlegend. Gorbatschows Perestroika beschert die endlich erwartete Freiheit und bringt den Staat ins Wanken. Auf Jansons selbst wirkt sich das nur mittelbar aus, er darf nach wie vor problemlos ins Ausland reisen und seinen dortigen Verpflichtungen nachgehen. Dass das sowjetische Kulturleben in eine große Krise gerät, beobachtet er jedoch mit Sorge. Vorbei sind die Jahre, in denen die Kultur selbstverständlich unterstützt wurde, auch weil sie als Aushängeschild diente. »Früher waren die Musik und der Sport zwei der wichtigsten Dinge, auf einmal wurde der Musik immer weniger Aufmerksamkeit geschenkt – und damit meine ich nicht allein die finanzielle Unterstützung.« Das Flagschiff der sowjetischen Kultur, das Kirow-Theater in Leningrad mit den dortigen Philharmonikern, aber auch das Bolschoi-Theater in Moskau sind von den zahlreichen Schließungen weniger bedroht. Viel schlimmer trifft es kleinere Institutionen und, was Jansons besonders bekümmert, die Ausbildung. Jene Erziehungsarbeit, die ihm stets wie ein weltweit strahlendes Vorbild vor Augen stand, ist nun gefährdet. »Es war eine furchtbar depressive Phase.«

Was seine musikalische Heimat in Oslo betrifft, trägt Jansons zu einem enormen Aufschwung bei. Die Reisetätigkeit nimmt in diesen Jahren stetig zu. Das Oslo Philharmonic Orchestra und er selbst sind immer stärker gefragt. Zwischen 1987 und 1996 werden sie (zum Teil mehrfach) unter anderem nach Italien, Spanien, Japan, Tawain, China und in die USA eingeladen. 1993, 1995 und 1997 konzertieren sie in Salzburg, dem Mekka der Festspielwelt. Ein Fixpunkt bleibt, nach dem glorreichen Debüt 1985, der Wiener Musikvereinssaal. Fast jährlich ist Jansons dort zu erleben, auch mit den Leningrader Philharmonikern, dem Niederösterreichischen Tonkünstlerorchester und den Wiener Symphonikern.

Gleich zu Beginn dieses steilen internationalen Aufstiegs ereignet sich ein weiterer folgenschwerer Todesfall: Am 19. Januar 1988 stirbt Jewgenij Mrawinsky. Auch er erliegt, wie Arvīds Jansons, einem Herzinfarkt. Sein letztes Programm mit den Leningrader Philharmonikern hatte er im März des Vorjahres gegeben – mit Schuberts h-Moll-Symphonie und der vierten Symphonie von Brahms. Mariss Jansons ist sofort als Nachfolger im Gespräch, Mrawinsky selbst hatte sich, geplagt von Todesahnungen, mehrfach in dieser Richtung geäußert. Zudem hatte Jansons immer häufiger Konzerte mit den Leningradern übernommen, auch ungeplant: Hatte Mrawinsky aus Krankheitsgründen abgesagt, war sein zweiter Mann eingesprungen. Manche prestigeträchtige Tourneen hatte Jansons sogar als einziger Dirigent bestritten.

Doch es gibt einen Konkurrenten, Juri Temirkanow. Der damals 50-Jährige, wie Jansons am Konservatorium von Leningrad ausgebildet, ist seit 1976 Chefdirigent des dortigen Kirow-Theaters. Führende Parteileute werben für Temirkanow. In einer internen Entscheidung der Verantwortlichen kommt Jansons nur auf Platz zwei. Die Chance, eines der weltbesten Orchester zu übernehmen, ist dahin. Oder sollte es ein Fingerzeig sein? Jansons ist damals enttäuscht, sah es später aber auch realistisch: »Ich war ehrgeizig, andererseits hatte ich

verstanden: Ich hatte noch keine Chefposition in der Sowjetunion, außerdem war ich sehr jung und Temirkanow viel erfahrener. Im Nachhinein muss ich sagen: Gott sei Dank ist es so gekommen, das Leben und der liebe Gott haben mir geholfen.«
Mariss Jansons ist also weder frustriert noch beleidigt. Er erkundigt sich vielmehr bei Juri Temirkanow, ob er, als zweiter Mann und parallel zur Chefposition in Oslo, bei den Leningrader Philharmonikern bleiben solle. Ein nicht ganz uneigennütziges Angebot, schließlich genießt Jansons die Zusammenarbeit mit einem derart hochkarätigen Ensemble. Temirkanow bejaht, nicht zuletzt, weil dies in der damaligen schwierigen Phase Kontinuität garantiert. Angesichts der schwindenden finanziellen Unterstützung vonseiten des Staates müssen selbst verwöhnte Klangkörper wie die Leningrader umdenken. Die Musiker, ohnehin nie mit hohen Gagen gesegnet, sind deprimiert. Auch dies ist ein Grund zur Weiterverpflichtung des ehemaligen Mrawinsky-Assistenten. Jansons wird dem russischen Orchester bis zum Jahr 2000 verbunden bleiben. Danach lässt ihm der Terminkalender endgültig keine Zeit mehr.

1988 markiert für Mariss Jansons auch in anderer Beziehung ein schicksalhaftes Jahr. Am 22. und 23. April steht er am Pult der Leningrader Philharmoniker, um die siebte Symphonie von Schostakowitsch einzuspielen – die »Leningrader«. Dies interessanterweise jedoch nicht in der Philharmonie unweit der Newa, sondern im Konserthus von Oslo. Schostakowitschs bekannteste Symphonie, uraufgeführt 1942 im von den Deutschen belagerten Leningrad, quillt schier über vor zeitgeschichtlichen Allusionen – und geht zugleich weit über eine bloße programmatische Widerspiegelung der Geschehnisse im Zweiten Weltkrieg hinaus. Musikalisches Fanal, legendenbeschwertes Opus, Antikriegsaufschrei, dröhnende Karikatur, missbrauchtes Propagandastück, ins Monströse geweitete Struktur, all dies ist Schostakowitschs Opus 60. Seine überbordenden Querverweise und Emotionalität machen es zu einem in vielerlei Hinsicht gefährlichen Stück.

Jansons dirigiert die Symphonie im Sinne seines Lehrmeisters Mrawinsky, des »Diktators« der neuen Sachlichkeit. Allerdings werden das Strukturelle, die strenge Kanalisierung des Klangs, die kühle Akkuratesse bei ihm aufgeweicht. Damit vollzieht er, wenn man so will, eine behutsame Emotionalisierung. Plakatives meidet Jansons dennoch. Immer ist er darauf bedacht, das Werk an sich darzustellen, aus der Draufsicht zu dirigieren – und sich nicht in einer trügerischen, falsch verstandenen Theatralität zu verlieren. Überlegenes Stilgefühl adelt diese Aufnahmen, zudem eine genau dosierte, nie zur Selbstdarstellung missbrauchte Dramatik.

Keiner kann damals ahnen, dass daraus ein Zyklus werden soll. Am Ende, im Jahr 2005, liegen alle 15 Symphonien vor. Nicht mit einem einzigen Klangkörper, sondern mit allen »Jansons-Orchestern«: Nummer 1 mit den Berliner Philharmonikern, Nummer 2, 3, 4, 12, 13 und 14 mit dem Symphonieorchester des Bayerischen Rundfunks, Nummer 5 mit den Wiener Philharmonikern, Nummer 6 und 9 mit dem Oslo Philharmonic Orchestra, Nummer 8 mit dem Pittsburgh Symphony Orchestra, Nummer 10 und 11 mit dem Philadelphia Orchestra (das streng genommen nicht zu Jansons Ensembles zählt), Nummer 15 mit dem London Philharmonic Orchestra – und eben die Nummer 7 mit den Leningrader Philharmonikern.

In der Summe ist dies die unangefochtene, mit mehreren Preisen bedachte Referenzaufnahme, die alle anderen weit hinter sich lässt. Es gelingt ein Paradox: Die manchmal so weit auseinanderliegenden klanglichen Eigenheiten der Ensembles bleiben gewahrt, und doch dominiert stets Jansons besonderer Zugriff – wie ein Grundthema in immer wieder neuen, eng verwandten Variationen.

Fast scheint es, dass für jede Symphonie das passende Orchester gewählt wurde. Die Wiener lassen in die Fünfte ihre Mahler-Erfahrung einfließen, Oslo wirft sich lustvoll in die überdrehte Virtuosität der Sechsten, mit den Münchnern ist in der Vierzehnten eine finessenreiche, in Fahlfarben schimmernde Kammermusik möglich.»Seine Aufnahmen klingen packend und bei aller Detailbesessenheit geschlossen in den formalen Zusammenhängen«, schrieb 2006 *Die Zeit*. Jansons bleibe jenseits aller Emotionalität ein souveräner Strukturalist.»Dem Schachspielergehirn Schostakowitsch hätte das gefallen. Einen berufeneren Schostakowitsch-Interpreten wird man derzeit nicht finden.«

Mariss Jansons ist Dmitri Schostakowitsch zwar ein paarmal begegnet. Zudem hat er ihn beobachtet, als der Komponist den Einstudierungen von Mrawinsky beiwohnte. Doch eine intensivere Unterhaltung war ihm, dem damals sehr jungen Mann, nicht vergönnt. Allerdings hatte Jansons bis zuletzt Mrawinskys Klagen im Ohr. Dieser habe ihm immer gesagt: Von Schostakowitsch etwas zurückzubekommen sei mehr als schwierig. Damit seien nicht nur ausgeliehene Bücher oder Noten gemeint gewesen, sondern auch Antworten auf schier unzählige musikalische Problemstellungen. Nie, so erinnerte sich Jansons, habe Schostakowitsch eindeutig auf präzise Fragen reagiert. Als wäre er zu schwach oder gar nicht interessiert gewesen an den interpretatorischen Details der Dirigenten.

»Er war ein sehr netter, guter, hilfsbereiter Mann,

aber furchtbar nervös und wahnsinnig ängstlich«, so Jansons. »Man hatte gleich Mitleid mit ihm. Außerdem hat er sehr schnell und sehr kurz angebunden gesprochen. Schostakowitsch hatte ein sehr großes Herz, war voller Liebe und Leid, konnte dies aber schlecht zeigen. Über seine Musik mochte er gar nicht reden. Wodka hat er gern getrunken, er konnte sich schnell verlieben – und er hatte eine große Leidenschaft für Fußball.«

Schon beim ersten Kontakt mit seinem Œuvre war Schostakowitsch zu Jansons Lieblingskomponisten geworden. »Die Musik ist so stark. An erster Stelle steht Leidenschaft in allen ihren Extremen. Ein genialer Komponist, auch in seinem Gefühl für die Instrumente und ihre Farbmöglichkeiten.« Gerade in seiner Art, auf Geschichte und die damalige politische Gegenwart zu reagieren, sei Schostakowitsch im Gegensatz zu vielen anderen Tonschöpfern ein echter zeitgenössischer Komponist gewesen.

Noch eine weitere, besondere Verbindung gibt es zu diesem Komponisten. Jansons war einst in derselben Leningrader Musikschulklasse wie Solomon Wolkow gewesen, der im Jahr 1979, als Musikwissenschaftler und Musikkritiker, *Die Memoiren des Dmitri Schostakowitsch* herausgab. Diese detaillierten, bemerkenswert offenen Selbstzeugnisse seien, so stellt es jedenfalls Wolkow dar, in enger Abstimmung mit dem Komponisten entstanden. An der Echtheit gibt es bis heute Zweifel. Jansons bekommt von einem finnischen Musikkritiker die Urfassung der *Memoiren* nach Oslo geschickt. Er ist somit einer der Ersten, der diese aufsehenerregenden Kapitel lesen darf. Auf jeder Seite, so erinnerte sich Jansons, sei Schostakowitschs Unterschrift zu finden gewesen. Den Schriftzug kennt er. Ob echt oder gefälscht, das vermochte Jansons auch später nicht zu entscheiden: »Warum sollte Schostakowitsch einem jungen Mann das alles erzählen? Andererseits wollen ältere Menschen manchmal ihr Herz ausschütten, um ihre Gedanken der Nachwelt zu erhalten. Ich weiß es wirklich nicht...« Die in diesem Buch penibel ausgebreiteten Zeitumstände, Schostakowitschs existenzielle Angst, die entsetzlichen Zwänge und Bedrohungen, das Ringen um Wahrhaftigkeit unter der Folie musikalischer Verherrlichung, all das erschien Jansons jedoch – wie unzähligen anderen Lesern – plausibel.»Schostakowitsch hatte Beethovens Geist, durch die Musik wurde er zum Kämpfer. Hätte ihn Stalin nicht so terrorisiert, dann wäre Schostakowitsch der Verdi des 20. Jahrhunderts geworden. Und wäre er Schriftsteller gewesen, hätte ihn Stalin längst töten lassen.«

Ins Jahr 1988, in die Zeit der ersten Schostakowitsch-Einspielung, fällt auch Mariss Jansons' USA-Debüt. Beim Los Angeles Philharmonic Orchestra dirigiert er mehrere Konzerte mit insgesamt zehn Tschaikowsky-Werken, zuvor hatte ihn das Orchestre Symphonique de Montréal eingeladen. Die Gastspielbilanz wird immer beeindruckender, zu diesem Zeitpunkt hat Jansons bereits in 25 Ländern dirigiert.

Diese Entwicklung setzt sich immer weiter fort. Ihren Höhepunkt erreicht die Zusammenarbeit mit dem Oslo Philharmonic Orchestra elf Jahre später, im Herbst 1997, 18 Jahre nach Jansons' Amtsantritt in Norwegen. Im Wiener Musikvereinssaal ist das Ensemble als einwöchiges Residenzorchester für fünf Programme verpflichtet, mit Werken von Grieg, Honegger, Beethoven, Bruckner und Strauss. Im Rahmen des Wiener Allerheiligenkonzerts führt es am 1. November Verdis *Messa da Requiem* auf, mit Michèle Crider, Markella Hatziano, Johan Botha und Matti Salminen, am Tag darauf, an Allerseelen, spielt es Mahlers *Auferstehungssymphonie*, ebenfalls mit Crider und Hatziano sowie dem

Wiener Singverein. Riskant ist ein solches Engagement für den Veranstalter Musikverein nun längst nicht mehr. Das Oslo-Festspiel wird zum triumphalen Ereignis.

Britische und Wiener Seitensprünge

»Er breitete eben seine Flügel aus.« So formulierte es Stephen Wright, der frühere Agent. Und diese Schwingen tragen Mariss Jansons weiter durch Europa, das Ziel liegt nun ein Stück südwestlich von seinem Hauptarbeitssitz Oslo. Eine zusätzliche Chefposition kommt für den Dirigenten allerdings nicht infrage. Aber die internationale Stellung festigen, und dies auch noch in einer der wichtigsten Musiknationen, dies wird auf einmal zu einer Option. Zumal auch Jansons Terminkalender – noch – nicht so voll ist wie bei anderen international tätigen Dirigenten.

Jansons wählt eine Art Mittelweg: die Position des Principal Guest Conductor, des Ersten Gastdirigenten. Und dies bei einem Ensemble, dem noch weniger internationale Aufmerksamkeit zuteilwird als dem Oslo Philharmonic Orchestra zur Zeit von Jansons' Antritt: beim BBC National Orchestra of Wales.

Erste Kontakte knüpft Jansons nicht lange nach seiner Teilnahme am Karajan-Wettbewerb. Das Ensemble mit Sitz in Cardiff ist neugierig auf vielversprechende Jungdirigenten, vielleicht auch, weil man dadurch Nadelstiche setzen und sich profilieren kann gegenüber der innerbritischen Konkurrenz. Jansons wird eingeladen.

Und sofort, so erinnerte er sich, sei eine gegenseitige Zuneigung spürbar gewesen. »Eine Art Verliebtsein«, wie er es nannte – seiner Ansicht nach die Voraussetzung für jede intensivere und regelmäßige Zusammenarbeit mit einem Klangkörper. Kurz danach hat Jansons bereits die Offerte auf dem Tisch: Ob er sich nicht fester binden möchte?

Das BBC National Orchestra of Wales bildet damals eines von fünf Ensembles des Senders. Es ist das einzige professionelle Orchester in Wales und erfüllt, der Name sagt es, eine Doppelfunktion. Einerseits agiert es im Auftrag einer öffentlich-rechtlichen Rundfunkanstalt, andererseits ist es Ausdruck des nationalen Selbstbewusstseins dieser Region.

Das Vorgängerensemble wurde 1924 gegründet. 1935 hatte es lediglich 20 Mitglieder, nach dem Zweiten Weltkrieg knapp über 30. Der Klangkörper wurde stetig aufgestockt, nach der endgültigen Umbenennung im Jahre 1976 war er auf 66 Instrumentalisten angewachsen. Auf eine für größere symphonische Literatur ausreichende Stärke kam man indes erst 1987 mit 88 Stellen.

»Das BBC Welsh Orchestra war ein sehr gutes, aber unterschätztes Ensemble«, urteilte Stephen Wright. »Als Rundfunkorchester hatte es auch eine Anbindung an London, das machte die Sache natürlich interessant.« Was den Chefdirigenten betrifft, befindet sich das Ensemble in einer Übergangszeit. Von 1983 bis 1985 steht der frühere Flötist, der aus Siebenbürgen stammende Erich Bergel, an der Spitze; erst 1987 folgt der Japaner Tadaaki Otaka, der das Orchester bis 1995 leitet.

Vier Wochen pro Jahr soll Jansons in Cardiff gastieren, so lautet die Vereinbarung, die er zusätzlich zu seinem Engagement in Oslo eingeht. Doch gibt hierfür nicht nur die spontane Zuneigung den Ausschlag. Das BBC Welsh Orchestra bietet ihm eine Gesamtaufnahme der Tschaikowsky-Symphonien an, allerdings als Fernseh- und Videoproduktion. Was TV-Aufzeichnungen betrifft, handelt es sich um das aktivste BBC-Orchester. Für Jansons ist das eine ideale Ergänzung zur immer populärer werdenden Einspielung aus Oslo. Von nun an kann nicht nur akustisch verbreitet werden, wie er dirigiert, jetzt können ihn die internationalen Klassikfans auch sehen. Dies bedeutet aber, dass Jansons endgültig den Stempel »Tschaikowsky« aufgedrückt bekommt – als ein junger, temperamentvoller, gewissermaßen authentischer Interpret, der die fast nüchterne Deutungslinie seines Lehrmeisters Mrawinsky um eigene Aspekte bereichert.

»Das war damals ein großer Meilenstein«, erinnerte sich Huw Tregelles Williams, seinerzeit Orchesterdirektor, in Peter Renolds' Buch *BBC National Orchestra of Wales* an die Zusammenarbeit mit Mariss Jansons. »Wenn mich jemand fragte, welches mein heftigster Arbeitstag war, dann antwortete ich – sechs intensive Stunden in der St. David's Hall, Jansons auf der Bühne, in ständigem Telefonkontakt zu mir unten und arbeitend fast wie ein Chirurg an rund fünfzig kurzen Aufnahme-Takes für alle sechs Tschaikowsky-Symphonien.«

Auf dem Gebiet der Konzertfilme und -aufzeichnungen herrscht seinerzeit noch eine starke Nachfrage. Herbert von Karajan hat dieses Medium auf seine besondere, extrem ästhetische bis narzisstische Weise vorangebracht. Die BBC versteht sich eher als dokumentarische Instanz. Für Jansons bietet dies einen enormen Werbeeffekt. Alle sechs Tschaikowsky-Symphonien plus *Manfred-Symphonie* werden 1986 mit ihm aufgezeichnet. Karrierestrategisch gesehen eine seiner wichtigsten Produktionen. Ergänzt wird dies später durch den wohl populärsten Symphonien-Zyklus überhaupt: Auch Beethoven spielen Jansons und die walisischen Musiker vor TV-Kameras ein.

»Ein sehr gutes Orchester« sei es zum damaligen Zeitpunkt gewesen, sagte Jansons – die Aufnahmen unterstreichen dies. Man kann ihn beobachten, wie er die Waliser Musiker mit seiner typischen klaren Schlagtechnik durch die Partituren lotst, ohne sich dabei in Posen zu ergehen. Etwas Feldherrenhaftes strahlt er auf diesen Mitschnitten aus, zugleich auch etwas sehr Animierendes: Als wäre es die natürlichste Sache der Welt, treibt Jansons das Orchester an seine Grenzen. Eine Aufgabe, an der es spürbar wächst. Ein Kritiker urteilt über die Konzerte: »Sie spielten wie Dämonen.« Einig ist man sich, dass Jansons für eine neue, andere Disziplin im Ensemble gesorgt habe.

Jansons wird in Wales gern mit dem großen romantischen Repertoire betraut. Vier Jahre lang bindet er sich. Es entstehen auch andere Tonaufzeichnungen wie die *Alpensinfonie* von Richard Strauss.

1988 tourt das Orchester durch ein für Jansons mehr als wichtiges Land, die Sowjetunion. Konzertiert wird in Kiew, Nowosibirsk und an seinem Wohnort Leningrad. Was Jansons betrübt: Aufgrund sowjetischer Bestimmungen darf er ausländische Orchester nicht in seiner Heimat dirigieren. Tadaaki Otaka steht also am Pult, in Leningrad wird er von Jansons beherbergt.

Das Leningrader Konzert wird zu einem der ruhmreichsten und gefeiertsten der Orchestergeschichte, nach Brahms' erster Symphonie bricht im Saal ein Jubelorkan los. Jansons kutschiert in diesen Tagen den Kollegen Otaka durch die teilweise maroden Straßen der Stadt und zeigt ihm die Orte seiner Jugend und Ausbildung. Dabei stellen sie eine überraschende Gemeinsamkeit fest: Beide studierten in Wien bei Hans Swarowsky.

Und noch zu einem weiteren britischen Orchester

ergibt sich eine enge Bindung. Auch dies geht unter anderem auf die Aktivitäten von Manager Stephen Wright zurück. Der ist mit dem Generaldirektor des London Philharmonic Orchestra befreundet. Vorsichtig wird mit Jansons eine weitere Position diskutiert. Drei Wochen pro Jahr an der Themse, dies ließe sich doch sicher einrichten. 1992 ist es schließlich so weit: Jansons tritt in London eine Position als Principal Guest Conductor an, die er bis 1997 behalten wird.

Neben den regelmäßigen Konzerten kommt es auch hier zu Audioproduktionen, wobei Jansons ein weiteres Mal vornehmlich für Russisches gebucht wird. Man erwartet sich also vom ständigen Gast gleichsam »authentische« Einstudierungen. Neben Schostakowitschs 11. und 15. Symphonie werden auch Mussorgskys *Bilder einer Ausstellung*, Tschaikowskys *Nussknacker* oder Rimskij-Korsakows *Scheherazade* für die Ewigkeit gepresst.

Diese beiden britischen Engagements demonstrieren, dass Jansons Schlüsselpositionen anstrebt. Nicht unbedingt bei den ersten Orchestern des Landes, wohl aber bei Ensembles, die ihn ein Stück weiter ins Zentrum der Aufmerksamkeit rücken können. Und die er – gerade im Falle des Waliser Klangkörpers – auch formen kann, um sein Image und sein Potenzial als Orchestererzieher zu festigen.

Auch andere britische Ensembles werden nun aufmerksam auf ihn und blicken mitunter neidisch nach Cardiff und London. Eine festere Bindung ans Londoner Philharmonia Orchestra lehnt Jansons ab. 1987 wird dort Christoph von Dohnányi Chefdirigent. Auch das London Symphony Orchestra sendet Signale aus. Wenn er gewollt hätte, gab Jansons zu, hätte er mehr oder weniger problemlos eine Spitzenstellung auf der britischen Insel erreichen können. »Doch damals hatte ich ja schon das Oslo Philharmonic Orchestra.« Und, so ist hinzuzufügen, er hatte auch noch Zeit. Das Warten sollte sich später auszahlen, mit einer Position an der Spitze der beiden gefragtesten Ensembles überhaupt.

Wie Jansons unterdessen das Repertoire seines norwegischen Orchesters entwickelt, wo genau er dessen Stärken und jene der Musiker sieht, welche Werke er für entscheidend hält für die Klangarbeit, das zeigt ein Blick auf die Aufführungsstatistik, die zum Teil überraschende Ergebnisse liefert.

Der mit Abstand beliebteste Tonschöpfer in Oslo ist mit 139 Aufführungen erstaunlicherweise Edvard Grieg, gefolgt von Ludwig van Beethoven (115), Richard Strauss (111), Peter Tschaikowsky (103) und Jean Sibelius (84). Grieg erreicht auch deshalb diesen hohen Wert, weil Jansons Teile aus *Peer Gynt* allein 30 Mal und das Klavierkonzert 27 Mal dirigiert. Damit belegen diese Kompositionen in der Einzelwerkstatistik Platz zwei und drei. Am häufigsten lässt Jansons Sibelius' zweite Symphonie (33) spielen, auch Schostakowitschs Fünfte kommt mit 30 Aufführungen auf einen hohen Wert. Zu den weiteren »Jansons-Schlagern« zählen Dvořáks achte Symphonie (23), Berlioz' *Symphonie fantastique*, die zweite Suite aus Ravels *Daphnis und Chloé*, Sibelius' erste Symphonie (je 22) und Strauss' *Heldenleben* (20).

Besonders letzteres Stück wird Jansons bei seinen künftigen Orchestern immer häufiger auf die Pulte legen lassen. Es wird, ob in Amsterdam oder München, zum Signetwerk. Schon während des Studiums hatte der Strauss-Begeisterte das *Heldenleben* dirigiert. Und er hatte dabei erfahren dürfen, wie wichtig dieser Komponist, der wie kein anderer Instrumente und Orchestergruppen bedienen und dadurch zum Strahlen bringen kann, für die Klangerziehung ist.

In einer reinen Symphonienstatistik verschiebt sich

diese Reihenfolge, weil zum Beispiel Richard Strauss nicht mitgezählt werden kann. Dass hier der Komponist, mit dem Jansons am meisten identifiziert wird, die Liste anführt, überrascht kaum: 76 Mal steht während seiner Zeit beim Oslo Philharmonic Orchestra eine Symphonie von Dmitri Schostakowitsch auf dem Programm. Wie wichtig Jansons in diesem Zusammenhang die allein 30 Mal gespielte Fünfte ist, verdeutlicht der Vergleich mit der Neunten, die lediglich 15 Mal aufgeführt wird. Auf denselben Wert wie Schostakowitsch kommen die Symphonien von Beethoven. Unter den 76 Aufführungen führt die Zweite (17) vor der Siebten (16) und der Dritten (14), bezeichnenderweise wurde die Sechste nie gespielt. Auf dem dritten Symphoniker-Platz liegt, dies wiederum ist eine skandinavische Eigenheit und nicht vergleichbar mit mitteleuropäischen oder angloamerikanischen Orchestern, Jean Sibelius. 61 Mal lässt Jansons eine seiner Symphonien auf die Pulte legen, wobei er von den insgesamt sieben Werken nur Nummer eins, zwei, drei und fünf auswählt.

Obgleich Jansons und das Oslo Philharmonic Orchestra dank der hochgerühmten Aufnahmen als Tschaikowsky-Experten gelten, belegt dieser Komponist in der Symphonien-Auszählung lediglich Rang vier. 53 Mal werden sie gespielt, am häufigsten Nummer vier und sechs (jeweils 17 Mal).

Aufschlussreich ist auch ein Vergleich der beiden Wiener Klassiker Mozart und Haydn. Letzterer gehört zu den Lieblingskomponisten von Jansons, und er nimmt ihn, auch aus spielpraktischen und klangbildenden Gründen, immer wieder ins Programm auf. In der Werk-Auszählung liegt Haydn (42 Aufführungen) vor Mozart (33), rein auf die Symphonien bezogen vergrößert sich dieser Abstand erheblich: 34 Mal spielt das Oslo Philharmonic Orchestra unter Jansons eine

Haydn-Symphonie (wobei die sogenannten »Londoner Symphonien« dominieren), Mozart dagegen ist nur 11 Mal vertreten.

Inbesondere das eher unterbelichtete Mozart-Bild führt zur Frage, welche Komponisten keine oder kaum eine Rolle während der Oslo-Zeit spielen. Johann Sebastian Bach ist nur 1 Mal vertreten (mit der *Air* aus der dritten Orchestersuite), Georg Friedrich Händel 3 Mal mit der *Feuerwerksmusik*, Franz Schubert lediglich 6 Mal. Den gesamten Bruckner-Kosmos wird Jansons erst später für sich entdecken. Die vierte Symphonie dirigiert er 4 Mal, die siebte 13 Mal. Erstaunliche Enthaltsamkeit zeigt sich auch bei Robert Schumann: Das Violinkonzert steht mit den Osloern 2 Mal auf dem Programm, das Klavierkonzert 3 Mal – eine Symphonie nie.

Punktuell finden sich in der Komponistenstatistik auch Namen, die der Tradition und dem Selbstverständnis des Philharmonic Orchestra Rechnung tragen. Dazu zählen die Norweger Johan Severin Svendsen (1840–1911), Geirr Tveitt (1908–1981) und Egil Hovland (1924–2013). Dass er mit manchen Komponisten wenig oder kaum zurechtkommt, daraus macht Jansons keinen Hehl. »Ich habe in Norwegen mehrere Erstaufführungen gemacht, und ich muss sagen, ich war nicht immer begeistert«, sagte er 2005 der *Frankfurter Allgemeinen Zeitung*. »Zum Beispiel habe ich keine große Beziehung zu Carl Nielsen. Ein sehr guter Komponist, ich habe ihn dirigiert, aber ich kann nicht sagen, dass es eine große Leidenschaft ist. Oder Elgar. Auch ein sehr guter Komponist, aber nicht meine Welt.«

Zentral ist für Mariss Jansons also schon damals das große romantische Repertoire. Auf einen rein »russisch orientierten« Dirigenten lässt er sich trotzdem nicht verengen. So wichtig ihm Schostakowitsch und Tschaikowsky sind, so stark sind auch deren nordische, völlig andersgeartete Pendants Sibelius und Grieg vertreten – und Strauss als der Meister des Orchesterklangs par excellence. Während Sibelius und Grieg im Laufe von Jansons' Karriere eine immer geringere Rolle spielen (bedingt auch durch andere Orchestertraditionen), behalten die anderen Komponisten ihren Stellenwert. Wobei im Fall von Beethoven eine Merkwürdigkeit zu beobachten ist: Die Aufnahme einer zyklischen Aufführung wird erst viel später, nämlich mit dem Symphonieorchester des Bayerischen Rundfunks, in Angriff genommen.

Die gemeinsame Arbeit am Klang, das Wachsen, das Erobern neuer Ausdrucksbereiche, damit verbunden die zunehmende Prominenz, die Wertsteigerung auf dem Klassikmarkt, das bleibt auch gute zehn Jahre nach dem Beginn beim Oslo Philharmonic Orchestra Alltag für Mariss Jansons. Doch wie es wohl ist, wenn sich alle Klangvisionen mit einem Mal erfüllen können? Wenn man dem Orchester begegnet, das seit Studienzeiten Vorbild und Ideal ist? Im Frühjahr 1992 erfüllt sich dieser Traum. Jansons debütiert bei den Wiener Philharmonikern.

Eingefädelt wird dies von Walter Blovsky, Bratscher und seinerzeit Geschäftsführer des Orchesters. Blovsky hatte einige Monate parallel zu Jansons bei Hans Swarowsky in Wien studiert, man kennt sich also. Ausgerechnet in jenen Monaten haben sich die Philharmoniker ein Riesenprogramm aufgebürdet, es ist das Jahr ihres 150. Geburtstags. Unter Lorin Maazel spielen sie in den USA, danach geht es mit Giuseppe Sinopoli nach Japan. Das erste Festkonzert in Wien leitet Riccardo Muti, Claudio Abbado steht beim Festakt am Pult. Und schließlich, zur Eröffnung des ersten Frühlingsfestivals, hat auch Mariss Jansons seinen Auftritt.

Gespielt wird nicht wie gewohnt im Musikvereinssaal, sondern im Konzerthaus. Das Orchester ist müde, ein wenig mitgenommen von den Feierlichkeiten. Jansons wählt – neben Tschaikowskys sechster Symphonie – die *Musik für Saiteninstrumente, Schlagzeug und Celesta* von Bartók. Das Werk ist ein Fremdkörper im philharmonischen Repertoire, mancher rät ihm davon ab. Zu spüren bekommt dies Jansons schon während der Proben. Einige Orchestermitglieder kennt er aus seiner Studienzeit. Doch es läuft nicht gut, man verbeißt sich in den ersten und dritten Satz des Bartók-Konzerts. Die Zeit verrinnt, für den Rest des Programms bleibt nur noch wenig Raum. Jansons, sei es aus Respekt, sei es aufgrund der ungewohnten Situation, geht dennoch eher behutsam vor. Beim ersten Mal gleich energisch zu werden kommt für ihn nicht infrage.

»Nicht unbedingt eine Sternstunde« sei das Debütkonzert am 9. April 1992 gewesen, erinnerte sich Geiger Clemens Hellsberg – obgleich für ihn schon damals evident war, welchen Ausnahmekünstler er vor sich sah. »Von beiden Seiten hat überhaupt kein Zweifel daran bestanden, dass wir weiter zusammenarbeiten wollen.« Ein wenig besser verläuft der zweite Abend am 11. April. Vom Potenzial des Neuen sind die Wiener überzeugt, man einigt sich: Jansons soll im übernächsten Jahr wiederkommen. Im August 1994 kehrt er also zurück ans Pult, allerdings fern der Donau, beim Gastspiel in Salzburg. Dieses Mal gibt es keine Experimente, sondern ein echtes Jansons-Programm mit Schostakowitschs Sechster und Berlioz' *Symphonie fantastique*. Drei Jahre später leitet Jansons das Orchester bei einem klassischen Abonnementkonzert dann endlich im für ihn so wichtigen Musikvereinssaal, mit Debussys *La Mer* und Schostakowitschs Fünfter.

Ganz allmählich darf sich Jansons zur philharmonischen Familie zählen. Auch weil das Orchester verstärkt Ausschau hält nach neuen Dirigenten. Die drei Stars Leonard Bernstein, Karl Böhm und Herbert von Karajan gehören der Vergangenheit an, Kollegen wie Carlo Maria Giulini und Georg Solti sind bereits im hohen Alter. Mariss Jansons erscheint also gerade zum rechten Zeitpunkt. Vor allem aber imponiert den selbstbewussten Philharmonikern Jansons Umgang mit den Werken, die Breite seines Repertoires, sein Wissen, seine Vorbereitung.

»Im Grunde ist er der geborene Chefdirigent für ein Orchester«, sagte Kontrabassist Michael Bladerer viele Jahre später. »Er hat eine unglaublich präzise Vorstellung von dem, was er möchte, und rückt davon nicht wirklich ab. Er lässt einem dadurch nur bedingt Luft. Das ist für uns nicht negativ, sondern eine Herausforderung. Mariss Jansons ist unerbittlich, bleibt dabei aber höflich und respektvoll. Und im Konzert kommt dann trotzdem noch das entscheidende Quäntchen dazu.«

Immer wieder erzählen die Musiker von einem typischen Jansons-Moment während der Proben: von seinen gefalteten Händen, mit denen er das Orchester bittet: »Meine lieben Damen und Herren, das ist so eine schöne Melodie, Sie sind so berühmt für Ihren Klang, bitte nutzen Sie das.« Eine seiner typischen Beschwörungsformeln. Andererseits lässt sich Jansons nicht auf die Spieltradition der Wiener Philharmoniker zurückfallen, beschränkt sich also nicht auf die Rolle des musikalischen Auslösers. »Es gibt bei ihm eine totale Ehrlichkeit, nicht nur dem Werk, auch sich selbst gegenüber«, sagte Clemens Hellsberg. »Er bringt eine besondere Humanitas ins Musikmachen hinein.«

Der Herzinfarkt als Lebenszäsur

Ein einfaches Abendessen mit einem Salzhering für alle. Gefeiert und getanzt wird trotzdem bis zum ausgelassenen Spaßduell mit Kohlenschaufel und Schürhaken. Doch dann bricht der Tod ein in diese muntere, realitätsverdrängende Welt der Pariser Lebenskünstler: Mimì, todkrank und fast nicht mehr fähig, die Treppe hinaufzusteigen, kommt für ein letztes Zusammentreffen mit ihrem überforderten Rodolfo. Und während Giacomo Puccinis *La Bohème* in eines der ergreifendsten Sterbeduette der Operngeschichte mündet, bricht plötzlich Unruhe aus im Orchester. Eine Szene, die den Beteiligten dieser halbszenischen Produktion im Konserthus Oslo noch heute als unauslöschlicher Schrecken vor Augen steht.

Der damalige Konzertmeister Stig Nilsson schilderte diesen Moment wie folgt: »Schon vorher, während der Vorstellung, sagte mir Mariss irgendwann, er fühle sich nicht wohl. Ich wusste nicht, was ich tun konnte, war aber gewarnt. Als er plötzlich zur Seite taumelte, habe ich sofort meine Geige weggelegt, und er kippte in meine Arme. Wir trugen ihn hinaus.« Elise Båtnes sitzt dahinter am zweiten Pult: »Es war an der Stelle vor Mimìs Tod. Mariss hing fast über der Schulter von Stig und ver-

suchte weiterzudirigieren. Viele Musiker wagten nicht, mit dem Spielen aufzuhören. Auch die sehr junge Sängerin der Mimì machte zunächst weiter. Nach ein paar Minuten ebbte alles immer mehr ab. Als ich ein paar Minuten später in die Damengarderobe kam, herrschte totale Stille. Wir hatten Tränen in den Augen.«
Es ist der 24. April 1996, ein Schicksalstag für Mariss Jansons. Diagnose: schwerer Herzinfarkt. Er habe gehofft, es noch bis zum Schlussakkord zu schaffen, erinnerte er sich. »Ich schlug nur noch den Takt, ohne jede Emotion. Als mir klar wurde, wie ernst die Situation tatsächlich ist, war es zu spät. Ich brach zusammen.« Der Orchestermanager springt auf die Bühne und ruft verzweifelt nach einem Arzt. Kontrabassist Svein Haugen sieht nur noch, wie ein Schatten an ihm vorbeihuscht: Ein renommierter Herzspezialist und guter Bekannter von Jansons eilt zu Hilfe. Auch andere Ärzte melden sich sofort. Als Haugen später das Gebäude verlässt, beobachtet er den Krankenwagen und den darinliegenden Chefdirigenten: »Ich dachte, ich sehe ihn nie wieder.« Jansons rettet, dass das Krankenhaus nur wenige Minuten entfernt liegt. Im Konzertsaal bleiben geschockte Musiker und Zuhörer zurück.

Doch die Notfallmaßnahmen, der darauffolgende Klinikaufenthalt, die Zwangsruhe, die Umstellung der Lebensweise, all das kann nicht verhindern, dass Jansons einige Zeit später einen weiteren Infarkt erleidet. Seine Familie, seine Freunde, sein Orchester, vor allem aber er selbst müssen sich eingestehen: Dieser lebensbedrohliche Gesundheitszustand lässt sich nicht mehr wegdiskutieren oder einfach heilen – Mariss Jansons befindet sich in jeglicher Hinsicht an einem Scheideweg. Ihm steht das Beispiel seines Vaters vor Augen, der 1984 durch einen Infarkt aus dem Leben gerissen worden war. Was also wiegt nun schwerer? Die Vernunft oder die Musik?

Hinter dem damals 53-jährigen Mariss Jansons liegt eine immens arbeitsreiche Zeit: Gastdirigate bei den Berliner und Wiener Philharmonikern, beim Amsterdamer Concertgebouworkest, beim New York Philharmonic Orchestra, ein Engagement als Principal Guest Conductor beim London Philharmonic Orchestra und beim BBC National Orchestra of Wales, die vielen Abende in Oslo, die Tourneen. All dies bewältigte er mit ungebremster Energie. Jansons, das wird nun deutlich, ist damit an seine physischen Grenzen gestoßen. Dabei hatten sich die Folgen schon vorher abgezeichnet, Ärzte in Russland und Deutschland hatten ihn gewarnt.

Doch als in Oslo Puccinis *La Bohème* bevorstand, steigerte Jansons sein Pensum im Gegenteil noch. Endlich die von ihm geliebte Oper, und mit ihr die Rückkehr zu einem Genre, von dem er als Kind in Riga, den Vater im Orchestergraben und die Mutter auf der Bühne beobachtend, so stark geprägt worden war. Und endlich auch etwas, das außerhalb der üblichen Konzertsaalprogramme liegt, noch dazu in einer ansprechenden Solistenbesetzung, unter anderem mit Elena Prokina (Mimì), Stuart Neill (Rodolfo) und Julie Kaufmann (Musetta).

Selten war Jansons so in die Arbeit vertieft. Er war gleichsam verrückt nach der Vorbereitung und in solcher Organisationswut, dass er sich sogar um Regiedetails der semikonzertanten Produktion kümmerte. Dass Jansons dabei gesundheitlich nicht vollends auf der Höhe war, sah man ihm an. »Er hatte etwas Beunruhigendes, das an vielen Dirigenten zu beobachten ist, wenn sie sich extrem der Musik hingeben«, meinte Geigerin Elise Båtnes. »Sie vergessen fast zu atmen, das Gesicht wird immer röter, bis sie plötzlich Luft holen.« Schon bald folgt auf die verhängnisvolle *Bohème* eine weitere Hiobsbotschaft. Da eine Bypass-Operation aus gesundheitlichen Gründen nicht möglich ist, müssen Jansons Stents gesetzt werden. Später wird ihm ein Defibrillator implantiert. Vor allem aber ist Jansons nach dem Herzinfarkt zur Ruhe verurteilt. Konzerte und Tourneen müssen abgesagt werden, sechs Monate dauert die Rekonvaleszenz – was zum Zeitpunkt der Diagnose noch keiner abschätzen kann. Eine vollkommen offene Situation für alle Beteiligten. Das Oslo Philharmonic Orchestra weiß nicht, wie es weitergehen soll. Und manch einer hat überhaupt keine Ahnung davon, wo sich der Chef aufhält. Jansons reist nach dem Krankenhausaufenthalt zur Rehabilitation in die Schweiz. Darüber hinaus verbringt er einige Zeit in einer einsamen Hütte von Orchesterdirektor Odd Gullberg.

Nur langsam kommt Jansons wieder zu Kräften. Musiker, die ihn besuchen dürfen, berichten, dass er lange Zeit keinen gesunden Eindruck machte. Als Stig Nilsson einmal bei seinem Chefdirigenten weilt, bekommt er immerhin zu hören, er möge doch das Orchester herzlich grüßen. Und: Nächstes Mal werde man eben eine andere Oper aufführen.

»Unmittelbar nach dem Infarkt ging es mir darum, gesund zu werden, anderes war nicht relevant«, sagte Jansons zwei Jahrzehnte später. »Am ersten Tag nach der Klinik dachte ich darüber nach, was mir das Leben überhaupt bedeutet. Ungefähr so, wie es Mahler in seinen Symphonien getan hat.« Er sei zum damaligen Zeitpunkt hundertprozentig davon überzeugt gewesen, dass es nichts Wichtigeres als die Gesundheit gebe. Aber ein Leben ohne Dirigieren? Jansons hat noch immer einen Lehrauftrag in St. Petersburg. Eine ordentliche Professur, ob dort oder an einer anderen Universität, wäre angesichts seiner Bekanntheit sicher möglich. Dennoch kommt für ihn ein solcher Berufswechsel nicht infrage.

Jansons will und kann nicht ausschließlich Lehrer sein. Er möchte Musik selbst und unmittelbar gestalten. Jansons räumte später selbstkritisch ein, dass er die guten Vorsätze, sein Leben in eine vollkommen neue Richtung zu lenken, mit zunehmendem zeitlichen Abstand zum Zusammenbruch immer mehr verdrängt habe. »Je länger der Infarkt zurücklag, desto unvernünftiger wurde ich. Während des Dirigierens vergisst man, weil wieder alles funktioniert. Man kontrolliert sich selbst nicht mehr – eine sehr menschliche Einstellung.«

Sehr langsam kämpft sich Jansons in den Beruf zurück. Für sein Comeback wählt er einige Monate später nicht die Konzerthalle in Oslo, sondern das BBC National Orchestra of Wales in Cardiff. Ein Nebenschauplatz also. Wie weit er gehen kann, was sein Körper ihm gestattet, wie er überhaupt mit der Probensituation und dem Adrenalinausstoß im Konzert zurechtkommt, das weiß noch keiner, am wenigsten er selbst. Extrem vorsichtig beginnt er die erste Probe. In der Pause, als seine Frau zu ihm kommt, schüttelt Jansons den Kopf: So könne er nicht weitermachen, so reduziert, so vorsichtig, mit so vielen musikfernen Gedanken. »Entweder ich mache es so, wie ich muss und es fühle, oder ich höre ganz auf.« Nach der Pause kehren die Lockerheit, die Musizierlust allmählich zurück. Eine Gewissheit hat er also: Dirigieren mit angezogener Bremse funktioniert für ihn nicht. »Und seitdem habe ich mich von dieser Angst immer mehr befreit.«

Als Jansons seine Rückkehr nach Oslo ankündigt, halten sich Erleichterung und Befürchtungen die Waage. Ob sich die einzigartigen Erfolge so unbeschwert fortsetzen lassen, wagt niemand zu prophezeien. Doch ist in dieser Zeit des Wartens allen bewusst, dass das Ensemble ohne Mariss Jansons auf eine frühere Stufe zurückzufallen droht. Und dies betrifft nicht nur die musikalische Qualität, sondern auch die finanzielle Ausstattung. Schon bald allerdings sind diese Bedenken ausgeräumt. Der genesene Chefdirigent fasst schnell wieder Tritt, mehr noch: Die überwundene Katastrophe bindet Musiker und Dirigent noch enger zusammen. Stellvertretend für viele sagte der Cellist Hans Josef Groh: »Wir spürten nun ein anderes Bewusstsein in der Zusammenarbeit aus der tiefen Erkenntnis heraus: Alles ist vergänglich.« Eine ähnliche Entwicklung lässt sich um die Jahrtausendwende auch im Fall von Claudio Abbado beobachten. Als dieser an Krebs erkrankt, erreichen die Abende mit seinen Berliner Philharmonikern eine berührende, bisweilen verstörende Intensität und einen fast legendenhaften Charakter.

Fortan wird auch das Thema Gesundheit, neben den vielen musikalischen Erlebnissen, dem immer steileren Karriereweg und den immer neuen Engagements, das Leben von Mariss Jansons bestimmen. Dass seine Arbeitswut, die aus einem redlichen Bemühen um eine bestmögliche Realisierung der Musik geboren ist, nun erstmals auf ihn zurückschlägt, mag den Schock nach dem Infarkt nur vergrößert haben.

Doch ein Risiko bleibt: Gebremste Aktivität setzt Jansons mit dem so verabscheuten Mittelmaß gleich. Er lässt nur das Maximum gelten. Jansons, darauf deuten viele seiner Äußerungen sowie Beobachtungen seines Umfelds hin, braucht den Stress, um sein Gewissen zu beruhigen. Er hat sich, ausgelöst durch frühkindliche Erlebnisse, in einen Teufelskreis hineinmanövriert, in dem vor allem die Musik Ausgleich schaffen und vergessen machen kann.

Durch seine gesundheitliche Verfassung verändert sich Jansons auch äußerlich. Lang nach seiner Zeit in Oslo, mit Beginn seiner Arbeit beim Symphonieorchester des Bayerischen Rundfunks, verliert er deutlich an Gewicht. Und immer wieder muss er sich Auszeiten nehmen. Davon sind nicht nur einzelne Konzertabende betroffen, sondern auch Teile von Konzertreisen und sogar ganze Tourneen. Ihn selbst stört dies am meisten. Seine Orchester im Stich zu lassen ist für ihn eine zusätzliche Belastung.

Auch seitens der Ensembles, ob in Oslo oder später in Pittsburgh, Amsterdam oder München, häufen sich die Fragen: Wie viel ist dem Chef zuzumuten? Ist er sich selbst bewusst, was er sich aufbürdet? Muss wirklich jede Reise sein? Kann die Saison ohne Absagen über die Bühne gehen? Kann man Jansons überhaupt darauf ansprechen? Die vielen Pressemitteilungen, die in diesem Zusammenhang später ausgesendet werden, mal diskret, mal knapp, mal bewusst wolkig formuliert, spiegeln diese Situation und die Unsicherheit wider.

Doch entscheidend bleibt: Jedes Mal kämpft sich Mariss Jansons mit Erfolg ins Konzertleben zurück. Dahinter steckt nicht nur die Liebe zur Musik und zu seinem Beruf, sondern auch ein übergroßes, manchmal auch übermenschliches Pflichtgefühl. Und nicht nur das Oslo Philharmonic Orchestra wächst dadurch enger mit seinem Chefdirigenten zusammen, anderen Ensembles wird es später ähnlich ergehen. Jansons' Ethos, seine Loyalität, sein Pflichtbewusstsein, seine Verletzlichkeit und Schonungslosigkeit sich selbst gegenüber, all das wird auf eine besondere Weise auf die Musiker ausstrahlen.

Abschied im Zorn

Das Parkett steigt sacht an, im hinteren Teil überragt vom beidseitig ausgreifenden Rang. Die Stühle sind in Anthrazittönen gehalten, Boden und Wände atmen den hölzernen Wohnzimmerschick der Siebzigerjahre. Der Blick nach vorn fällt auf eine ungewöhnlich tiefe Bühne, rechts begrenzt von Orgelprospekten, dahinter von einem Vorhang. Alles verbreitet den Charme einer imposanten Multifunktionsaula, hat aber einen Haken: Die Akustik ist, jedenfalls im internationalen Vergleich, mehr als dürftig.

Doch das ist teilweise so gewollt – der 1400 Plätze fassende Saal des Konserthus in Oslo (es gibt einen zweiten mit 266 Sitzen) war von Anfang an nicht als reines Klassikmekka gedacht. Mit Rock- und Popkünstlern muss sich das Philharmonic Orchestra diesen Raum teilen. Eine typisch skandinavische, sehr demokratische Lösung. Das Orchester hat sich mit dem Saal längst arrangiert, auch in einer Mischung aus Hilflosigkeit und Pragmatismus. Mariss Jansons wird dies nie tun. Ihm missfällt die Situation schon beim ersten Betreten des Raumes.

Die Entstehungszeit des Konserthus passt zum zwiespältigen Charakter des Baus. Nach jahrzehntelanger

Debatte wurde das Gebäude am 22. März 1977 eröffnet. Einen ersten Architekturwettbewerb hatte es 1955 gegeben, endgültige Pläne waren erst zehn Jahre später präsentiert worden. Zunächst hatten die Akustiker eine sogenannte »Echowand« eingebaut, klanglich gesehen eine Todsünde. Jansons lässt dies später verändern. Und er fasst schnell einen Plan: Für eine effektive Orchesterarbeit und für einen akzeptablen Musikgenuss braucht das Ensemble einen komplett renovierten, wenn nicht gar neuen Saal. Jansons ist schließlich anderes gewohnt. Die Philharmonie in St. Petersburg, dieser cremeweiße, mit Säulen bestückte Wundersaal, ist sein Maßstab. Ebenso der Wiener Musikverein, den er während seines Studiums fast täglich besucht hatte. Oslo bleibt für ihn ein lästiger, inakzeptabler Kompromiss. In seinen Augen ist der Raum der Musik nicht würdig.

Mariss Jansons zieht in seinen ersten Saalkampf, den zweiten wird er zwei Jahrzehnte später in München austragen. Bereits kurz nach Beginn seiner Osloer Amtszeit fährt Jansons zweigleisig: Auf der einen Seite nimmt ihn die musikalische Arbeit in Beschlag, auf der anderen die kulturpolitische. Beides, das bleibt Jansons' Credo, ist allerdings miteinander verzahnt. Die Verantwortlichen in der Regierung fühlen sich von diesem Chefdirigenten herausgefordert und bedrängt. Zuerst möchte er mehr Stellen fürs Orchester, nun auch noch ein neues Konzerthaus. Und dies relativ kurz nach der Eröffnung des Gebäudes mit seiner langen, schwierigen Vorlaufzeit. Die Politiker in Oslo sind aufgeschreckt.

Und doch, so gibt man Jansons zu verstehen, seien seine Argumente interessant: Ja, man werde sich darum kümmern. Immer wieder fallen solche Sätze, ob dem Orchester gegenüber oder in der Öffentlichkeit. Ob dies zur Beschwichtigung geschieht oder aus echtem Interesse, lässt sich im Nachhinein nicht entscheiden. Am

Horizont dämmert jedenfalls die Vision einer international konkurrenzfähigen Philharmonie herauf, die endlich auch prominente Gäste anlocken könnte. Orchester wie die Berliner Philharmoniker machen auf ihren Tourneen zwar gern in Norwegen Station, doch sie pflegen im Opernhaus zu spielen. Das Konserthus lehnen sie als unzureichend ab.

Nicht nur bei Premierministerin Gro Harlem Brundtland, Kabinettsmitgliedern oder Parteiführern wird Jansons vorstellig, ganz undiplomatisch wendet er sich auch ans Königshaus. Gelegenheiten ergeben sich viele, oft nach Konzerten oder bei Empfängen. Königin Sonja, die Frau von König Harald V., wird zu einer Art Mentorin des Orchesters. »Ich muss mit der Königin sprechen«, diesen Satz bekommen die Musiker von Jansons nun häufiger zu hören. Auf diese unkonventionelle, direkte Weise schafft er es, nützliche Kontakte zu knüpfen. Er, der im sowjetischen Hierarchiesystem aufwuchs und langwierige Entscheidungsprozesse verabscheut, handelt also ganz nach seinen Gewohnheiten.

Während die Musiker die Aktivitäten ihres Chefs mit Wohlwollen verfolgen und sich dem Projekt nur zu gern anschließen, bleibt die Direktion des Konserthus, administrativ vom Orchester getrennt, zögerlich. Den Musikmix im Saal findet man schließlich nicht nur attraktiv und weltoffen, er ist auch einträglich. Um die Jahrtausendwende erhält Jansons die Nachricht, dass es einen anderen Saal, ob saniert oder als Neubau, nicht geben werde. Finanziell sei dies nicht realisierbar.

»Ich bin explodiert«, erinnerte sich Jansons. Er bittet den Orchestervorstand zum Frühstück in sein Hotel und verkündet den Musikern seinen Abschied. Auf einer anschließenden Pressekonferenz teilt der wütende Dirigent seine Entscheidung auch den überraschten Journalisten mit. Das Orchester ist geschockt. Briefe an die politischen und kulturellen Entscheidungsträger werden verfasst: Man möge bitte alles tun, um Jansons zu halten. Doch der fühlt sich belogen und hintergangen. Seine Vorwürfe gelten nicht dem Orchester, sondern der Konserthus-Direktion und der Kulturpolitik. Nach außen hin lässt die Gegenseite die Kritik an sich abprallen: keine Reaktion, Stille. Jansons' Enttäuschung wächst. Eine mehr als 20-jährige Erfolgsgeschichte mit einem Ensemble, das zuvor kaum auf dem Radar der Klassikwelt aufgetaucht war – und nun diese Undankbarkeit.

Noch Jahrzehnte später ist sein damaliger Manager Stephen Wright davon überzeugt, dass Jansons geblieben wäre, hätte man in Oslo den Saal realisiert, selbst nach der ungewöhnlich langen Amtszeit von gut 20 Jahren. Die musikalischen Erfolge, das Verhältnis zum Orchester, all dies, so Wright, hätte dafür gesprochen. »Keiner hat damals so richtig verstanden, weder die Musiker, noch die Politiker, dass die Geduld von Mariss Jansons in der Saalfrage mehr als überstrapaziert war.«

So wichtig und einschneidend die Saaldebatte für Jansons war: Es spricht einiges dafür, dass seine Entscheidung zu gehen nicht allein davon abhing. Allen ist damals klar, welche Rolle Jansons mittlerweile auf dem internationalen Markt spielt. Er ist kein Newcomer mehr, sondern eine Dirigentengröße, um die längst auch andere buhlen. Dies verdankt er den Tourneen mit dem Oslo Philharmonic Orchestra, aber auch Gastdirigaten, die sich im Fall von Wales und London zu dauerhaften Nebenpositionen entwickelt haben.

Engste Vertraute in Oslo äußern daher Verständnis für Jansons' Entscheidung: Es sei nachvollziehbar, wenn er nach über zwei Jahrzehnten weiterziehen wolle. Kontrabassist Svein Haugen formulierte es so:

»Wir haben in Norwegen ein Sprichwort: Stecke deinen Finger in die Erde, und du weißt, wo du bist. So ging es auch mit unserem Orchester. Wir wussten um unseren Rang in der Musikwelt und darum, dass es da noch andere, viel renommiertere gibt.« Gerade deshalb sei man Jansons nicht gram gewesen. Im Gegenteil: Es sei auch Stolz auf das Erreichte, auf eine goldene Zeit zu spüren gewesen.

Auch Jansons ist diese Entwicklung bewusst, das gemeinsame künstlerische Erwachsenwerden, der symbiotische Reifeprozess. Gerade dadurch ist eine große Loyalität entstanden, die sich im – letztlich vergeblichen – Kampf um den Saal widerspiegelt. Doch Jansons erfährt nicht nur Unterstützung. Es gibt Stimmen, die meinen, nun sei es doch endlich genug. Sie kommen weniger aus dem Publikum oder der Presse, sondern etwa aus der norwegischen Komponistenvereinigung. Jansons hat zwar immer wieder Skandinavisches aus dem 20. Jahrhundert aufgeführt und sich zudem für das 1991 gegründete Ultima-Festival für zeitgenössische Musik engagiert. Doch hat er zugleich nie einen Hehl daraus gemacht, dass für ihn die Aufführung norwegischer Werke eher Pflicht statt Kür ist. Als es für Jansons kein Zurück mehr gibt, reagiert eine Komponistin im Rundfunk mit einer Art Jubelrede.

Vielen im Orchester ist klar, dass Jansons kein Dirigent auf Lebenszeit sein kann. Doch wie man mit dieser Erkenntnis in der Realität umgeht, ist eine andere Frage. Nachdem man sich nach gut zwei Jahrzehnten hervorragend eingerichtet hatte, müssen nun ungewohnte Planungsprozesse in Gang gesetzt werden. Die Suche nach einem fähigen Nachfolger gestaltet sich mühevoll. Nach einiger Zeit zeichnet sich eine Lösung ab: André Previn soll 2002 auf Jansons folgen, immerhin ein prominenter Name. Auf Einladung von Jansons hat Previn bereits in Oslo gastiert und ist mit Mahlers vierter Symphonie auf allseitige Anerkennung gestoßen. Man fand Gefallen aneinander, vor allem Previn am Orchester. Als sich andeutet, dass Jansons gehen will, bringt sich der Deutsch-Amerikaner sofort und offensiv ins Spiel.

Mit zwei Programmen verabschiedet sich Jansons aus Oslo. Das erste verbindet die zweite Suite aus Maurice Ravels *Daphnis und Chloé* mit Albert Roussels dritter und Jean Sibelius' erster Symphonie. Das zweite Programm umfasst nur ein Werk: Gustav Mahlers dritte Symphonie mit Solistin Violeta Urmana, dem Oslo Philharmonic Choir und dem Knabenchor des Norwegischen Rundfunks. Keinem, vielleicht nicht einmal Jansons selbst, ist damals klar, wie tief dieser Einschnitt ist. Nie wieder wird er das Orchester dirigieren. Und als er später nach Oslo zurückkehrt, etwa mit dem Concertgebouworkest, gastiert Jansons nur noch in der Oper und nicht im verhassten Konserthus.

23 Jahre Philharmonic Orchestra unter Jansons – eine große Ära, aber kein Einzelfall. Eine ähnliche musikalische Ehe wird zur selben Zeit in Großbritannien geschlossen. 1980 wird Simon Rattle Chefdirigent des City of Birmingham Symphony Orchestra. Dieser Klangkörper wird international zwar wahrgenommen, gilt jedoch nicht als Spitzenensemble, sondern als regionale Größe. Rattle schafft es, ein hochklassiges, international konkurrenzfähiges Kollektiv zu formen – was wiederum den Status des Chefdirigenten enorm verbessert. Man wächst aneinander, gewinnt an Prominenz. Und nach seinem Abgang 1998 dauert es nur vier Jahre, bis Rattle den Thron der Berliner Philharmoniker besteigt. Ähnliches glückt Jansons nach einem »Umweg« über Pittsburgh mit den Spitzenorchestern in Amsterdam und München. Während sich jedoch sein eigener Aufstieg unaufhaltsam fortsetzt, erlebt das Oslo Phil-

harmonic Orchestra eine solche Blüte nie wieder. Und bleibt für Jansons ein Tabu.

Ständig wird er in den Jahren danach gefragt, ob er als Gastdirigent zurückkommen möchte. Auch das Amt des Ehrendirigenten wird ihm angeboten. Jansons lehnt in allen Fällen ab. Er ist enttäuscht. Von der Politik, von der Direktion des Konserthus, vom Management des Orchesters und zu einem gewissen Grad auch von den Musikern. Besonders von Letzteren hätte er sich eine aktivere Unterstützung gewünscht. Es gibt trotzdem immer wieder Gespräche über ein Comeback. Orchestermitglieder schreiben Briefe. Und bei späteren privaten Treffen erkundigt sich Jansons gern nach der Situation in Oslo, nach den Familien der Musiker. Im Geist bleibt er »seinem« Orchester in gewisser Weise verbunden.

»Ich kann das selbst nicht ganz erklären, weil ich eigentlich nicht nachtragend oder rachsüchtig bin«, sagte Jansons im Rückblick. »Vielleicht war es wirklich der richtige Zeitpunkt zu gehen. Ich fühle eine schlechte Energie, die noch nicht weg ist. Es mag sein, dass mich Norwegen insgesamt sehr frustriert hat. Ich habe in Oslo wirklich alles gegeben, auch meine Gesundheit aufs Spiel gesetzt – und dann bekommt man einen solchen Schlag. Die Methode des ständigen Ignorierens von Wünschen und Vorschlägen finde ich furchtbar. So darf man nicht nur einen Künstler nicht behandeln.«

Der endgültige Abschied vom Orchester ereignet sich ausgerechnet im für Jansons so wichtigen Wiener Musikverein, wo das Orchester während einer Tournee gastiert. Es gibt einen Empfang im Rathaus. Und für das Abschiedsfest arrangiert das Orchester sogar eine kleine Theaterszene. Ein Cellist, als Papst verkleidet, ernennt Jansons zum Ehrendirigenten auf Lebenszeit. Zusätzlich muss Richard Strauss' *Alpensinfonie* für eine parodistische Inszenierung herhalten: Mit Mariss, wird verkündet, habe man den Gipfel erklommen.

Zuvor steht Mahlers Dritte mit Violeta Urmana, den Wiener Sängerknaben und dem Wiener Singverein auf dem Programm. Wie viel Schmerz Jansons der Abschied bereitet, ist noch viele Jahre später zu spüren: »Mit Oslo war das wie mit einer ersten Liebe, an die man sich immer wieder zurückerinnert und die unvergleichlich bleibt.« Das Finale der Symphonie liefert dazu gewissermaßen den Soundtrack. Mahler hatte sie ursprünglich betitelt mit *Was mir die Liebe erzählt*.

Gewöhnung an Pittsburgh

Ein größerer Abstand zu St. Petersburg ist kaum denkbar. Geografisch gesehen schon, mental gesehen allerdings ist Pittsburgh der genaue Gegensatz. Eine Industriemetropole im Südwesten von Pennsylvania, die bessere Zeiten gesehen hat. Besonders aus der Sicht sowjetischer Dogmatiker, deren Denken auch im durch Perestroika geläuterten Russland fortwirkt: Pittsburgh dürfte für sie weiterhin als Hort des Kapitalismus und der Ausbeutung gelten.

»Der Großteil von uns hat das nicht geglaubt; man wusste, das war kommunistische Propaganda«, sagte Mariss Jansons. »Ich wusste allerdings nicht, dass die Menschen so herzlich und offen sind. Ich wohnte in Pittsburgh in einem Hochhaus, bin täglich mit dem Lift gefahren, wurde ständig gegrüßt, man kam sofort ins Gespräch. Eine unglaubliche Erfahrung für mich.«

Sieben Jahre sollte Jansons Chefdirigent in Pittsburgh bleiben. Ein für ihn großer, aber auch riskanter Schritt, der – bei allen Vor- und Nachteilen – im Rückblick allerdings als eine strategisch geplante Karriereentwicklung erscheint. Erste Kapellmeisterversuche in der Sowjetunion, dann eine enorme Steigerung des Bekanntheitsgrades an der Peripherie der Klassikwelt und nun, als nächste Stufe, der Sprung in die USA. Zweimal hatte Jansons bereits als Gast am Pult des Pittsburgh Symphony Orchestra gestanden. Zum Debüt im Mai 1991 hatte er Wagners *Meistersinger*-Vorspiel, das Violinkonzert von Sibelius mit Midori, Schostakowitschs neunte Symphonie und die Suite aus Prokofjews *Romeo und Julia* gewählt.

»Wir liebten ihn sofort«, erinnerte sich der damalige Konzertmeister Andrés Cárdenes. Dies wohl nicht zuletzt, weil unter Jansons in jeglicher Hinsicht neue Töne zu vernehmen sind. Als zum Beispiel *Romeo und Julia* geprobt wird und sich die hochdramatischen Akkorde bei *Thybalts Tod* entladen, stellen die Musiker erstaunt fest: Jansons lässt diese nicht im exakt gleichen Abstand spielen. Hatten beim bisherigen Chefdirigenten Lorin Maazel alle das Gefühl gehabt, dieser zähle die Sekunden, um exakt getaktete Detonationen zu erzielen, wendet sich das Orchester nun verunsichert an Jansons. Dieser erwidert: »Es handelt sich um das reale Leben, da kann nichts exakt gleich sein.«

Über zwei Jahrzehnte, von 1984 bis 1996, steht Maazel an der Spitze des Orchesters. Er übernimmt seinerzeit ein Ensemble, das dringend eine Erneuerung benötigt. Viele Mitglieder sind über 60 Jahre alt. Maazel und das Management treiben den Verjüngungsprozess voran. Das Ergebnis: Bei seinem Abschied ist das Orchester rund zur Hälfte neu besetzt, das Durchschnittsalter liegt bei knapp 40 Jahren. Und was hörbar ist: Die Musiker haben sich dank Maazels Erziehungsarbeit in eine Präzisionsmaschine verwandelt. Sie haben sich den Befehlen eines kühlen Feldherrn mit brillanter Schlagtechnik zu fügen. Ein Virtuose des Drills. Je komplizierter die Partituren, desto wohler fühlt sich Maazel. Der Manager in Pittsburgh, Gideon Toeplitz, sorgt stets dafür, dass Maazel ungehindert walten kann im reibungslos abschnurrenden Orchesterbetrieb. Dank seines Selbstverständnisses und seines Habitus wird die Position des Chefdirigenten erheblich aufgewertet. Das geht zum Teil sehr weit. Obwohl die Gewerkschaften in den USA traditionell stark sind, kann Maazel zum Beispiel Musiker aus dem Orchester entfernen lassen. Der Manager muss dann die Hiobsbotschaften überbringen. Einziger Trost: Die Entlassungen sind stets mit hohen Abfindungen verbunden.

Und nun das. Es beginnt schon damit, dass Mariss Jansons Worte wie »liebe Künstler« gebraucht. Während Maazel stark an der vertikalen Ordnung der musikalischen Struktur interessiert war, sieht sich das Orchester nun einem Mann gegenüber, der auf horizontale Verläufe und Entwicklungen Wert legt – und diese auf freundlich-bestimmte Weise in einem aparten, manchmal fantasievollen Englisch durchsetzen möchte. Spätestens nach dem zweiten Gastspiel im Februar 1994 mit Mendelssohn Bartholdys Violinkonzert (wieder mit Midori) und Dvořáks Neunter ist dem Ensemble klar: Jansons soll der nächste Chefdirigent werden.

Für ihn ist dies, trotz der amerikanischen Verlockungen, eine äußerst schwierige Situation. Da sind schließlich die Positionen in Oslo und als Principal Guest Conductor des London Philharmonic Orchestra, zudem könnten sich neue Aufgaben auf den britischen Inseln anbahnen. Darüber hinaus hat Jansons bereits führende US-Orchester dirigiert. Aber sich an Nordamerika fest binden? Andererseits bedeutet die Entscheidung für Pittsburgh auch ein Risiko. Trotz einiger Auftritte ist Jansons in den Vereinigten Staaten alles andere als ein Star, vielmehr (noch) ein Insidertipp. Experten und viele Musikfreunde wissen von den Erfolgen in Oslo, kennen auch die Aufnahmen. Doch das breite US-Publikum ist beim Namen Jansons ratlos.

Der spürt indessen, dass Ähnliches wie in Oslo möglich sein könnte. »Mit Pittsburgh funkte es sofort – auch weil Mariss das Potenzial zur Weiterentwicklung erkannte«, sagte sein damaliger Manager Stephen Wright. »Eine funktionierende Maschine zu übernehmen, einen Acht- oder Zwölfzylinder, das interessierte ihn nicht. Entweder sollte es ein Orchester sein mit einer großen Tradition oder eines mit großem Potenzial. Pittsburgh spielte auf eine gewisse Weise auch im europäischen Stil, es gab eine Wärme des Klangs. Ein gutes Orchester, aber eine etwas problematische Stadt.«

Genau das ist die Kehrseite: Pittsburgh, früher ein Zentrum der amerikanischen Schwerindustrie, bekommt die Stahlkrise der 1970er-Jahre mit voller Wucht zu spüren. Ein dramatischer Abbau von Arbeitsplätzen ist die Folge, der vom Dienstleistungssektor kaum aufgefangen werden kann.

Zwischen 1950 und 2010 verliert die Stadt die Hälfte ihrer Einwohner. Nur allmählich zeichnet sich so etwas wie Erholung ab. Die Baseball- und Footballteams drohen sogar mit ihrem Weggang, sollten sie keine neuen Spielstätten bekommen. Keine gute Ausgangssituation für die sogenannte »Hochkultur« mit ihrem Theater- und Musikangebot. Doch Jansons reizt die Situation. Auch weil er sich damit noch nicht in die Epizentren der Musikwelt wagen muss. Der zunehmend Umworbene läuft sich noch warm für die ganz großen Aufgaben.

»Uns war nach den Gastdirigaten klar, dass wir ihn sofort fragen mussten«, sagte Konzertmeister Andrés Cárdenes, der im Auswahlkomitee für den neuen Chefdirigenten sitzt. Wenn Pittsburgh nicht schnell genug handle, so befürchtet man, könnte sich diese Tür wieder schließen. Doch es kommt zum Vertragsabschluss. Viermal pro Jahr, das sieht die Vereinbarung vor, wird Mariss Jansons für eine Arbeitsphase zu seinem neuen

Klangkörper fliegen. Zu diesem Zeitpunkt, so erinnerte sich auch Robert Moir, damals Chef der künstlerischen Planung, wird Jansons noch immer in die Schublade des russischen Repertoires gesteckt. Dem Dirigenten ist sein Image nur zur bewusst, und er will es hinter sich lassen. »Er sagte immer: Bittet mich nicht darum, diese Komponisten zu dirigieren«, berichtete Moir. »Ich möchte mich in den ersten beiden Jahren auf das deutsch-österreichische Repertoire konzentrieren.«

Doch vor dem Beginn der Schock. Als Jansons 1996 in Oslo seinen Infarkt erleidet, ist er für Pittsburgh bereits nominiert. Ob er sich tatsächlich in der Lage sieht, seinen Posten in den USA anzutreten, ist nicht klar. Andererseits, und damit tröstet sich Pittsburgh, ist die Stadt bekannt für ihre medizinische Versorgung, Forschungsinstitute und Herzspezialisten. Jansons nimmt das Angebot wahr. Ein Jahr vor seinem Amtsantritt lässt er sich in Pittsburgh eingehend untersuchen.

An seinem neuen Wirkungsort trifft Jansons auf ein äußerst heterogenes Orchester. Im Ensemble sitzen noch Musiker, die unter William Steinberg gespielt hatten, der gebürtige Kölner hatte von 1952 bis 1976 an der Spitze des Orchesters gestanden. Auch André Previn, Chef zwischen 1976 und 1984, hatte viele geprägt. Diese älteren Mitglieder können sich jedoch schnell auf Jansons einstellen. Probleme gibt es hingegen bei der großen Fraktion, die auf Maazel geeicht ist.

Wieder also ein Kulturclash für Jansons, wenn auch ein anderer als seinerzeit in Oslo. Der Dirigent hatte diese Irritationen seit seinen Gastdirigaten in Pittsburgh vorausgesehen: »Am Anfang schauten sie mich an, als würde ich einen extremen koreanischen Dialekt sprechen. Sie waren sehr nett, sie haben mich gewählt. Sie lieben Emotion und Spontaneität. Aber wenn ich erzählte, warum ein bestimmtes Detail so interpretiert werden sollte oder was der Komponist damit gemeint haben könnte, dann war das für sie eher ungewöhnlich. Und wenn ich sagte, dass ich einen wärmeren Ton haben möchte, schien es mir, als werde gleich zurückgefragt: Wie viel Grad soll der haben?«

Für seine erste Saison hat Mariss Jansons eine besondere Idee. Jedes Konzert soll mit einem unangekündigten Stück eröffnet werden – einem »Mystery Piece«, für dessen Auswahl es laut Robert Moir drei Kriterien gegeben habe: »gute Musik, eine Beziehung zum übrigen Programm und eine Dauer von fünf bis acht Minuten«. Keineswegs denkt man dabei an zeitgenössische Werke. Zum Antrittskonzert am 19. September wird Beethovens *Coriolan*-Ouvertüre gespielt. Der Grund: Nach der Pause folgt Mahlers fünfte Symphonie, und der Komponist selbst hatte das Beethoven-Opus einst für sein erstes Konzert als Musikdirektor des New York Philharmonic gewählt.

Nur mit einer Sache ist Jansons anfangs nicht einverstanden: Das »Mystery Piece« soll nach seinem Erklingen von ihm selbst in einer kurzen Rede erläutert werden. Dem Dirigenten ist die Situation nicht geheuer. Öffentliche Reden, seien sie auch noch so kurz, hat er immer gescheut. Er will sich aufs Musikmachen beschränken. Zudem hat er das Gefühl, dass seine Sprachkenntnisse, ob im Englischen oder Deutschen, unzureichend seien. Robert Moir notiert ihm also die Rede auf Englisch, und Jansons übt sie ständig, sogar bis kurz vor dem Auftritt. »Ich sollte auf seinen Wunsch hin immer etwas Humorvolles hineinbringen. Also musste er auch das Timing lernen, nicht nur die Worte. Das Publikum lachte, es funktionierte. Nach der ersten Konzerthälfte kam er hinter die Bühne, fragte nie nach der Musik, sondern immer: Wie war die Rede?«

Zu Beginn seiner ersten Saison, im Herbst 1997, weilt

Jansons gleich für vier Programme in Pittsburgh. Im Antrittskonzert, nach der obligatorischen amerikanischen Nationalhymne, der *Coriolan*-Ouvertüre und noch vor Mahlers Fünfter erklingt ein Komponist, der das Orchester fortan stärker beschäftigen wird: Haydn. Alle zwölf Londoner Symphonien will Jansons mit seinem neuen Orchester in der ersten Saison erarbeiten, die Hundertste, die sogenannte »Militärsymphonie«, eröffnet diesen Zyklus. Als Reminiszenz an sein neues Ensemble (und auch an das US-Publikum) liegen im zweiten Programm unter anderem das Nachspiel zum ersten Akt aus Leonard Bernsteins Oper *A Quiet Place* und dessen Divertimento auf den Pulten. In den folgenden Wochen gibt es Schuberts »große« C-Dur-Symphonie, Verdis *Messa da Requiem* und einen recht heterogenen Abend mit Haydns 103. Symphonie, Cello-Konzerten von Boccherini und Barber (mit Yo-Yo Ma), der bei Jansons bald unvermeidlichen Walzerfolge aus Strauss' *Rosenkavalier* und dem Vorspiel zu Menottis komischer Oper *Amelia geht zum Ball*. Letzteres Programm sollte mit seinen mehreren kürzeren Werken typisch werden für Jansons' amerikanische Phase.

Bereits in der ersten Spielzeit wird der Raum mit den damaligen »Jansons-Klassikern« abgesteckt. Schostakowitsch, Beethoven, Brahms, Mozart oder der von ihm seinerzeit so häufig dirigierte Sibelius, alles nimmt er sich mit dem Pittsburgh Symphony vor. Robert Moir zufolge sei vor allem ein Programm mit Brahms' dritter Symphonie und Schuberts »großer« C-Dur-Symphonie zum Prüfstein, ja geradezu zum Knackpunkt geworden: »Er feilte eine intensive Woche am deutsch-österreichischen Sound, an der speziellen Phrasierung. Seine Tempi waren sorgfältig austariert. Er war dem Orchester gegenüber extrem höflich, aber sehr, sehr insistierend.« Und man ahnt, dass dies für die versierten, selbstbewussten, auf die lange und reiche Spieltradition ihres Orchesters bauenden Musiker keine leichte Phase ist. Manche erleben die Arbeit des Chefdirigenten als fordernd, andere als nahezu neurotisch. Die Anspielproben auf den Reisen zum Beispiel werden zum Belastungstest – gerade weil Jansons die Eigen- und Besonderheiten jedes Saals in der knappen Vorbereitungszeit kennenlernen will.

Bratscher Paul Silver meinte im Rückblick: »Chefdirigenten arbeiten sehr verschieden. Einige proben auf eine sehr organisierte, fast klinische Art, andere investieren mehr Spannung und Emotion. Diese beiden Arbeitsweisen zeigen sich besonders während der kurzen Anspielproben vor Tourneekonzerten. Gerade weil die Säle unterschiedliche Voraussetzungen bieten, helfen diese Proben dem Orchester, sich auf den jeweiligen Raumklang einzustellen.« In solchen Momenten, so erinnerte sich Silver, sei Jansons ständig sehr besorgt gewesen, weil er absolut sicherstellen wollte, dass er und das Orchester im Konzert ihr Bestes geben. Er habe gewirkt »wie ein Maschinist, der schnell verschiedene Stellen reparieren wollte«. Im Konzert sei er dann ganz Musiker gewesen. »Manchmal wünschten wir uns mehr Gelassenheit. Andererseits gingen wir alle stark auf ihn ein. Seine Authentizität, seine Vorbereitung, sein Wissen, seine Offenheit überzeugten uns sofort.« Außerdem sei da dieser besondere Charme gewesen, wie es Silver beschrieb. »Ein Phänomen war sein Lächeln, das immer etwas Einladendes hatte. Er kam ans Pult, blickte ins Orchester, lächelte, und wir bekamen das Gefühl, dass wir gleich eine wunderbare Erfahrung mit ihm teilen werden.«

Vor allem aber lässt Jansons, anders als sein Vorgänger Maazel, dem Orchester Freiräume, verschnürt es nicht in ein Korsett unnachgiebiger Schlagtechnik. Die

Instrumentalisten fühlen sich plötzlich fast als gleichberechtigte Künstler, nicht als Klangarbeiter. Als einmal die *Rosenkavalier*-Suite geprobt wird, die schon auf der ersten Partiturseite gefährlich viele Tempoveränderungen und agogische Rückungen fordert, ist Jansons nicht zufrieden. Er faltet die Hände und beginnt wieder einmal mit: »Liebe Künstler!« Eine Viertelstunde lang spricht er, was höchst selten vorkommt, erklärt den Strauss'schen Stil, der sich zwischen Brillanz und Schlendrian bewegt – und es funktioniert, auch mit einem Orchester ohne deutsch-österreichische Sozialisation.

Ein erstes Arbeitsfeld tut sich damit für Jansons auf. Das Pittsburgh Symphony Orchestra muss kollegialer, in sich verzahnter, im besten Sinne selbstbewusster spielen. »Wichtig war ihnen immer ein klarer Schlag«, sagte Jansons. »Blieb man nur ein bisschen undeutlich, kam es fast zur Katastrophe.« Maazel habe mit seiner perfekten Technik dem Orchester bedeutet, dass es sich bedingungslos an seinem Taktstock zu orientieren habe. Das mag Halt und Sicherheit gegeben haben. »Aber für mich war es ein großes Problem, dass dadurch das gegenseitige Zuhören nicht ausgeprägt war.« Vor allem aber muss sich das Ensemble daran gewöhnen, dass Jansons in der ersten Zeit gar keinen Taktstock benutzt. Wegen einer Handverletzung verzichtet er darauf und agiert folglich weniger metronomisch, sondern zeichnet vielmehr Verläufe nach und verdeutlicht Atmosphärisches.

»Wir brauchten ein gutes Jahr, bis wir uns an seinen Stil gewöhnt hatten«, räumte Konzertmeister Andrés Cárdenes ein. Jansons wiederum nimmt auch etwas für sich mit und profitiert von der neuen Arbeitssituation. »Ich habe gelernt, wie genau, präzise und schnell man als Chefdirigent reagieren muss auf jede Situation. Das war schwierig, weil ich ein Mensch bin, der Bedenkzeit braucht – auch wenn etwas sehr Notwendiges ansteht.« Das Offene, Direkte in den USA gefällt ihm jedoch, »gerade weil man in Russland und Westeuropa aus verschiedenen Gründen ab und zu unklar sein oder lavieren muss«.

Im Frühjahr 1998 geht es mit dem Pittsburgh Symphony Orchestra auf die erste Tournee. Man reist nach Japan, im Gepäck Brahms' zweite Symphonie und dessen Doppelkonzert, als Solisten spielen der Geiger Gidon Kremer und der Cellist Mischa Maisky. Jansons' Handverletzung ist in diesen Monaten das kleinere gesundheitliche Übel. Dem Pittsburgh Symphony Orchestra ist nur zu bewusst, dass der Herzinfarkt nicht lang zurückliegt. Nach seiner Genesung hat sich Jansons in London einer Angioplastie unterzogen, einer Blutgefäßaufweitung, in Pittsburgh lässt er sich einen Defibrillator implantieren. Das Gerät löst bei Herzrhythmusstörungen einen elektrischen Impuls aus, aber auch, wenn das Herz zu schnell schlägt.

Letzteres wird Jansons im September 1998 fast zum Verhängnis. Während einer Aufführung von Mussorgskys *Bilder einer Ausstellung* zuckt er gegen Ende zusammen, wird blass und greift sich an die Brust. Konzertmeister Andrés Cárdenes spielt auswendig weiter und flüstert seinem Chef zu: »Bist du okay?« Jansons nickt und macht weiter. Im Krankenhaus wird der Defibrillator neu justiert. Im Nachhinein konnte der Patient darüber lächeln: »Sie haben wohl nicht daran gedacht, dass bei einem Dirigenten der Puls oft über 140, 150 geht. Dafür muss kein Alarm ausgelöst werden.«

Konfrontationen und Sirenenrufe

Reizthema wäre als Bezeichnung noch zu harmlos, Tabu trifft es eher: Arnold Schönberg den Konzertbesuchern in Pittsburgh vorzusetzen, noch dazu als abendfüllende Angelegenheit – bei Management, Orchestervorstand und Finanziers ruft dies sofort alarmierende Bilder gähnend leerer Reihen und ebensolcher Kassen hervor. Wie soll man damit eine ausreichende Anzahl von Tickets verkaufen? Dabei denkt Mariss Jansons gar nicht an Zwölftonmusik, sondern an das letzte, monumentale Aufbäumen der Spätromantik, an Schönbergs *Gurre-Lieder*. Noch viele Jahre später stand ihm die Reaktion der Entscheidungsträger vor Augen: »Ich wurde angeschaut, als ob ich eine Fahrt ins Weltall vorgeschlagen hätte.«

Wenn man die *Gurre-Lieder* tatsächlich aufführen wolle, so sagen sich alle, die an der Planung der Spielzeit 1999/2000 beteiligt sind, dann könne dies nur mit einer Bestbesetzung funktionieren. Stars sollen als Publikumsmagneten eingesetzt werden, als Solisten stellt man sich zum Beispiel Ben Heppner vor. Der Kanadier ist einer von wenigen, die damals die Tenor-Partie zu stemmen vermögen. Dass Heppner jedoch nur zu Beginn der Saison Zeit hat, führt zu einem weiteren

Problem: Man müsste Schönberg zur außerordentlich populären Saisoneröffnung spielen. Die Marketingabteilung ist besorgt. Wie soll man dies dem Publikum beibringen?

Eine Lösung ist bald gefunden. Der Chefdirigent selbst soll für dieses Projekt werben, schließlich war es seine Idee. Jansons soll also ein weiteres Mal den geschützten Bereich des Dirigierens verlassen und wie schon beim traditionellen unangekündigten »Mystery Piece« vor dem Publikum das Wort ergreifen. Als er auch in diesem Fall über seinen Schatten springt, ist er überrascht: Das Publikum ist begeistert. Also spricht er fortan in jeder Konzerteinführung nicht nur über das aktuelle Programm, sondern lässt immer wieder auch Sätze über Schönberg und dessen *Gurre-Lieder* fallen. »Gehirnwäsche« nannte er das im Nachhinein ironisch.

Eine weitere Maßnahme besteht darin, dass man das Zwischenspiel aus den *Gurre-Liedern* einmal sogar selbst als »Mystery Piece« erklingen lässt. Jansons erklärt im Anschluss den überraschten Zuhörern: Etwas von Schönberg sei dies gewesen, und bald könne man in Pittsburgh sogar das gesamte Stück erleben. Robert Moir vom künstlerischen Planungsbüro formulierte es so: »Es wurde für viele deutlich, dass Schönberg nicht das Leben der Zuhörer ruinieren würde.«

Am 17. September 1999 ist es schließlich so weit. Auf dem Podium stehen Sopranistin Margaret Jane Wray, Mezzosopranistin Jennifer Larmore, die Tenöre Anthony Dean Griffey und Ben Heppner, zudem der Bassbariton Alan Held, Ernst Haefliger, einst legendärer Tenor und nun für die Sprecherpartie engagiert, sowie ein glücklicher, Genugtuung spürender Mariss Jansons. Nicht nur das erste, auch das zweite Konzert in der Heinz Hall ist ausverkauft.

In den Monaten zuvor wird das Publikum in Pittsburgh von solcherlei Eskapaden verschont. Jansons setzt auf sein typisches Repertoire, gewissermaßen auf seine Gustostücke. Er dirigiert unter anderem Bartóks *Der wunderbare Mandarin*, Berlioz' *Symphonie fantastique* oder Strauss' *Heldenleben*, Letzteres wird 1999 auch auf der Europatournee gespielt. Andererseits gibt es Ausflüge in Randbereiche, die Jansons von sich aus nicht im Traum eingefallen wären und als Zugeständnisse an örtliche Gepflogenheiten zu verstehen sind. Darunter finden sich die Filmmusik aus *Schindlers Liste* von John Williams, *Spaghetti Western* für Englischhorn und Orchester von Michael Daugherty oder *Promenade – Walking the Dog* von George Gershwin. Immer wieder kommt es während der Zeit in Pittsburgh zu solchen Seitensprüngen, nicht mit allen dieser Werke kann sich Jansons anfreunden. Doch hatte es auch schon in Oslo zu seiner Pflicht gehört, zeitgenössische Stücke des jeweiligen Nationalstils zu spielen. Sein Trost: Das Kürprogramm mit den Standards bleibt groß genug.

Doch nicht immer funktioniert die Arbeit mit dem Orchester reibungslos. Besonders bei den Klassikern der mitteleuropäischen Romantik prallt Jansons' Klangverständnis auf die US-amerikanische Spieltradition. Während Jansons einen warmen, wohlgerundeten, sich ins übrige Ensemble schmiegenden Blechklang bevorzugt, also letztlich überall ein Stück Wiener Philharmoniker hören möchte, bevorzugen die Bläser in Pittsburgh ihren attackierenden, kantigen Stil. Ständig versucht Jansons, in den Proben daran zu feilen, diese Tradition abzuschleifen, doch einige sperren sich dagegen. Es kommt zu Frustrationen auf beiden Seiten. Eine neue Formierung der Podien soll helfen, eine Art Aus- und Umweg, der nicht das Selbstverständnis der Musiker berührt. Die Blechbläser sitzen auf Jansons' Wunsch nun tiefer. Solche Maßnahmen sind nicht unbedingt neu fürs Ensemble, schon Lorin Maazel hatte mit der Akustik der Heinz Hall experimentiert.

»Mariss lernte, wie er flexibler werden konnte«, sagte Konzertmeister Andrés Cárdenes. »Das war schwer für ihn, gerade weil er so klare, begründete musikalische Vorstellungen hat. Es gab keine Kämpfe, aber intensive Diskussionen.« Eine gewisse Diskrepanz bleibt allerdings bestehen, die Klangintentionen sind einfach zu unterschiedlich. Allerdings werden die Veränderungen beim Pittsburgh Symphony Orchestra bald wahrgenommen. 1999 ist eine Kritik der *New York Times* mit »Pittsburgh präsentiert seine neue Stimme« übertitelt. Gewürdigt wird das Gastspiel in der Carnegie Hall: »Maazel gab den Instrumentalisten eine Kombination aus Kraft und Eleganz. Jansons bringt einen persönlichen Touch hinein und damit einen gelösteren Klang. Die Streicher spielen homogen und intonationsgenau, allerdings nicht so scharfkantig.«

Trotzdem muss das Pittsburgh Symphony mehr Flexibilität gewinnen, mehrere Klangeinstellungen gewissermaßen. Jansons macht den Musikern klar, dass sie im viel kleineren Wiener Musikverein nicht dasselbe Feuerwerk abbrennen können wie zu Hause in der riesigen Heinz Hall. Doch auch dies wird irgendwann akzeptiert und umgesetzt. »Das Orchester hörte sich dann tatsächlich in Wien wie ein anderes Ensemble an«, erinnerte sich Robert Moir.

Auch der Umgang mit den Sponsoren macht Jansons anfangs zu schaffen. Da die US-Orchester extrem abhängig sind von privaten Zuwendungen, gilt es, die Finanziers entsprechend zu umwerben. »Sehr glücklich war ich nicht darüber, aber ich begriff, dass es dazugehört«, sagte Jansons. »Aber sobald man den älteren Damen ein wenig von seiner Biografie erzählte, waren sie begeistert.« Gelegentlich werden Auktionen organisiert. Jedes Orchestermitglied soll dafür etwas spenden. Der Konzertmeister trennt sich zu einem dieser Anlässe von einem Geigenbogen, Jansons von einem Taktstock, einmal bringt er ein teures russisches Kaffeeservice mit. Sogar ein privates Abendessen mit dem Chefdirigenten kann man in Pittsburgh erwerben. »Für mich war das extrem: Sie kaufen mich? Irina und ich sind natürlich hin, und es wurde tatsächlich und ein bisschen unerwartet ein sehr schöner Abend.«

Jansons ist nach einiger Zeit kuriert von seinen Bedenken und Vorbehalten und organisiert nun seinerseits Treffen mit reichen Musikfreunden, zu denen auch Solisten dazugebeten werden. Und immer mehr wird ihm klar, dass es dabei nicht nur um die Pflege geschäftlicher oder kulturpolitischer Beziehungen geht. In der für amerikanische Verhältnisse kleinen Großstadt Pittsburgh herrscht ein besonderer, geradezu herzlicher gesellschaftlicher Zusammenhalt. Eine eng verzahnte Gemeinschaft: Man kennt und schätzt sich und lässt dies auch den anderen zu jeder Zeit spüren. »Menschlich gesehen war das vielleicht die beste Chefstelle, die ich hatte. Keine Intrigen, alles und alle sehr positiv.«

In der Saison 1999/2000 reist Jansons mit dem Ensemble zweimal nach Europa. Er will in seiner eigentlichen musikalischen Heimat zeigen, wie sehr seine Klangarbeit fruchtet. Zu Beginn steht eine Festival-Tournee mit 15 Konzerten in 13 Städten auf dem Programm, darunter Edinburgh, Salzburg, London, Luzern, Baden-Baden und Berlin. Danach, von Mitte Mai bis Anfang Juni, werden 14 Konzerte unter anderem in Madrid, Valencia, Amsterdam, Wien und ein weiteres Mal in London absolviert. Anhand von Strawinskys *Feuervogel*-Suite und dessen *Petruschk* demonstriert das Pittsburgh Symphony Orchestra seine Schnellkraft, anhand von Ravels *Rhapsodie espagnole* seine Fähigkeit zur Nuancen- und Atmosphärenzauberei. »Vor allem diese Reise prägte uns sehr, weil Mariss wirklich sehr an den Farben dieser Musik arbeitete«, erinnerte sich der Bratschist Paul Silver.

Eine ganz andere, sehr bezeichnende Tournee unternimmt Jansons im Jahr 2000, allerdings nicht mit seinem amerikanischen Ensemble. Er reist mit den Berliner Philharmonikern nach Japan, tritt aber weder als Gast- noch als Hauptdirigent auf. Kein einziges Mal steht er in den Konzerten am Pult. Der an Krebs erkrankte Chef der Berliner, Claudio Abbado, hatte Jansons gebeten, als möglicher Ersatz mitzureisen. Ein mehr als ungewöhnlicher Vorgang in der von Konkurrenz und Neid geprägten Branche. »Ich hatte eine sehr gute Beziehung zu Claudio«, sagte Jansons. »Es war ein Freundschaftsdienst und eine Selbstverständlichkeit.« Und so ist er bei Proben und Konzerten anwesend oder zumindest in erreichbarer Nähe. Abbado, obgleich schwer gezeichnet und konditionell alles andere als auf der Höhe, steht alle Einsätze durch. Jansons bleibt auf Stand-by.

Das Repertoire seines eigenen Orchesters in Pittsburgh ist in dieser Zeit ungewöhnlich breit gefächert. Das Programm im Februar 2001, eines der extremsten, bewegt sich von Gabrielis Sonata Nr. 18 über Bartóks *Musik für Streicher, Perkussion und Celesta*, Strauss' Es-Dur-Sonate und Strawinskys *Bläsersymphonien* bis zur zweiten Suite aus Ravels *Daphnis und Chloé*, eine Kombination, die man auch in der New Yorker Carnegie Hall präsentiert. Diese Eigenheit in Pittsburgh, anders als in Mitteleuropa auf abendfüllende Werke oder die Kopplung eines ausgedehnten Solokonzerts mit einer Symphonie weitgehend zu verzichten und stattdessen mehrere kürzere Stücke zu kombinieren, führt zu Abenden, die noch avancierter sind als jene späteren in Amsterdam oder in München. Manchmal leben diese Programme vom roten Faden, manchmal vom Kontrast und natürlich auch davon, dass diese Variationsbreite die verschiedenen Vorlieben eines großen Musikpublikums befriedigt.

Dass die programmatische Arbeit des Orchesters trotz alledem auf den Säulen des klassisch-romantischen Kanons ruht, hat mit Jansons' erzieherischem Impetus zu tun: »Man muss gerade die Standardstücke und -komponisten spielen, um mit dem Orchester Klangvorstellungen verwirklichen zu können. Und bis dieser Kanon durch ist, dauert es eben eine bestimmte Zeit.« Dass die ungewöhnlichen Abende auch zu Frustrationen führen, ist zunächst nicht abzusehen. »Ich bin sehr unglücklich über manche Publikumserwartungen«, sagte Jansons viele Jahre später. »Sogar jetzt, trotz der Tatsache, dass man mir vertraut, habe ich nicht das Gefühl, dass ich frei bin in meiner Programmwahl. Ich spüre doch, wie der Applaus ist, wenn Ungewohntes gespielt wird.«

Jansons' Erfolg in Pittsburgh weckt Begehrlichkeiten, nicht zuletzt in den USA selbst. Das New York Philharmonic Orchestra ist auf der Suche nach einem neuen Chef, Kurt Masur wird das Ensemble im Sommer 2002 verlassen. Mariss Jansons gilt für die Verantwortlichen als idealer Kandidat, hat er doch bereits einige Male beim Orchester gastiert. Also wird ein Auftritt, quasi eine mögliche Verlobung vor Publikum, arrangiert. Auf dem Programm: Bernsteins *Serenade* für Violine, Streicher, Harfe und Schlagwerk mit Itzhak Perlman und die von Jansons so geliebte *Symphonie fantastique* von Berlioz. »Die Pittsburgher waren sehr aufgeregt«, sagte Jansons. »Als man dort von New York hörte, kam eine Delegation und wollte mich zum Bleiben bewegen.« Drei Dirigenten stehen auf der Shortlist in New York:

Jansons, Christoph Eschenbach und Riccardo Muti, der allerdings seine Kandidatur zurückzieht. Jansons kann sich also durchaus vorstellen, Pittsburgh zu verlassen.

Immer deutlicher wird, dass er die Position in Pittsburgh als eine Art Durchgangsstation mit erwünschten Lern- und Karriereeffekten betrachtet. Doch Jansons stößt in New York auch auf Widerstand. Einige betonen, der Kandidat sei nicht gesund und deshalb für eine derart wichtige und fordernde Position nicht geeignet. Andere, vor allem Musiker, kritisieren seine Detailarbeit: Bei der *Symphonie fantastique*, die auch in New York bestens bekannt ist, gerät Jansons ins Puzzeln und gibt sich nicht zufrieden mit effektvollem Al-fresco-Musizieren. Manche empfinden dies als Gängelung. Jansons spürt den Unwillen, obwohl keiner mit ihm über die Einwände spricht.

Als sich Christoph Eschenbach für Philadelphia entscheidet und Lorin Maazel plötzlich auf der Bildfläche auftaucht, um zu signalisieren, dass er sich die Position in New York vorstellen könne, ist die Situation ohnehin schnell geklärt. Jansons wechselt nicht. »Im Grunde bin ich froh darüber«, meinte er im Nachhinein. »Ich hätte vielleicht drei, vier Jahre dort gearbeitet, und dann hätte mir doch die menschliche, liebevolle Atmosphäre gefehlt.« Neben den New Yorkern nehmen noch andere US-Orchester Kontakt zu ihm auf, das Boston Symphony Orchestra zum Beispiel. Und beim Chicago Symphony Orchestra ist Mariss Jansons sogar Favorit. Doch er zögert lange, so lange, bis das Management versteht: Eigentlich will er gar nicht. Riccardo Muti übernimmt.

In der Saison 2001/2002 leistet Jansons in Pittsburgh einen Freundschaftsdienst. Er nimmt vier Werke des ihm eng verbundenen Komponisten Rodion Schtschedrin ins Programm. Der Name ruft beim Publikum zunächst Stirnrunzeln hervor, als aber die Werke der äußerst gemäßigten Moderne erklingen und ihr Fantasiereichtum und ihr Wirkungsbewusstsein deutlich werden, zeigen die Konzertbesucher mehr als nur Wohlwollen. Demgegenüber, vielleicht auch als Ausgleich für das Publikum, kommt es mit Jessye Norman zu einem Gipfeltreffen der Stars. Die Diva singt Wagners *Wesendonk-Lieder*, Isoldes *Liebestod* und als Zugabe Strauss' *Zueignung*.

Die Spielzeit bringt auch eine umfangreiche Fernost- und Down-Under-Tournee mit sich, es geht nach Japan und – erstmals für das Orchester – nach Malaysia und Australien. Mit der Walzerfolge aus Strauss' *Rosenkavalier*, Bruchs erstem Violinkonzert (Solistin ist Midori) und Brahms' erster Symphonie bewegt man sich im sicheren Schlagerbereich.

Dass Jansons dem Orchester noch immer nicht vollends vertraut, dass er alle möglichen Eventualitäten fürchtet, bekommt Konzertmeister Andrés Cárdenes im Februar 2001 zu spüren. Man arbeitet an Schostakowitschs achter Symphonie mit ihrem vertrackten Violinsolo. Es funktioniert in jeder Probe. Nach der Generalprobe ruft Jansons seinen Mann vom ersten Pult zu sich und zeigt ihm eine Stelle in der Partitur: »Manchmal zählen Solisten hier nicht richtig«, bekommt der verdutzte Cárdenes zu hören. »Bitte sei vorsichtig.« Prompt ist dieser verunsichert. Im Konzert gerät die Passage tatsächlich ins Schlingern, Jansons schlägt missverständlich. Erneut bittet er Cárdenes zu sich, peinlich berührt und um Vergebung bittend: »O Gott, das ist nun die Strafe!«

Ein US-Orchester im Wandel

So glücklich die Zusammenarbeit zwischen Jansons und dem Pittsburgh Symphony nach den Anfangsproblemen verläuft: Die Situation verdüstert sich. Das betrifft weniger den künstlerischen Bereich, vielmehr gerät das Orchester in erhebliche finanzielle Schwierigkeiten. Unter anderem die unter Druck geratenen Aktienmärkte sind daran schuld. Für eine Kulturinstitution, die auf Sponsorengelder baut sowie darauf, dass Finanziers ihre Summen gewinnbringend anlegen können, ist dies ein gefährlicher Zustand. Spenden gehen in der Folge zurück, immer weniger bleibt beispielsweise für die Orchesterausstattung.

Im Herbst 2002 wird die Finanzkrise des Pittsburgh Symphony Orchestra öffentlich. Man spricht von einem »strukturellen Defizit«. Das Ensemble ist zwar wie andere US-Klangkörper abhängig von privaten Zuwendungen, die schlechte wirtschaftliche Entwicklung der Stadt, die Überalterung und der Bevölkerungsrückgang schlagen dort jedoch heftiger durch als andernorts. Das Management reagiert mit herben Maßnahmen, die auch die Musiker betreffen. 1,5 Millionen Dollar pro Jahr sollen eingespart werden, es kommt zu Gehaltskürzungen. Die Lage ist nicht nur verfahren, sondern auch frustrierend für die Orchestermitglieder. Manche fürchten um ihren Job. Das Finanzielle ist immer häufiger Thema während der Proben, das Künstlerische droht unter dieser Entwicklung zu leiden. Mariss Jansons bemerkt dies früh und steuert auf seine Weise dagegen: Er spendet kurzerhand 100 000 Dollar. Eine Geste, die allseits auf Beifall stößt, doch die Situation bleibt verfahren.

Und da ist noch etwas anderes. »Es gab nie atmosphärische Probleme«, beteuerte Jansons. »Es ist auch nicht so, dass ich dort total unzufrieden war. Ich hätte vielleicht sogar länger in Pittsburgh bleiben können, wenn kein anderes Angebot gekommen wäre. Aber letztlich habe ich festgestellt, dass die USA doch nicht mein Land sind. Es war sehr wichtig, dort zu sein, eine fantastische Schule. Aber dort dauerhaft leben und arbeiten? Nein.«

Zwiespältig fällt Mariss Jansons' Resümee über seine amerikanische Periode aus. Die Sirenenrufe des Symphonieorchesters des Bayerischen Rundfunks und des Concertgebouworkest Amsterdam, zweier unangefochtener, bestens ausgestatteter Spitzenensembles, kommen, so scheint es, genau zur rechten Zeit. Doch zugleich wird deutlich, dass seine Arbeit in Pittsburgh von Anfang an mit einem Unwohlsein verbunden war. Er ist nie angekommen im musikalischen, aber auch sozialen Biotop der Stadt, das sich noch stärker von Jansons' osteuropäischer Heimat unterscheidet als jenes in Oslo.

Dass sich mit dem BR-Symphonieorchester etwas anbahnt, spricht sich in Pittsburgh bald herum. Amsterdam wird erst später zum Thema. Als das Pittsburgh Symphony Orchestra in der Carnegie Hall gastiert, reisen Jansons, seine Frau Irina und Robert Moir vom Management schon einen Tag vor dem Konzert nach New York. Pikanterweise spielt an jenem Abend das Amsterdamer Concertgebouworkest in der dortigen Avery Fisher Hall, Riccardo Chailly dirigiert Mahlers Fünfte. Als Moir anschließend ins Hotel geht, ist die Bar belegt mit Amsterdamer Musikern. Das Ensemble und er nächtigen zufällig im selben Haus. »Ich kannte eine Amsterdamer Geigerin, sprach mit ihr, und als die anderen herausbekamen, wer ich bin, dass ich mit Mariss arbeite und dass er sogar in der Stadt ist, war ich plötzlich der beliebteste Mensch der Bar.« Er möge den Amsterdamern bitte helfen, wird Moir bestürmt. Jansons müsse bei ihnen gastieren, man sei dringend an einem Engagement interessiert. »Von da an war mir klar, dass er irgendwann nach Amsterdam gehen würde.«

Wichtiger ist für Mariss Jansons jedoch zunächst das Thema München. Als er in Pittsburgh durchblicken lässt, dass er die Münchner Offerte akzeptieren wolle, reagiert man im Ensemble naturgemäß enttäuscht, zeigt aber Verständnis und einen realistischen Blick auf die Lage, so frustrierend diese fürs eigene Orchester auch sein mag: Gegen die europäische Konkurrenz könne man eben nicht gewinnen. Dass es zu einer Bindung ans Symphonieorchester des Bayerischen Rundfunks kommen wird, hat man in Pittsburgh längst begriffen. Über Amsterdam hingegen weiß man erst Bescheid, als der Vertrag kurz vor der Ausarbeitung steht. »Ich habe das erwartet«, sagte Konzertmeister Andrés Cárdenes im Nachhinein. »Die Situation bei uns passte nicht ganz zu ihm, es war ihm unbequem. Er wollte einfach dirigieren und nicht in Beschlag genommen werden von den vielen anderen Dingen.«

Die ökonomische Krise des Orchesters verschärft sich in dieser Zeit. Nicht nur die Zuwendungen der Sponsoren, sondern auch die der ohnehin kaum involvierten öffentlichen Hand werden weniger. Der Kartenverkauf ist ebenfalls rückläufig. Ein Teufelskreis. Die Heinz Hall, ein umgebautes Kino aus den Zwanzigerjahren, verfügt über rund 3000 Plätze und ist damit eigentlich zu groß für einen Konzertsaal. Diesen Raum dreimal pro Konzertwoche zu füllen wird immer aussichtsloser. Wenn Mariss Jansons aufs Podium kommt, sieht er zunehmend leere Reihen.

»Für ihn war das furchtbar«, sagte Konzertmeister Andrés Cárdenes. »Er braucht einfach einen vollen Saal, es setzte ihm ziemlich zu. Er fühlte sich in gewisser Hinsicht beleidigt, weil er doch ein gutes Produkt mit guter Musik anbot.« Jansons wird buchstäblich vor Augen geführt, wie wenig die Musik in den USA, anders als in Europa, zur täglichen Kost gehört.

Die negativen Rahmenbedingungen wirken sich nun auch verstärkt auf das Musikmachen aus. Zunächst fragt Jansons an, ob er ab der Saison 2003/2004 statt der vereinbarten zehn nur noch acht Wochen in Pittsburgh arbeiten dürfe, ein Kompromiss, hinter dem er selbst nicht gänzlich steht. Im Juni 2002 verkündet Jansons schließlich, seinen Vertrag nicht zu verlängern und das Orchester nach der Saison 2003/2004 zu verlassen.

Ein weiteres wichtiges Argument gegen Pittsburgh hat für Jansons nichts mit der finanziellen Situation und den künstlerischen Rahmenbedingungen zu tun. Es wiegt für ihn jedoch mindestens ebenso schwer: Es ist der Jetlag. Die mit dem Fliegen zwischen Europa und den USA verbundenen Strapazen sind so groß, dass sie Züge einer chronischen Krankheit annehmen. »Es war furchtbar. Immer wenn ich nach Osten zurückflog, hat mich das einen Monat gekostet, bis ich wieder normal schlafen konnte.« Für ihn, den gesundheitlich ohnehin Angeschlagenen, bedeutet das eine erhebliche Zusatzbelastung. Zeitlebens wird Jansons mit dem Jetlag zu kämpfen haben. Jeder Musiker kennt sein fahles Gesicht bei der ersten Probe in einem entfernten Land.

Und fast jeder Small Talk auf den Tourneen beginnt mit der Frage: »Wie haben Sie geschlafen?«

Abgesehen davon naht ein wichtiges Datum: Am 14. Januar 2003 wird Jansons 60 Jahre alt. Er will Veränderungen in seinem Leben vornehmen, lässt er den engeren Freundes- und Bekanntenkreis wissen. Bald wird sich herausstellen, dass damit nicht unbedingt weniger Konzertaktivitäten gemeint sind. Immerhin soll der Stress der USA-Reisen minimiert werden. Ironischerweise stößt Jansons ausgerechnet in einem Flugzeug auf seinen Geburtstag an – auf dem Weg von einem Gastspiel bei den Berliner Philharmonikern nach St. Petersburg. Zuvor hatten die Berliner in einem Restaurant eine Party für Jansons gegeben. Er hat eines der schönsten Geburtstagsgeschenke im Gepäck: die Hans-von-Bülow-Medaille der Berliner Philharmoniker. Seit den Siebzigerjahren wird die Medaille an Persönlichkeiten verliehen, die, so die Formulierung, »dem Orchester besonders nahestehen und verbunden sind«.

Erst 14 Tage nach dem großen Datum kommt es zum Festkonzert in Pittsburgh. Organisiert wird ein Abend in der Heinz Hall. Die Normalkarten kosten bis zu 95 Dollar, wer noch Lust aufs Cocktailbuffet hat, zahlt bis zu 250 Dollar. Ein Paket inklusive Dinner im vornehmen *Duquesne Club* schlägt mit 500 Dollar zu Buche. Das Problem nur: Ein Schneesturm fegt an diesem Tag über die Stadt. Flüge werden abgesagt, viele kommen unter großen Mühen und verspätet, manche nehmen das Auto und schlittern damit über die Highways.

Im Konzert selbst ist der Jubilar zur Untätigkeit verdammt – eine für den arbeitsbesessenen Jansons höchst unbehagliche Situation: »Ich kann nur herumsitzen, und alles passiert mit mir. Wozu brauche ich eigentlich eine solche Aufregung?« Von seinem Ehrenplatz aus verfolgt er, wie Kollege Juri Temirkanow, einst

Konkurrent um die Spitzenposition bei den Leningrader Philharmonikern, das Pittsburgh Symphony Orchestra dirigiert. Dies dokumentiert noch einmal, dass der Dirigentenwettlauf an der Newa zu keinem Zerwürfnis führte, im Gegenteil.

Bei den Solisten gibt es eine spektakuläre Starparade. Als musikalische Gratulanten treten die Pianisten Emanuel Ax, Yefim Bronfman, Radu Lupu und Mikhail Rudy, die Geiger Julian Rachlin, Gil Shaham und Frank Peter Zimmermann sowie Cellisten-Legende Mstislaw Rostropowitsch auf. Dass nach einem solchen Konzert und mit derart illustren Gästen aus allen Erdteilen noch stundenlang weitergefeiert wird, versteht sich von selbst.

Im Rückblick bleibt dies Mariss Jansons' größte Geburtstagsaktivität. Seinen 50. Geburtstag hatte er mit dem Oslo Philharmonic Orchestra gefeiert, der 65. wird später in Amsterdam unter anderem mit einer Grachtenfahrt begangen – nicht nur Mitglieder des Concertgebouworkest sind dabei, auch eine Delegation aus München reist an. Als dann fünf Jahre später das BR-Symphonieorchester mit den Planungen für den 70. Geburtstag beginnt, lehnt Jansons ab: »Ich bat darum: bitte nicht mehr. Weil ich bei solchen Anlässen wahnsinnig nervös bin, es strengt mich unglaublich an. Es gibt doch schon sonst genügend Dinge, die mich nervös machen.«

In Pittsburgh brechen für Jansons und das Orchester nun die letzten beiden gemeinsamen Jahre an. Unter anderem werden Bruckners siebte und achte Symphonie erarbeitet, Letztere in einer aufregenden Kombination mit den beiden Ecksätzen aus Haydns *Sieben letzten Worten unseres Erlösers*. Mit Beethovens Zweiter und Mahlers Erster geht es erneut nach Europa, unter anderem wieder zu den Salzburger Festspielen und in den Wiener Musikverein.

Überall wird nun registriert, wie sich der Pittsburgh-Sound verändert hat. Roderick L. Sharpe und Jeanne Koekkoek Stierman resümieren in ihrem Buch *Maestros in America*: »Ziemlich schnell bemerkten die Hörer den Wandel zu einem wärmeren, reicheren, balancierteren Klang und zu Interpretationen von größerer Tiefe. Die Konzertbesucher in Pittsburgh erlebten eine Offenbarung nach der anderen. Er drückte dem Orchester schnell seinen Stempel auf und brachte ihm mit Herz und Hand Charme entgegen – auch wenn seine umarmende, einnehmende Art für manche Orchestermitglieder zunächst überraschend gewesen sein mag.«

Nach einem Konzert im Londoner Barbican Centre im April 2003 – auf dem Programm stehen Bartóks *Musik für Saiteninstrumente, Schlagzeug und Celesta* und Schostakowitschs Zehnte – schreibt der *Guardian* von der »erschütternden Intensität« der Interpretationen. Es handle sich um »das Produkt von Jansons' dramatischer Kontrolle und athletischer Energie und dem symphonischen Mix der Pittsburgher aus amerikanischer Brillanz und europäischer Wärme – eine Qualität, die dieses Orchester zu einem der besten der USA macht«. Der *Independent* urteilt ähnlich: »Das Pittsburgh Symphony Orchestra hat sich radikal verändert, seitdem Jansons auf Maazel als Musikdirektor folgte, und ist zurückgekehrt zum dunklen, kernigen Klang der großartigen Holzbläser und zur reichen Fülle der Celli – was die hohen Streicher dazu brachte, sich klanglich danach zu richten.«

Auch in den letzten Pittsburgher Monaten wird die gemeinsame Ernte eingefahren. Kurz vor Jansons' Abschied nimmt man sich im März 2004 mit Mahlers Siebter eine nicht leicht zu erobernde Partitur vor. Und beim gemeinsamen Finale im Mai erhebt sich programmgemäßer Freudenjubel: Nach Schönbergs

Verklärter Nacht, einer beziehungsreichen Reminiszenz an die einstigen Kämpfe um diesen Komponisten, führt Beethovens Neunte in der Heinz Hall zu Standing Ovations. Jansons bricht auf zu zwei neuen Orchestern – und hinterlässt ein Ensemble, das nun ein gutes Stück europäischer, vielleicht sogar wienerisch klingt.

Münchner Auf- und Umbrüche

Sein geliebtes Verdi-Requiem hätte am Beginn der ersten Münchner Saison als Chefdirigent stehen können. Schließlich hatte er 1981 mit ebenjenem Werk beim Symphonieorchester des Bayerischen Rundfunks debütiert. Damals hatte er im Herkulessaal einen Abend dirigiert, an den er, wie er später erzählte, im Fall dieses Stücks nie wieder heranreichte. Auf inoffiziellen Aufnahmen lässt sich dies nachprüfen. Und wer dabei war, ob im Chor, im Orchester oder im Publikum, der wird diese 90 Minuten ohnehin nicht vergessen.

Doch gibt es weder eine *Messa da Requiem*, noch ist Riccardo Muti zu sehen. Denn nicht der Italiener rückt, wie eigentlich eingefädelt, im Herbst 2003 an die Spitze des BR- Symphonieorchesters, sondern sein lettischer Kollege.

Als Mariss Jansons also am 23. Oktober 2003 unter anderem mit der ihm so wichtigen *Symphonie fantastique* von Berlioz sein erstes Programm als Chef leitet, beendet er eine komplizierte und bisweilen verfahrene Situation, für sich selbst, vor allem aber für den Bayerischen Rundfunk. Die Spitzen des Münchner Senders waren zunächst auf Muti eingestellt gewesen. Intendant Albert Scharf und der damalige Orchestermanager Kurt

Meister hatten versucht, den in München oft und gern gesehenen Italiener zu verpflichten, als klar geworden war, dass Lorin Maazel das Orchester verlassen würde. Scharf war bereits für Gespräche nach Mailand geflogen. Und Muti hatte sich durchaus bereit gezeigt, zum BR-Symphonieorchester nach München zu kommen – neben den Berliner Philharmonikern ohnehin der einzige deutsche Klangkörper, der in der Lage gewesen war, auf seine Gehaltsforderungen einzugehen. Eine typisch Münchner Losung für die Regelung von Maazels Nachfolge hatte damals gelautet: Hauptsache, ein großer Name. Über das, was dann passiert war, will sich heute niemand öffentlich äußern. Manche raunen von privaten Problemen Riccardo Mutis, andere sprechen recht konkret von einem pikanten Techtelmechtel. Doch egal, was letztlich der Grund gewesen war: Der Star hatte abgesagt und der BR dringend einen Namen benötigt, der sich nicht nach Ersatzlösung anfühlte. So war Mariss Jansons ins Spiel gekommen.

Erstmals hatte er im Februar 1991 am Pult in München gestanden, wieder einmal mit Schostakowitschs fünfter Symphonie. Erst vier Jahre später, im Frühling 1995, war es mit Mahlers Fünfter zur Wiederbegegnung gekommen. 1997 hatte Jansons – etwas ungewöhnlich – ein weiteres Mal Schostakowitschs Fünfte gespielt. Und jedes Mal hatten seine Auftritte Begeisterung ausgelöst, sowohl beim Orchester als auch beim Publikum.

Die Anzahl der Konzerte und das erprobte Repertoire bedeuten mehr als eine gute Basis für eine Zusammenarbeit. Zudem ist man sich in München bewusst, welche Position Jansons mittlerweile im Dirigenten-Ranking einnimmt – wer ihn als Chef will, muss zügig handeln. Und so reist der dreiköpfige Orchestervorstand im Oktober 2000 nach Wien, wo Jansons gerade für Konzerte bei den Philharmonikern engagiert ist. Im Gepäck eine Liste mit Wünschen und Vorstellungen, die man zusammen mit dem künstlerischen Beirat des Orchesters ausgearbeitet hat. Eine Art Checkliste, zusammengeschrieben auf einer DIN-A4-Seite. Beim Gespräch in der Hotelbar des Imperial in unmittelbarer Nähe des Musikvereins lehnt sich der Umworbene lächelnd und mit gespielter Ungläubigkeit im Sessel zurück: »Ich dachte, Riccardo bekommt den Job?« Die Musiker antworten mit einer vorab vereinbarten Sprachregelung: »Muti war der Wunsch des Hauses, Sie sind unserer.« Das wirkt, Jansons bekundet Interesse.

Das zeigt sich auch daran, dass er das Gespräch bald umdreht. Nun will er einiges vom Orchestervorstand wissen. Er fragt ihn aus über die Probenarbeit, Repertoire-Möglichkeiten, die Präsenz auf dem Plattenmarkt, die Tourneen. »Man merkte schnell, dass er nicht als normaler Chef kommen wollte, sondern mehr im Sinn hatte«, erinnerte sich Soloflötist Philippe Boucly. »Eine seiner ersten Fragen drehte sich um den Idealismus und das Selbstverständnis des Orchesters. Wir berichteten ihm zum Beispiel, dass wir bei Maazel vergeblich um mehr Probenzeit angesichts unseres großen Repertoires gekämpft hatten. Jansons begriff sofort und gab uns recht.«

Kurz nach der Rückreise des Vorstands nach München lässt Jansons dem Orchester gegenüber ein »Ja, aber« vernehmen. Er kenne das Ensemble zwar, aber eben nicht gut genug. Bevor er zusage, wolle er daher eine Arbeitswoche mit den Musikern verbringen. Eine Prüfung vor der Bindung. Angesichts des Terminkalenders beider Seiten eigentlich eine Unmöglichkeit. Doch es finden sich ein paar Tage. Für die Proben ein Studio des Bayerischen Rundfunks in München, für das Konzert der gut 300 Kilometer entfernte Regentenbau im fränkischen Bad Kissingen.

Auf dem Programm des alles entscheidenden Probekonzerts im Dezember 2000 stehen Webers *Oberon*-Ouvertüre, Beethovens zweite und Dvořáks neunte Symphonie. Jansons will allerdings nicht nur Spieltradition und Klangkultur abrufen, es kommt zum Härtetest. »Er hat unglaublich genau geprobt, jede Stimmgruppe auf Herz und Nieren geprüft«, sagte Kontrabassist Heinrich Braun im Rückblick. »Ja, wir fühlten uns wie geröntgt. Und das Ergebnis hat er mit größter Genauigkeit und Emotionalität zusammengesetzt. Diese Kombination war unglaublich. Und die mehr als übereinstimmende Reaktion im Orchester: Dieser Dirigent ist absolut die richtige Wahl.«

Die Zuneigung ist beiderseitig. Schon in der ersten Probenpause, während man an Beethovens Zweiter puzzelt, kommt eine begeisterte Irina Jansons zu ihrem Mann ins Dirigentenzimmer: »Mariss, das ist dein Orchester!« Der erwidert: »Das wusste ich ab den ersten fünf Minuten.« Ein sofortiges Jawort kommt allerdings für ihn nicht infrage. Jansons will nicht dem ersten Überschwang nachgeben, Form und Stil wahren – um sich nicht zu schnell und zu billig zu verkaufen. Er spannt das Orchester, das immer dringender einen Maazel-Nachfolger braucht und dem auf dem internationalen Markt langsam die Alternativen ausgehen, wochenlang auf die Folter. Anfang Januar 2001 klingelt bei Orchestervorstand Andreas Marschik schließlich das Telefon. Jansons teilt mit: Er wolle gern kommen, die Vertragsverhandlungen mögen beginnen.

In den folgenden Monaten wird hart um den Vertrag gerungen, was nicht nur an Jansons, sondern auch an den Verhältnissen des Bayerischen Rundfunks liegt. Zunächst einmal muss dort intern einiges geklärt werden. Noch bis zum Sommer 2002 ist Lorin Maazel Chefdirigent des Symphonieorchesters. Nicht nur künstlerisch hat man sich voneinander entfernt und entfremdet, auch menschlich. Die Musiker haben immer weniger Lust auf die Launen des Dirigenten. Es kommt zu lautstarken Auseinandersetzungen auf Tourneen, Maazel ist solche Widerworte nicht gewohnt und reagiert entsprechend beleidigt.

Auf seine eigenen Kompostionen reagieren die Musiker mittlerweile nicht mehr nur humorvoll und ironisch, sondern mit bissigen, sarkastischen, kaum verborgenen Bemerkungen. Zudem stößt sich das Orchester an Maazels Geschäftsgebaren. Immer klarer wird, dass er die Tourneen an teils entlegene Orte nutzt, um seinen Kontostand in schwindelerregende Höhen zu schrauben. Den Tiefpunkt markiert eine China-Tournee im Januar 1996, auf der die Münchner nahezu exakt das Programm des Wiener Neujahrskonzertes nachspielen müssen, das Maazel nur wenige Tage zuvor dirigiert hat, und damit dessen Konzertaufnahme promoten. Das BR-Orchester fühlt sich missbraucht.

Damit nicht genug: Immer häufiger ist von persönlicher Bereicherung die Rede. Maazel und der damalige Orchestermanager Kurt Meister, so wird von verschiedenen Seiten kolportiert, leben offenbar mehr als gut von den selbst eingefädelten Engagements. Noch heute ist der öffentlich finanzierte Bayerische Rundfunk froh, dass kaum ein Detail dieser skandalträchtigen Jahre an die Öffentlichkeit gerät.

Doch die Bombe platzt nicht. Maazels Ende beim Bayerischen Rundfunk, der Übergang zu Jansons, all dies wird in den Medien allein unter musikalischen Gesichtspunkten diskutiert. Kulturpolitisch zeigt sich darin ein Versäumnis aller Kontrollinstanzen – und zugleich das denkbar größte Glück für die damaligen BR-Entscheidungsträger. Ein Ziel steht allen vor Augen: Hauptsache, Maazel geht. Im Nachhinein ist mancher im Bayerischen Rundfunk sogar froh, dass die Vereinbarung mit Riccardo Muti als Nachfolger geplatzt war. Einige hatten befürchtet, dass mit ihm und dem bisherigen Management das fragwürdige Konzertgeschäft weitergelaufen wäre. Aus dem Umbruch hätte leicht ein Zusammenbruch werden können.

Doch fehlt zum Neuaufbruch mit Mariss Jansons nach wie vor dessen Unterschrift. Noch im Sommer 2002 gibt es keinen Vertrag – obwohl der Umworbene an seinem Wohnort St. Petersburg den BR-Verantwortlichen per Handschlag bereits ein positives Signal gegeben hat. Orchestermanager Kurt Meister lässt sich inzwischen krankschreiben, der BR will auch auf dieser Position einen personellen Wechsel und hat dessen Vertrag nicht verlängert. Maazel verliert endgültig die Lust und sagt einige Konzerte ab.

Zu allem Überfluss bekommt das Münchner Orchester inzwischen namhafte Konkurrenz: Auch das Concertgebouworkest Amsterdam umgarnt Jansons. Es kommt zu einem weiteren Gespräch in Locarno, wo der Dirigent ebenfalls zu wohnen pflegt, die Presse sehnt prompt den »Vertrag von Locarno« herbei. Dann die Nachricht: Die Unterzeichnung ist für den 26. August 2002 vereinbart.

Jansons bleibt sich damit durchaus treu. Die Musiker haben ihn während der Testwoche für Bad Kissingen als detailversessenen, unnachgiebigen Künstler erlebt. Was das für die Vertragsverhandlungen bedeutet, bekommen jetzt die Senderverantwortlichen zu spüren. BR-Intendant Thomas Gruber und Hörfunkdirektor Johannes Grotzky müssen zur Unterzeichnung nach Salzburg fahren, wo Jansons im Rahmen der Sommerfestspiele mit dem Attersee Institute Orchestra probt. Ein Vorgang, der in den Medien auch für Unmut sorgt. Schließlich, so der *Münchner Merkur* am 28. August, habe Zubin

Mehta seine Vereinbarung als Generalmusikdirektor der Bayerischen Staatsoper auch nicht in Bombay oder Los Angeles unterzeichnet.

Ein Vertragsdetail sorgt dabei für Argwohn: Jansons' Kontrakt gilt vorerst für drei Jahre. Also doch nur ein Übergangsdirigent? Eine kurze, aber heftige Liaison, damit er weiter nach Amsterdam ziehen kann? Der Dirigent wiegelt damals im Interview ab: Eine solch kurze Zeitspanne sei mittlerweile üblich und auch notwendig, um Zwischenbilanz ziehen zu können. »Ich will nicht nach drei Jahren wieder gehen, das wäre doch dumm und sinnlos. Sicherlich denke ich an eine Fortsetzung, aber es könnte doch sein, auch wenn ich das nicht glaube, dass die Zusammenarbeit nicht funktioniert. Dann muss es die Möglichkeit einer Scheidung geben.«

Was die Rahmenbedingungen betrifft, bedeutet der neue Posten für Jansons eine erhebliche Umstellung. Bisher war er Chefdirigent von Orchestern gewesen, die weitgehend als Eigenbetrieb funktioniert und sich nicht zuletzt in Fragen des Programms, der künstlerischen Entwicklung und des Personals in Selbstverwaltung hatten steuern lassen. Im Bayerischen Rundfunk bilden die drei Klangkörper – das Symphonieorchester, das Münchner Rundfunkorchester und der Chor – rein rechtlich gesehen lediglich eine Abteilung. Eine Ansammlung von Kostenstellen in einem der größten Sender der ARD. Gleichberechtigt und gleichbedeutend mit dort angestellten Journalisten und Verwaltungsmitarbeitern und der Entscheidungsgewalt von Intendanz, Hörfunkdirektion und Rundfunkrat unterworfen – auch wenn vor allem das Renommee und die internationale Außenwirkung des Symphonieorchesters viel größer sind.

Jansons selbst bekommt die Schwierigkeiten in den Münchner Entscheidungsprozessen, die manchmal in sehr gemächlichem Tempo ablaufen, bald zu spüren. Es geht für ihn nun nicht immer auf dem direkten und schnellsten Weg von A nach B, viel mehr Rücksichten sind zu nehmen. Was es bedeutet, ein Rundfunkorchester zu führen, hatte er bereits als Principal Guest Conductor beim BBC National Orchestra of Wales gelernt. »Dort habe ich verstanden und erlebt, welche Bürokratie in einem Sender existiert. Im Vergleich zum Bayerischen Rundfunk war das allerdings so gut wie nichts.«

Ritterschlag im Concertgebouw

Rund 600 Kilometer Luftlinie. Gute acht Autostunden, fast ebenso viele mit der Bahn – oder eine Stunde im Flugzeug. Ein genügend großer Abstand, so meint man jedenfalls. Für das Binnengeschehen im Kulturbiotop der jeweiligen Stadt trifft das auch zweifellos zu. Den Konzertgänger, ob in Amsterdam oder in München, beeinflusst es schließlich kaum, wenn er einen Chefdirigenten mit Doppelbeschäftigung vor sich hat – im Gegenteil: Vielleicht schwingt sogar Stolz mit auf die internationale Bedeutung.

Aber wie ist die Situation mit Blick auf den sich immer mehr verflechtenden Musikmarkt zu beurteilen? Zwei Chefpositionen auf demselben Kontinent sind nicht der Normalfall, erst recht nicht für einen Dirigenten mit diesem Status. Nach außen hin mag Mariss Jansons seine jüngste Karriereentwicklung als unbedenklich darstellen. Doch allein die Häufigkeit, mit der er nach der Parallelbeschäftigung beim Symphonieorchester des Bayerischen Rundfunks und dem Concertgebouworkest Amsterdam gefragt wird, zeigt: Es gibt Bedenken auf allen Seiten – und erheblichen Rechtfertigungsdruck.

Für die Amsterdamer ist diese Situation anfangs misslich, man macht sich auch Vorwürfe. Eigentlich hatte man den Plan, Jansons zum Chefdirigenten zu machen, schon länger verfolgt. Doch offenbar war man sich zu sicher gewesen und hatte daher auf offensive Vorgespräche verzichtet. Als in den Niederlanden bekannt wird, dass auch Bayern Interesse zeigt, gibt es fast ein böses Erwachen. Jansons selbst räumt später in München ein: Das BR-Symphonieorchester sei dem Concertgebouworkest schlicht in die Quere gekommen.

Für Jansons spricht, dass er von Anfang an mit offenen Karten spielt. Die Verantwortlichen in München wissen Bescheid, dass er mit Amsterdam verhandelt. Und auch den Niederländern ist klar, dass er auf jeden Fall den Chefposten in München antreten wird. »Es ist wie bei zwei Söhnen, die beide vom Vater geliebt werden«, immer wieder fällt dieser oder ein ähnlicher Satz. Als Jansons in diesen Tagen in einem Interview darauf hingewiesen wird, dass doch der eine Sohn eifersüchtig auf den anderen werden könne, antwortet er: »Wenn zum Beispiel das BR-Orchester fühlt, dass ich mehr nach Amsterdam schiele, dann wären diese Bedenken richtig. Aber ich werde objektiv sein und alles geben. Wenn ich mich an mein Prinzip halte, dann können die Söhne nicht klagen. Ich kenne meine Mentalität, ich tue alles für die Familie.«

Viel später räumte Jansons ein, dass er lange und mit Skrupeln über diese Doppelsituation nachgedacht habe. »Es ist natürlich eine Konkurrenz. Ich habe aber dann immer darauf geachtet, dass es zwischen den Tourneen genügend großen Abstand gab und dass wir auch in verschiedenen Sälen gastierten.« So, wie es nicht nur der Amsterdamer Cellist Johan van Iersel erfahren konnte, sei Jansons »110-prozentig beim Concertgebouworkest und 110-prozentig in München gewesen«. Einen echten Wettbewerb habe es nicht gegeben – »weil beide Orchester eigentlich stolz darauf waren, ihn zu haben«.

Sogar ein drittes Orchester buhlt um Jansons, das London Symphony Orchestra bietet ihm den Posten des Musikdirektors an. Zwei mögliche Kombinationen stehen damit im Raum: München/Amsterdam oder München/London, die Bayern gelten als gesetzt. In einer ähnlichen Situation hatte sich einst ein von Jansons verehrter älterer Kollege befunden: Bernard Haitink hatte jahrzehntelang als Chef im Concertgebouw amtiert und parallel das London Philharmonic Orchestra geleitet. Stephen Wright, Jansons' damaliger Manager, blickt skeptisch auf die Doppelaufgabe. Er tendiert zur Kombination München/London, weil sich, so seine Argumentation, die Orchesterstrukturen stärker unterschieden und die Profile der beiden Ensembles anders geartet seien.

Jansons wählt Amsterdam. In München, das hat er nicht zuletzt in der eingeschobenen Probenwoche beim BR erfahren, kommt es zum unwiderstehlichen Energieaustausch. Und in Amsterdam? Dieses Orchester gehört zu den weltweit traditionsreichsten und ist zudem mit einem der besten Säle gesegnet. Diesem Ensemble einen Korb zu geben verbitte sich, hat Jansons für sich entschieden. Nicht nur der Vorstand oder das Management, sondern eine große Delegation des Concertgebouworkest versucht, Jansons eines Tages zu überzeugen. »Das halbe Orchester war da«, erinnerte sich Jansons, »mein Dirigentenzimmer war total voll.«

Er empfindet das Angebot als Ehre. Wären die Berliner Philharmoniker zu diesem Zeitpunkt auf ihn zugekommen, er hätte wohl ebenfalls nicht Nein gesagt. Zudem gibt es eine längere gemeinsame Vergangenheit. Bereits 1988 hatte Jansons zum ersten Mal am Pult des Concertgebouworkest gestanden, neben Rachmaninows drittem Klavierkonzert mit Solist Vladimir Feltsman hatte er Schostakowitschs fünfte Symphonie dirigiert.

In kurzer Taktung war es zu Folgeeinladungen gekommen, 1989 mit Sibelius' Zweiter, 1990 mit Berlioz' *Symphonie fantastique*, 1991 unter anderem mit Ravels *La Valse* und Debussys *La Mer*, 1993 mit Wagner-Ausschnitten – so war es immer weitergegangen. Bis kurz nach der Jahrtausendwende hatte Jansons Kernstücke seines Vorzeigerepertoires präsentiert, Strauss und Tschaikowsky inklusive.

Die Harfenistin Petra van der Heide erinnerte sich an eines ihrer ersten Jansons-Programme mit Bartóks *Konzert für Orchester*: »Ich werde das nie vergessen, ich war vollkommen perplex. Und ich dachte mir: So muss eine Probenarbeit ablaufen, so muss dirigiert werden, so muss ein Stück überhaupt realisiert werden.« Den Amsterdamer Ritterschlag hatte Jansons bereits im Jahr 2000 erhalten, mit einem der wichtigsten Mahler-Orchester hatte er dessen siebte Symphonie aufgeführt – jenes Stück, das der Komponist 1909 einst selbst in den Niederlanden dirigiert hatte. Eine zusätzliche Probewoche wie in München ist also nicht erforderlich: Mariss Jansons und das Concertgebouworkest sind einander bestens bekannt.

Das Orchester wiederum sehnt sich nach einem Neubeginn. Seit 1988 steht Riccardo Chailly an der Spitze, der seinerseits das Problem hat, ständig mit Bernard Haitink und dessen glorioser Ära von 1961 bis 1988 verglichen zu werden. Als Chailly in Amsterdam anfängt, ist er außerdem erst 35 Jahre alt, das Großensemble muss mit dem jungen Mailänder erst einen gemeinsamen Nenner finden. Nach einer Periode der guten Kooperation kommt es zur Entfremdung, wohl auch, weil Chailly seinen Posten eine Spur zu ernst nimmt und 16, 18, manchmal sogar 20 Wochen pro Saison beim Orchester verbringt. Eine in diesen Kreisen ungewöhnlich hohe Termindichte, die Musiker fühlen sich künstlerisch eingeengt, manche ziehen daher einen baldigen Chefwechsel in Erwägung. Als eine Vertragsverlängerung ansteht, pocht das Orchester auf eine wesentlich niedrigere Präsenzzeit. Acht Wochen stehen im Raum, Chailly fasst dies als klares Signal auf, es kommt zum Bruch. Die letzten Spielzeiten absolviert man in teilweise dürftiger Stimmung – eine ähnliche Situation wie beim BR-Symphonieorchester unter Lorin Maazel.

Wieder also kommt Mariss Jansons als eine Art Retterfigur ins Spiel, auch als ein Garant dafür, emotionale Knoten zu lösen, Atmosphärisches entscheidend zu verbessern und neue Motivationsschübe zu ermöglichen. Doch das Management hat eine zweite Option: Christian Thielemann. Dieser liegt gerade mit den Berliner Entscheidungsträgern im Streit, sein Rücktritt an der Deutschen Oper steht kurz bevor – und sein Wechsel zu den Münchner Philharmonikern gilt noch nicht als ausgemacht. Doch das Concertgebouworkest entscheidet sich eindeutig für Jansons. Auch Thielemanns zu kleines Repertoire spielt dabei eine Rolle. Managing Director Jan Willem Loot versichert den Musikern: »Ihr wollt Mariss, dann bekommt ihr ihn auch.«

Zum Zeitpunkt seines Amsterdamer Amtsantritts ist Jansons 61 Jahre alt – fast drei Jahrzehnte älter als sein Kollege Riccardo Chailly bei dessen Antritt. Das Concertgebouworkest trifft also auf einen erfahrenen Orchestererzieher. Auch sonst gibt es große Unterschiede. »Chailly war eher technisch orientiert, rational, aufgrund seiner Partiturkenntnis wollte er jedes kleine Detail auch hören«, sagte Cellist Johan van Iersel. »Jansons ist mehr der Klangarchitekt, der zusammen mit dem Orchester ein Gebäude bauen will. Außerdem hat er ein extrem gutes Gespür für Timing und Farben. Er weiß einfach, wie das jeweilige Orchester am besten klingen kann. Das hat jetzt weniger etwas Magisches wie bei

Haitink, bei dem man gar nicht feststellen kann, wie er den Klang herstellt. Jansons kennt die richtigen Kniffe, wenn es zum Beispiel um die Balance geht. Er löst auch Intonationsprobleme fast immer über die Klangbalance. Von daher hat er etwas extrem Pragmatisches.«

Schon früh dürfen die Mitglieder des Concertgebouworkest erfahren, wie sehr Jansons diesen Amsterdamer Klang genießt, wie sehr er ihn auch verehrt. Im Unterschied zu den meisten Ensembles hat sich dieses Orchester seinen unverwechselbaren Charakter bewahrt, diesen weichen, warmen, schmiegsamen, flexiblen Sound, dem Aggressivität, Überwältigungsgehabe und Imponierverhalten fremd sind. Pure Noblesse und Delikatesse, die sich selbstgewisser wie hochempfindsamer Feinjustierung verdankt – und der Wechselwirkung mit der Saalakustik: Massives, Kantiges und allzu Lautes verträgt und verzeiht der Concertgebouw nicht. Daraus ergibt sich ein besonderer orchestraler Eigenwert und eine über viele Generationen weitergegebene Erfahrung, wie man sie in dieser Ausprägung nur noch von den Wiener Philharmonikern dank des Musikvereins kennt. Schon bei seinen ersten Wiener Erfahrungen als Stehplatzbesucher hatte Jansons dieses Phänomen erleben können – als er gehört hatte, wie die Wiener ihre Klangnatur den jeweiligen Dirigenten entgegensetzten.

Anders als in Oslo oder in Pittsburgh sieht sich Jansons in Amsterdam also nicht als Weiterentwickler, als Former und Erzieher, sondern als Bewahrer. Eine völlig neue Aufgabe für ihn, die Demut voraussetzt, eine andere Art der Zusammenarbeit – und womöglich auch Erleichterung bedeutet, ist doch hier kein strenger Lehrer mehr gefragt. »Ich musste bei beiden Orchestern nichts ändern, weder in Amsterdam noch in München. Sie haben beide eine starke Individualität, ich konnte das nun genießen.«

»Schon als er Gastdirigent war, beendete er die letzte Probe vor dem Konzert stets mit einer kurzen Rede, in der er sinngemäß sagte: Was Sie hier in Amsterdam haben, ist so einmalig – bitte erhalten Sie den Klang«, erinnerte sich Schlagzeuger Herman Rieken. »Und das Orchester applaudierte immer.« Entsprechend sind Jansons' Probenanweisungen auf den Tourneen, wie Cellist Johan van Iersel berichtete: »In weniger guten Sälen appellierte er immer an uns: Ich möchte den Concertgebouw hier hören.«

Schon bald allerdings kommt es zu Repertoire-Dopplungen. Was Jansons gerade in Amsterdam dirigiert, steht – oft nur kurze Zeit später – auch in München auf dem Programm. Dies bedeutet für ihn Arbeitserleichterung. Er, der sich auch in allzu bekannte Partituren stets aufs Neue versenkt und seine Erkenntnisse auf nachdrückliche, manchmal enervierende Weise den Musikern vermittelt, kann nun zwei Fliegen mit einer Klappe schlagen. Besonders bei Großprojekten profitiert Jansons davon: Die Opern, die er in Amsterdam in szenischen Aufführungen dirigiert, nimmt er sich in München – gern mit denselben Solisten – konzertant vor.

Die meisten Repertoire-Dopplungen ergeben sich jedoch gewissermaßen von alleine. Das internationale Profil des Concertgebouworkest und des BR-Symphonieorchesters ist zu ähnlich, so unterschiedlich die Klangtraditionen auch sein mögen. Die Standards von der Wiener Klassik über die Romantik bis zur gemäßigten Moderne des 20. Jahrhunderts bilden an beiden Standorten die Säulen des Repertoires. Ohnehin vollzieht sich in diesen Jahren auf dem Musikmarkt eine Verengung, die mit einer Arbeitsteilung verbunden ist: Der Kanon der immer wieder aufgeführten Werke wird nur mehr sporadisch – und manchmal auch nur der Form halber – mit Ambitioniertem gewürzt. Zugleich überlässt man die Randbereiche den Spezialensembles – ob dies die Moderne betrifft oder die Vorklassik.

Mariss Jansons selbst empfindet das nicht unbedingt als Nachteil. Dass Ambition vom Publikum bisweilen nur zögernd goutiert wird oder von intensiver Begleitarbeit flankiert werden muss, hat er schließlich selbst erfahren. Im Rückblick argumentierte er aber auch aus der Position des Orchestererziehers: »Beide Orchester, ob Amsterdam oder München, brauchen einfach das Standardrepertoire. Bruckners Fünfte muss von beiden gespielt werden. Alles, was diese Ensembles für die Klangentwicklung und die Erhaltung des Spielniveaus brauchen, muss aufs Programm gesetzt werden. Und das sind nun einmal die großen klassischen Werke. Dass ich in Amsterdam und München immer das angenommen habe, was diese Orchester mir im Spiel anbieten, und mit meiner Vorstellung kombiniere, kommt noch hinzu. Es ist also dasselbe Repertoire – mit total unterschiedlichen Ergebnissen.«

Etwas Würze für das
Münchner Konzertleben

Als Jansons beim Symphonieorchester des Bayerischen Rundfunks seine Chefposition antritt, trifft er – ähnlich wie in Pittsburgh – auf ein technisch hochgerüstetes Orchester. Lorin Maazel hat in München auch das Spielniveau erheblich verbessert. Zwischen 1993 und 2002 trieb er die Münchner Musiker im mehrfachen Sinne an die Weltspitze – allerdings nicht unbedingt durch akribischste Probenarbeit, eher durch das Gegenteil. Maazel konnte bei der Vorbereitung schnell die Lust verlieren, weil er aufgrund seiner nahezu perfekten Schlagtechnik die Stücke beherrschte und auf den Ernstfall Konzert vertraute. »Seine frappierende Überlegenheit war zugleich sein größtes Handicap«, sagte Peter Prislin, damals Mitglied des Orchestervorstands. Die Erarbeitung und Aufführung eines kompletten Mahler-Zyklus innerhalb weniger Tage am Ende von Maazels Zeit als Chef ist ein Beispiel dafür: Durch eine Form der Überforderung, die eine erhebliche Eigeninitiative der Musiker voraussetzte, stählte er sein Ensemble. Doch dieser Stahl war kalt.

Jansons begegnet zum Amtsantritt folglich einem emotional ausgehungerten Orchester. Ein empathischer

Chefdirigent, der für die Werke und nicht für das eigene Ego kämpft, das war eine andere, allerdings nicht unbedingt neue Erfahrung für die Musiker. »Bei Jansons ist der emotionale Knoten geplatzt«, formulierte es Geiger Franz Scheuerer. »Er holte aus unserem Orchester die extrem starke Emotionalität heraus, die wir zwar nicht verloren hatten, die aber unter Maazel irgendwie verdrängt war. In seinen späteren Biografien hat Maazel seine Zeit als Chef unseres Orchesters nie erwähnt, umgekehrt ist dies nicht der Fall.«

Viele Musiker fühlen sich bei Jansons an Rafael Kubelik erinnert, der von 1961 bis 1979 an der Spitze des BR-Symphonieorchesters gestanden hatte und diesem bis 1985 als Gast verbunden geblieben war. Kubeliks ungewöhnliche Repertoirebreite, sein Empfinden für einen warmen, gehaltvollen, flexiblen Klang ohne Überwältigungsgehabe, sein Musikantentum im nobelsten Sinne, all dies hatte sich ins Symphonieorchester eingeschrieben. Und er war, auch darin Jansons gleich, ein unbequemer Kulturpolitiker gewesen: Als der Bayerische Landtag 1972 ein neues Rundfunkgesetz hatte verabschieden wollen, das eine größere staatliche Einflussnahme ermöglicht hätte, hatte Kubelik heftige Kritik geübt und mit seiner Kündigung gedroht. Das Gesetz war daraufhin entschärft worden.

Trotz alledem ist Jansons' Verpflichtung für das BR-Symphonieorchester auch ein Wagnis. In der Musikmetropole München, die sich gern mit großen Namen schmückt und sich Ruhm damit erkauft, ist der Lette bei weiten Teilen des Konzertpublikums unbekannt. Die Münchner Philharmoniker haben demgegenüber James Levine zu bieten, der 2004 von Christian Thielemann abgelöst wird. An der Bayerischen Staatsoper hat Zubin Mehta die Position des Generalmusikdirektors inne. Außerdem nehmen viele Jansons übel, dass er mit dem Amsterdamer Concertgebouworkest noch ein zweites Ensemble leiten wird: Dies widerspricht in den Augen mancher dem Münchner Exklusivitätsanspruch.

Doch obgleich man das Symphonieorchester des Bayerischen Rundfunks allgemein auf einer Ebene mit Amsterdam, den Berliner und den Wiener Philharmonikern verortet, hat es ein Problem. Das Können mag unbestritten sein, doch gilt es, an der internationalen Bekanntheit, an der »Marke« zu arbeiten. Jansons hat dazu einige Vorschläge. Das Tourneegeschäft soll über die traditionellen Reiseziele in Asien und Amerika hinaus auf die europäischen Metropolen ausgeweitet werden. Außerdem will er die Anzahl der Konzerte in München vergrößern, die Jugendarbeit entscheidend verbessern und neue Sponsoren gewinnen, Letzteres kennt er aus Pittsburgh. »Wir können nicht unsere Arme verschränken und sagen: Wir sind der BR, das reicht«, schreibt er den Entscheidungsträgern ins Stammbuch.

Auch inhaltlich soll sich einiges tun. Dass in München das Konzertpublikum Neuerungen, erst recht der Moderne skeptisch gegenübersteht, ist Jansons bekannt. Er regt einen Haydn-Zyklus unter anderem mit den *Londoner Symphonien* an, dazu Abende, die mit der gemäßigten Moderne gewürzt sind, und konzertante, sogar szenische Oper. »Ich habe jedes Programm mit etwas Salz verfeinert«, kommentiert Jansons damals seine Pläne.

Das Antrittskonzert am 23. Oktober 2003 gibt einen ersten Vorgeschmack: Vor Berlioz' *Symphonie fantastique* werden Brittens *The Young Person's Guide to theOrchestra* und Strawinskys *Psalmensymphonie* aufgeführt. Den Eröffnungsabend seiner ersten Saison überlässt Jansons einem Kollegen, was eine eher ungewollte Pointe birgt: Riccardo Muti, ursprünglich als Maazel-Nachfolger auserkoren, dirigiert Orffs *Carmina Burana*.

Jansons betreibt also eine vorsichtige programmatische Öffnung. Das hat mit seinen eigenen Vorlieben zu tun, mit Schostakowitsch oder skandinavischen Komponisten. Die stadtinterne Münchner Konkurrenz ist dem Bayerischen Rundfunk in dieser Hinsicht voraus. Schnittke oder Nono gehören bei den Philharmonikern zur – wenn auch seltenen – Abonnement-Kost. James Levine riskiert sogar eine konzertante Aufführung von Schönbergs *Moses und Aron*. Dagegen ist die Moderne beim BR in die 1945 von Karl Amadeus Hartmann gegründete Reihe *Musica Viva* ausgelagert, in deren Rahmen es regelmäßig zu Uraufführungen kommt. Ein hochrenommiertes Unterfangen, das jedoch ein Dasein nur für Eingeweihte fristet – und dies meist ohne den Chefdirigenten des Symphonieorchesters.

Dass ihm noch nicht alle Konzertbesucher blind vertrauen, merkt Jansons in der Folgezeit unter anderem bei einem Abend in der Münchner Philharmonie. Als nach klassischer Repertoirekost das nur gut 15-minütige *Gloria* von Francis Poulenc den Abend beschließen soll – wahrlich kein verschreckendes, eher ein mitreißendes, unkonventionelles Gotteslob –, verlassen einige angesichts des für sie unbekannten Namens den Saal.

In seiner ersten Saison leitet Jansons in München 15 Konzerte. Das mag nicht viel erscheinen, da das Orchester ein Programm aber immer nur zweimal zu präsentieren pflegt, kommt dabei eine ansehnliche Bandbreite zusammen. Darüber hinaus gibt es Reisen nach Spanien und Portugal sowie Gastspiele in London, Brüssel, Luzern und Zürich. Für das Label EMI darf das BR-Symphonieorchester den Jansons-Zyklus mit allen Schostakowitsch-Symphonien fortsetzen – und meldet sich mit diesem Prestigeprojekt auf dem Plattenmarkt zurück. Am Ende der Saison dirigiert Jansons das traditionelle Open-Air-Konzert auf dem Münchner Odeonsplatz, eine für ihn eher ungeliebte Aufgabe. Künftig werden dort meistens Gastdirigenten stehen.

Nicht alles gelingt in der ersten Spielzeit zu voller Zufriedenheit. Neben hochgelobten Aufführungen von Schostakowitschs sechster Symphonie steht zum Beispiel ein Mozart-Requiem, für das man ins kleinere Prinzregententheater zieht. Das Werk wird fast rein musikantisch entwickelt, wodurch Transzendentes und Textreflexion nur selten herauszuhören sind. Eine Ausnahme, die zeigt, dass Dirigent und Orchester noch zusammenwachsen müssen.

Die Flittermonate von Jansons und seinem Ensemble werden allerdings im Spätsommer 2004 jäh beendet. Schuld daran ist der Arbeitgeber. Aus Kostengründen plant der Bayerische Rundfunk, das Münchner Rundfunkorchester abzuschaffen, den dritten Klangkörper neben Symphonieorchester und Chor, der nach seiner Gründung 1952 vor allem auf populäre Programme wie die *Sonntagskonzerte* ausgerichtet ist. Als BR-Intendant Thomas Gruber am 29. September 2004 seinen Plan mitteilt, setzt ein Protest ein, der die Kulturszene der ganzen Bundesrepublik erfasst. Gruber und die anderen Entscheidungsträger beim BR sind davon vollkommen überrascht. Sie haben unterschätzt, wie stark das Rundfunkorchester in der Bevölkerung verwurzelt ist, wie beliebt seine Konzerte und wie notwendig seine Aktivitäten sind.

Der seit 1998 amtierende Chefdirigent des Rundfunkorchesters, Marcello Viotti, geht daraufhin nicht nur in die Offensive, er übt heftige Kritik am Symphonieorchester und damit auch indirekt am Kollegen Jansons. Das Edelensemble mit seinen gut bezahlten Musikern, so schwingt in seinen Einlassungen mit, habe den Bildungsauftrag des öffentlich-rechtlichen Rundfunks mittlerweile ausgeblendet. Eben für diesen Auftrag stehe aber das Münchner Rundfunkorchester. »Unsere Leistungen scheinen gegenüber denen des Symphonieorchesters als null und nichtig zu gelten«, empört sich Viotti in der Presse. »Zu keinem Zeitpunkt hat man über die Finanzen, die programmatischen Aufgaben, die dienstlichen Auslastungen des Symphonieorchesters gesprochen.« Und mehr noch: »Ich erwarte eine Lösung, die meine Musiker vor einer unausweichlichen Langzeitarbeitslosigkeit bewahrt, indem ein Modell für die langfristige Zusammenführung der beiden Orchester erarbeitet wird.«

Jansons und das BR-Symphonieorchester sind alarmiert. Nach außen hin gibt es keine Wortmeldungen. Doch intern und hinter vorgehaltener Hand sorgt man sich um das Renommee: Dass die Kollegen vom Rundfunkorchester hervorragende Arbeit im Sinne des Senders verrichten, wird anerkannt. Doch spiele dieses Orchester, so wird argumentiert, auf einem anderen, niedrigeren Niveau als das BR-Symphonieorchester. Wie solle es angesichts dessen möglich sein, den technischen Standard durch eine wie auch immer geartete Fusion oder durch ein Auffangen abgewickelter Musiker aufrechtzuerhalten?

Das Jansons-Ensemble fürchtet also einen qualitativen Abstieg. Doch wissen Dirigent und Musiker zugleich, dass dieses Argument der Öffentlichkeit kaum zu vermitteln ist, dass es als pures Luxusproblem in einer Spardebatte verstanden werden könnte. Man hält also still. Der Kulturpolitiker Jansons entscheidet sich in diesem Fall zu dem für ihn ungewöhnlichen Schritt, allein hinter den Kulissen aktiv zu bleiben.

Dass die Gegenspieler im eigenen Haus agieren, erzeugt eine pikante Situation. Die Spitze der Hörfunkabteilung, rechtmäßig auch für die Klangkörper zuständig, arbeitet eher gegen das Symphonieorchester, weil sie den Sparauftrag erfüllen will. Auch im orchestereigenen Manager findet man offenbar keinen Unterstützer. Jansons' Gesundheitszustand verschlechtert sich, es ist die erste Krise in einer noch jungen Beziehung. Schon vorher hatten Freunde ihm geraten: Gehe niemals an eine Rundfunkanstalt, dieses System macht dich krank. Der Orchestervorstand redet auf Jansons ein: Man wolle nicht verantwortlich sein für die Verschlechterung seiner ohnehin schon labilen Gesundheit – und man hätte folglich Verständnis, wenn er das Ensemble verlassen wolle. »Wir haben sein gesundheitliches Wohl über unser Orchesterwohl gestellt«, erinnerte sich Kontrabassist Heinrich Braun. »Das war rückblickend gesehen das stärkste Band, das wir knüpfen konnten.«

Die Trennung vom Orchestermanager scheint unumgänglich. Die Musiker und Jansons verdächtigen ihn, er betreibe die Fusion im Hintergrund. Der Dirigent erklärt irgendwann: er oder ich – dem Bayerischen Rundfunk bleibt kaum eine Wahl. Doch die Debatte nimmt eine andere, ungeahnte Wendung. Der erboste Marcello Viotti legt sein Amt nieder, will seine Verpflichtungen beim Münchner Rundfunkorchester aber bis Ende 2006 erfüllen. Am 16. Februar 2005, nur wenige Wochen nach dem Auflösungsbeschluss, stirbt er im Alter von 50 Jahren an einem Schlaganfall.

Die Diskussion um das Rundfunkorchester eskaliert. Der BR trage eine Mitschuld, ist in der Presse zu lesen. Angesichts der aufgeheizten Stimmung rudert der Sender zurück. Am 27. April 2005 wird verkündet: Das Münchner Rundfunkorchester bleibt bestehen, allerdings mit nur noch 50 statt 72 Stellen. Einzelne Musiker können sogar ins Symphonieorchester wechseln. Für Mariss Jansons und sein Ensemble ist die von ihnen als Gefahr eingeschätzte Situation vorüber. Diese erste kulturpolitische Auseinandersetzung schweißt sie noch enger zusammen. Die zweite wird sich um einen neuen Konzertsaal für München drehen – und das Jansons-Ensemble rund zwei Jahrzehnte beschäftigen.

Amsterdamer Anfänge

Der Weg zum Podium ist gefürchtet. Zwei Dutzend rote Stufen führen hinab, von der Ebene des Dirigentenzimmers hinunter, an einigen Zuschauerreihen und am Orgelprospekt vorbei durch das Orchester, bis endlich das Pult erreicht ist. Zur Konzentration aufs Konzert tritt die Angst: bloß nicht straucheln. Angeblich ließ Herbert von Karajan einmal bei einem Gastspiel den Amsterdamer Concertgebouw nachmittags sperren, um den Gang zum Pult zu üben. Bei Mariss Jansons passiert trotz Nervosität nichts, als Gastdirigent beim Concertgebouworkest hatte er den Weg schon zur Genüge geübt. Und doch ist es eine Premiere, als er am 4. September 2004 hinuntersteigt – nun ist er Chefdirigent.

Zu Beginn des Antrittskonzerts erklingt Arthur Honeggers dritte Symphonie, die *Symphonie liturgique*, nach der Pause Richard Strauss' *Heldenleben*. Eine sehr anspielungsreiche Wahl – und ein Ausblick auf die kommenden Jahre. Strauss dirigierte die Uraufführung seiner symphonischen Dichtung im Jahr 1899 zwar beim Frankfurter Museumsorchester. Doch gewidmet hatte er das *Heldenleben* dem Concertgebouworkest mit seinem damals 27 Jahre alten Chef Willem Mengelberg, jenem niederländischen Dirigenten also, der wie kaum ein anderer das Amsterdamer Ensemble prägte. Mit seinem Antrittskonzert verbeugt sich Jansons vor dieser Tradition und bewegt sich zugleich in seinem ureigenen Repertoire. Schon in Oslo hatte das *Heldenleben* zu seinen meistgespielten Werken gezählt. Am Ende seiner Amsterdamer Zeit wird das Opus sogar die dortigen Charts anführen: 20 Mal lässt Jansons die Noten auf die Pulte legen.

Ebenso enthusiastisch wie das Amsterdamer Publikum reagiert die Presse. Der Londoner *Telegraph* steht stellvertretend für eine ganze Reihe ähnlich klingender Kritiken. Jansons habe die »Lizenz zum Thrill«, ist dort zu lesen. »Egal, wie oft man Jansons mit diesen Stücken erlebt – immer ist da ein subtiler neuer Blickwinkel, ein Detail, das den Klang absolut frisch hält. Diese strahlenden, feurigen Aufführungen zeigen nicht nur, dass er das Vertrauen des Orchesters genießt, sondern auch, dass er seine Vision und seinen Zugriff vermitteln kann. In dieser Nacht war zu feiern, dass eines der weltbesten Orchester in eine neue Phase eintritt, mit einem Dirigenten voller Weisheit, Finesse und Energie.«

Strauss' orchestrales Filetstück bildet den Auftakt zu vielversprechenden, vor allem vielsagenden Wochen der Zusammenarbeit. In relativ kurzer Zeit steckt Jansons sein typisches russisches Repertoire ab, von dem sich das Concertgebouworkest neue Inspiration erhofft. Im zweiten Programm wird Schostakowitschs fünfte Symphonie gespielt, im dritten Tschaikowskys sechste – und damit jener Komponist, auf den Jansons nach der Überdosis in Oslo lange Jahre verzichtet hatte.

Die umjubelten Konzerte im neoklassizistischen Wundersaal sind die eine Seite der ersten gemeinsamen Saison. Parallel dazu legen Jansons und das Ensemble per Flugzeug und Bahn gewaltige Strecken zurück. Schon wenige Wochen nach den so schwergewichtigen

Auftaktkonzerten bricht man im November 2004 nach Japan auf. Der Beginn der neuen Ära soll weltweit vorgeführt werden. Im Februar geht es nach Spanien und Portugal, dazu gibt es Gastspiele in Wien und – wie generell oft für die Amsterdamer – in London. Vor Beginn der folgenden Spielzeit absolviert das Orchester eine Europa-Tournee, die vorwiegend in die Festspielstädte Salzburg, Wiesbaden, Luzern, Berlin führt, darüber hinaus werden verschiedene Orte in Großbritannien bereist. Dass nicht überall die idealen akustischen Voraussetzungen wie in der Heimat zu finden sind, ist für Jansons nur Ansporn: Er wolle, wie er immer wieder sagt, den Klang des Concertgebouw auch in der Fremde hören und spüren.

Anders als in Oslo, wo er erst nach einiger Zeit mit dem ausgeprägten skandinavischen Diskussionsstil zurechtgekommen war, erlebt Jansons in Amsterdam keinen Kulturclash. Dennoch muss er, der an Hierarchien gewöhnt gewesen war, einige Dinge dazulernen. Zum Beispiel, dass das Concertgebouworkest über einen starken Vorstand verfügt, der sich nicht nur als zuarbeitende Instanz für den Chefdirigenten versteht. Vorgänger Riccardo Chailly hatte das einige Male zu spüren bekommen. Auf den auf einer Konzertreise geäußerten Wunsch, nach Mahlers Fünfter eine Zugabe spielen zu lassen, hatten ihm die Ensemblevertreter geantwortet: »Wir bitten Sie darum, dies nicht zu tun.« Es hatte kein Extrastück gegeben. Darüber hinaus besitzt der Chefdirigent beim Probespiel für eine vakante Stelle kein Vetorecht, neue Mitglieder können nur im Einvernehmen mit dem Orchester engagiert werden. Tradition geht in Amsterdam einher mit großem Selbstbewusstsein.

Doch sieht sich Jansons, das macht die Sache so angenehm für ihn, keinen Prinzipienreitern gegenüber.

Die gelassene, lockere niederländische Art gefällt ihm. Dass ein Gros der Orchestermitglieder, wie in der Stadt üblich, mit dem Rad kommt, befremdet ihn nur anfangs. Einmal sitzt an einem Regentag das komplette Ensemble zu Probenbeginn durchnässt auf dem Podium. Jansons kommt im witterungsbedingten Verkehrschaos zu spät, obwohl sein Hotel nicht weit entfernt liegt. Ein Auto wäre eigentlich nicht nötig angesichts der Distanz. Lachend bringt er eine Entschuldigung vor: »Ich müsste eigentlich Fahrrad fahren wie ihr.« Dazu wird es nie kommen.

Auch in der Konzertplanung ist der Amsterdamer Chefdirigent kein Alleinherrscher. Es gibt einen künstlerischen Direktor und eine künstlerische Kommission, die ebenfalls Vorschläge unterbreiten. Naturgemäß hat der Chefdirigent wie andernorts Erstzugriff auf die Werke. Jansons macht davon Gebrauch, aber auch bezeichnende Ausnahmen: Bernard Haitink zum Beispiel, einer seiner Vorgänger und mittlerweile ein Freund, darf sich seine geliebten Bruckner- oder Mahler-Symphonien vornehmen. Ohnehin zeigt Jansons in Amsterdam, bei einem Ensemble mit legendärer Mahler-Tradition, vor den Symphonien des Österreichers höchsten Respekt. Immer wieder sichtet er die alten Partituren, das Orchester spielt zum Teil aus Material, das einst der mit Mahler vertraute Willem Mengelberg eingerichtet hatte.

Mit der Zeit schreitet Jansons in Amsterdam seinen typischen Repertoire-Radius aus. Im Januar 2006 macht er das Concertgebouworkest und das Publikum erstmals mit seiner Deutung von Schostakowitschs monumentaler siebter Symphonie, der »Leningrader«, bekannt. Das sperrige, kriegszerfurchte Opus mit seinem zwiespältig rasenden Dur-Finale wird sogar auf eine ausgedehnte Tournee mitgenommen, die nach Köln, London, Brüssel führt, anschließend auf die Urlaubsinseln Tene-

Am Instrument der Eltern unternimmt ihr einziges Kind erste Musizierversuche. [1]

»In meiner Fantasie hatte sich festgesetzt, dass ich Dirigent bin«: Schon mit drei Jahren ahmt Mariss Jansons den Beruf des Vaters nach. [2]

Der hochbegabte Sohn mit seinen Eltern Arvīds Jansons und Iraīda Jansone. [3]

Mit seinem Vater Arvīds Jansons *(rechts)* und dem Pianisten Swjatoslaw Richter. [4]

1968 trifft Jansons in Leningrad erstmals auf Herbert von Karajan. Der Star gibt dort eine Meisterklasse – eine folgenreiche Begegnung. [5]

Herbert von Karajan verleiht Mariss Jansons im Herbst 1971 den zweiten Preis seines Berliner Dirigentenwettbewerbs. [6]

Entschlossenes Auftreten am Pult der Berliner Philharmoniker: Schon in jungen Jahren kehrte Jansons häufig zu diesem Elite-Ensemble zurück. [7] [8]

Eine glückliche Verbindung, aus der fast mehr geworden wäre: 2015 wollten die Berliner Philharmoniker Jansons für eine Interimszeit als Chefdirigent gewinnen. [9]

Jewgenij Mrawinsky am Pult seiner Leningrader Philharmoniker – Mariss Jansons wurde wie sein Vater Assistent des legendären Dirigenten. [10]

Gemeinsam zur Weltklasse: Von 1979 bis 2000 leitete Jansons das Oslo Philharmonic Orchestra, es war seine erste Chefposition. [11]

Probe zu Anton Bruckners neunter Symphonie mit dem Concertgebouworkest. [12]

Thomas Hampson, ein Lieblingssolist von Mariss Jansons, sang im Amsterdamer Abschiedskonzert Lieder von Mahler und Copland. [13]

Monumentales Abschiedsgeschenk: Während seines letzten Konzerts als Chef des Concertgebouworkest wird im März 2015 ein überdimensionales Porträt enthüllt. [14]

Ein penibler Kontrolleur des Klangs, der sich dennoch als Kollege seiner Musiker versteht – Jansons während einer Probe mit dem BR-Symphonieorchester. [15]

Münchens prominente Chef-Trias: Beim Konzert »3 Orchester und Stars« dirigierten Christian Thielemann (Münchner Philharmoniker, links), Zubin Mehta (Bayerische Staatsoper) und Mariss Jansons 2006 am Vorabend der Fußballweltmeisterschaft im Olympiastadion. [16]

»Ein Dirigent auf dem Podium ist eine Katastrophe, zwei sind ein Desaster: Riccardo Muti begrüßte Jansons mit diesen Worten in Chicago. [17]

Zu Besuch beim »bayerischen Papst«: 2007 dirigierte Mariss Jansons im Vatikan Beethovens neunte Symphonie für Benedikt XVI. [18]

Nach Bruckners Achter geht 2017 in der Mailänder Scala ein Konfettiregen auf Jansons und das BR-Symphonieorchester nieder. [19]

Eine immer wiederkehrende Tourneestation für Jansons ist die New Yorker Carnegie Hall, hier beim Konzert mit dem BR-Symphonieorchester. [20]

Fast nach jedem Konzert im Wiener Musikverein wurde Jansons vom Publikum herausgeklatscht, obwohl das Orchester längst das Podium verlassen hatte. [21]

Triumph vor heimischer Kulisse: Im Saal der St.Petersburger Philharmonie konzertierte Jansons häufig mit seinen Ensembles. [22]

Nervosität vor dem Auftritt in der St.Petersburger Philharmonie beim Gastspiel mit dem BR-Symphonieorchester. [23]

Regelmäßig lud Mariss Jansons seine Orchester nach den Konzerten in St. Petersburg zum opulenten Abendessen im historischen Ambiente ein. [24]

Mit Lang Lang erarbeitete Jansons unter anderem 2006 Beethovens erstes Klavierkonzert. [25]

Mit Pianist Maurizio Pollini in der Münchner Philharmonie. [26]

Mit dem Cellisten Yo-Yo Ma in München. [27]

Partiturstudium mit dem Pianisten Emanuel Ax. [28]

Pianist Yefim Bronfman gehörte zu den bevorzugten Solisten von Mariss Jansons. [29]

Mit dem Kollegen Daniel Barenboim. [30]

...rina Jansons begleitete ihren Mann auf fast allen Reisen. [31]

...aalkampf in luftiger Höhe: Das BR-Symphonieorchester und Jansons geben im Werksviertel am Münchner Ostbahnhof ein Bekenntnis für das dort geplante neue Konzerthaus ab. [32]

Bundespräsident Joachim Gauck verleiht Mariss Jansons im Oktober 2013 das Bundesverdienstkreuz. [33]

Wenige Stunden vor Anbruch seines 75. Geburtstags und nach einem Konzert in der Hamburger Elbphilharmonie gibt das BR-Symphonieorchester für seinen Chefdirigenten eine Überraschungsparty. [34]

Ein Konzert muss sein wie eine kosmische Rakete«: ...

. Leidenschaft, uneitle Hingabe, Kontrolle, Struktur- und Klangbewusstsein, eine
erblüffende Detailkenntnis der Werke, all das verband sich in den Aufführungen
on Mariss Jansons. [35–40]

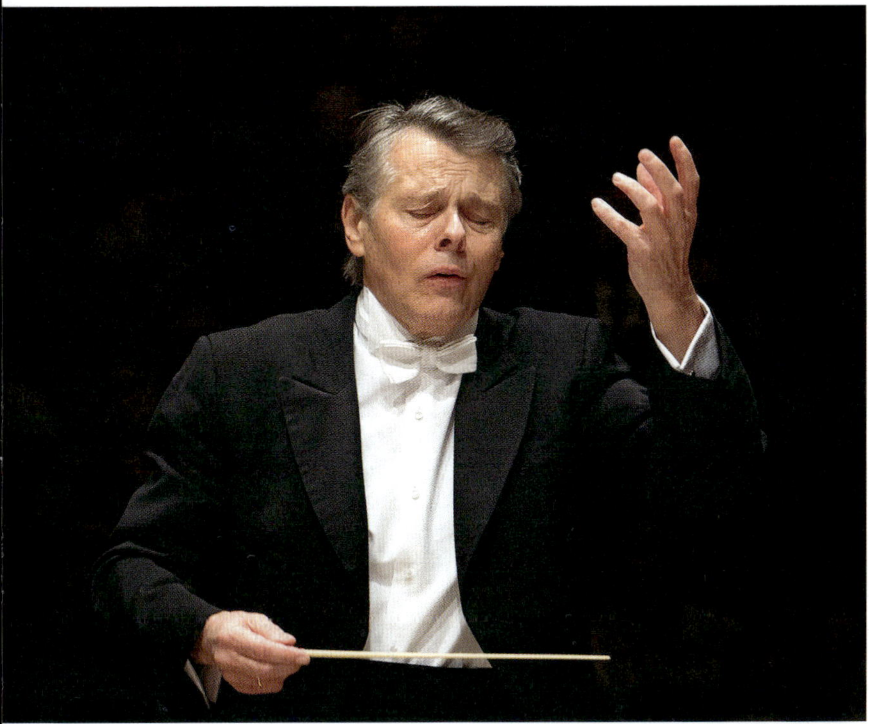

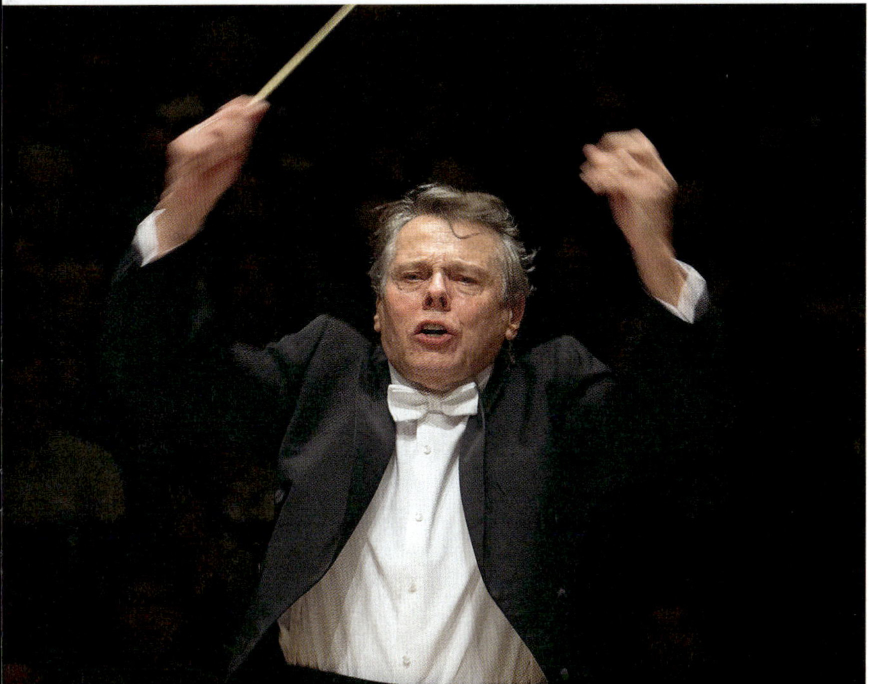

Dass er dem Publikum und seinen Orchestern mehr gab, als ihm eigentlich zur Verfügung stand, war vielleicht sein großes Verhängnis: Als am 1. Dezember 2019 der Tod von Mariss Jansons bekannt wurde, stand die Musikwelt still. [41]

riffa und Gran Canaria, bevor es weiter nach Chicago und New York geht. Auch für das tourneegewohnte Concertgebouworkest ist das eine ungewöhnliche Ballung.

Ein Gastspiel ragt aus dieser umfangreichen Reisetätigkeit heraus. Am 23. Mai 2006 sitzt das Orchester in jenem Gebäude, das Jansons einst täglich mit seinen Eltern besucht hatte und das ihm wie kaum ein anderes ans Herz gewachsen ist: Im Opernhaus von Riga spielt man Brahms' erste Symphonie und Strauss' *Rosenkavalier*-Suite. Das Konzert fällt kürzer aus, weil ein Galadinner inklusive Redenmarathon wartet: Die Amsterdamer Musiker und ihr Chef begleiten den Staatsbesuch von Königin Beatrix im Baltikum.

Gelegentlich kommt es zu auffallend ambitionierten Programmkombinationen. Vor der Konzertreise, im Dezember 2005, wird ein Amsterdamer Auftragswerk von Hans Werner Henze uraufgeführt: *Sebastian im Traum*, ein rund 15-minütiges Orchesterstück, das auf einem Gedichtzyklus von Georg Trakl basiert. Gekoppelt wird dies mit Leonard Bernsteins *Chichester Psalms*, die das Alte Testament in Swing versetzen, und dem ebenso unkonventionell-diesseitigen *Gloria* von Francis Poulenc. Ein Konzert, das in seiner Eigenwilligkeit und gleichzeitigen dramaturgischen Schlüssigkeit eine Besonderheit bildet im sonstigen Konzertgeschäft dieses Dirigenten. Henzes Opus erklingt auch auf der Festival-Tournee im August und September 2006. Bereits ein paar Wochen später besteigt der Amsterdamer Tross eine Maschine Richtung Taiwan und Japan.

Zu einer ungewöhnlichen Programmwürze kommt es im Dezember 2006, als vor Beethovens Neunter Zoltan Kodalys *Psalmus hungaricus* erklingt. Und im Februar 2007 werden die von Elīna Garanča gesungenen *Folk Songs* von Luciano Berio mit Berlioz' *Le carnaval romain*, Debussys *La mer* und Ravels *La Valse* kontrastiert. Dennoch überwiegen die symphonischen Standards. Was nicht bedeutet, dass sich die Amsterdamer in programmatischen Stereotypen bewegen. Jansons baut zwar auf die Klangkultur des Ensembles, unterzieht aber selbst die bekanntesten Werke einer intensiven Neuerarbeitung, was entsprechend registriert wird.

Als man auf einer Europa-Tournee im Februar 2007 unter anderem im Londoner Barbican Centre Station macht, schreibt die *Financial Times* über eine Aufführung von Schuberts dritter Symphonie: »Der Schubert war purer Jansons: Jede Phrase war perfekt präpariert, leuchtend und frisch – als ob die Tinte auf Schuberts Partitur noch nicht getrocknet wäre.« Auch Bruckners Dritte ruft dank Jansons' ungewöhnlichem Interpretationsansatz Begeisterung hervor: »Was er uns gab, das bewegte sich fernab von den weihevollen, religiösen Erlebnissen mit den alten Maestri wie Knappertsbusch oder Karajan. Nichts war vulgär. Jede Sektion des Orchesters (herrlich die flexiblen Hörner) spielte differenziert. Liebhaber eines traditionellen Bruckner-Verständnisses mögen hier geteilter Meinung sein, aber Jansons und seine Amsterdamer Musiker ziehen in dieser Hinsicht an einem Strang.«

Doch ist dieses große Einverständnis, das gemeinsame Fühlen, Erleben und Nachvollziehen der Musik Ergebnis harter Arbeit. Jansons macht es dem Concertgebouworkest nicht einfach. Nochmals von vorn, nein, diese Stelle anders, klangvoller, genauer: »Es gab bei uns schon Musiker wie in jedem anderen Orchester auch, denen nahm das die Luft weg«, erinnerte sich Harfenistin Petra van der Heide. »Er wollte an den Rand des Abgrunds, wo die Musik am schönsten ist. Manche fanden das aufregend, wenigen anderen ging das auch zu weit.« Dennoch bewundern die Mitglieder die Probenökonomie, die sich aus der handwerklichen Erfahrung ihres Chefs speist. Zunächst wird alles durchgespielt, danach geht es in verschiedenen Instrumentenkombinationen an die Feinarbeit. Trotz der Detaillust verzettelt man sich nicht, wie es häufig anderen Dirigenten passiert – am Ende der Probenzeit steht das Programm.

Jansons bleibt hart, bis das Gewollte erzielt ist, auch weil er weiß, wie viel er von den Amsterdamern verlangen kann. Nur gelegentlich pocht er streng auf die Hierarchie und delegiert die Streitfrage im Sinne der Zeiteffizienz. »Sie sind Stimmführer, bitte lösen Sie das Problem« – solche oder ähnliche Sätze fallen dann. Sollte trotzdem etwas nicht funktionieren, reagiert der Chef pragmatisch und unkompliziert. Ein anderer Fingersatz, andere Auf- und Abstriche – warum nicht?

Die Musiker empfinden die von Jansons geschaffene Atmosphäre als prägend. Es geht eben nicht nur um die technische und inhaltliche Erarbeitung der Programme: »Sicherlich gibt es brillantere Techniker, die ihre Kunst damit auch ausstellen«, formulierte es Schlagzeuger Herman Rieken. »Bei Jansons fällt mir sofort das Stichwort Atmosphäre ein, er arbeitete an der Imaginationskraft des Orchesters.« Und dies gern auf eine Weise, die alle mehr als einmal zum Lächeln bringt. Im Ensemble sitzen unter anderem eine Harfenistin und ein Flötist aus Deutschland sowie ein Bratscher aus Österreich. Die Probensprache ist grundsätzlich Englisch, doch manchmal blitzt auf, in welcher Sprache sich Jansons womöglich wohler fühlt: »Ach, Petra, könnten Sie bitte ...«

Von der peniblen Arbeit sind auch »Jansons-Schlager« wie Dvořáks achte und neunte Symphonie betroffen. Einmal allerdings, im Februar 2009, verlässt Jansons das gewohnte Dvořák-Feld. Im Concertgebouw und einige Tage später in Wien dirigiert er dessen Requiem. Abgesehen von großen Chorvereinigungen wendet sich kaum einer diesem Meisterwerk zu. Jede Aufführung gleicht, obwohl es sich um einen Komponisten des zentralen Klassik-Kanons handelt, einer Wiederentdeckung.

Für Jansons bedeutet dies – wie in vielen anderen Fällen auch – eine Dopplung mit dem Repertoire des BR-Symphonieorchesters. Wenn er ein für ihn entlegenes Werk aufführt, dann soll sich die Vorbereitung offenkundig lohnen. Für das Dvořák-Requiem steht Jansons in Amsterdam und in Wien mit Krassimira Stojanowa, Mihoko Fujimura, Klaus Florian Vogt und Thomas Quasthoff ein ziemlich heterogenes Solistenquartett zur Verfügung. Als Chor wird, gewissermaßen als Koproduktion mit dem Tournee-Ort, der Wiener Singverein verpflichtet. Die Interpretation wird vom hauseigenen Label des Concertgebouw mitgeschnitten. Auf dem Plattenmarkt, der im Fall dieses Werks bislang von einer alten, in Prag entstandenen Aufnahme unter Wolfgang Sawallisch dominiert wurde, liegt damit eine echte Alternative vor.

Vieles für Jansons Typische fließt in diesem Dirigat zusammen. Das Erspüren der volksliedhaften Wurzeln des Stücks, ohne sich auf der »dankbaren« Melodik auszuruhen; ein grundsätzlich kantabler Zugriff; die Sensibilität für das Ineinandergreifen von Soli-, Chor und wortlos »singenden« Orchesterstimmen. Es ist eine Deutung im großen Aufriss, die das Stück allerdings nicht opernhaft monumentalisiert. Überhaupt spricht eher eine Verhaltenheit aus dieser Aufführung, die sich Effektvolles nur an wenigen Stellen gestattet. Die doppelte *Quam-olim-Abrahae*-Fuge zum Beispiel wird nicht einfach in die Finalwirkung hochgerissen, sondern in einem eher mäßigen Tempo strukturell genau ausgeleuchtet.

Vor allem aber wird auch eine inhaltliche Auseinandersetzung spürbar, die mit der Religiosität von Mariss

Jansons zu tun hat. Dass er gern darüber sprach, lässt sich nicht behaupten. Wie viele andere glaubte er an das Unbegreifliche, fühlte sich aber nicht an die Dogmen und Gebräuche einer bestimmten kirchlichen Richtung gebunden – gerade vor den auch in seinen Augen enormen historischen, auch kriegerischen Fehlleistungen der Konfessionen. Jansons ging nicht in die Kirche, betete aber. »Religion ist etwas sehr Intimes, eine Sache zwischen mir und dem lieben Gott.«

Seine Mutter hatte Jansons diesen persönlichen Glauben vermittelt – auch wenn es in Lettland, vor allem aber in der Sowjetunion verpönt oder gar verboten war, diese Themen in der Öffentlichkeit zu artikulieren. »Für mein inneres Leben ist die Religion sehr wichtig. Ich glaube, Kunst und Religion schützen den Menschen, damit er möglichst keine Fehler macht. Ich meine damit nicht Haltungen wie: Ich darf dieses oder jenes nicht tun, sonst wird der liebe Gott böse. Das ist mir zu simpel. Kunst und Religion geben vielmehr Signale für Fragen wie: War ich ehrlich? Warum habe ich nicht die Wahrheit gesagt?«

Mariss Jansons glaubte also an Gott, an eine Bestimmung – was, so seine Ansicht, den Menschen aber nicht von den eigenen Entscheidungen und den damit verbundenen Konsequenzen entbinde. »Gott entscheidet über unseren Weg. Gott weiß, was richtig ist, aber du selbst bist verantwortlich für dein Leben. Das heißt für mich auch: Religion und Kunst können nicht heilen, aber sie sind eine Medizin.«

Eine neue Saalschlacht

»Mir ist klar, wie es um die Finanzierung der Kultur weltweit steht. Deshalb wusste ich, das wird kein leichtes Spiel. Aber ich habe großen Respekt vor Deutschland und seiner unglaublichen kulturellen Tradition. Vor diesem Hintergrund konnte ich es nicht glauben, welche Probleme ausgerechnet in Bayern dieser Saal macht. Es war eine der größten Überraschungen meines Lebens.«

Als Mariss Jansons diese Gedanken im April 2018 im persönlichen Gespräch äußert, liegen bereits 16 Jahre Kampf für ein Münchner Konzerthaus hinter ihm. Längst hätte es stehen können, ob im Herzen der bayerischen Landeshauptstadt oder, wie nach langer Zeit beschlossen, am Rande des Zentrums, in der Nähe des Ostbahnhofs. Ein eigener Saal für das Symphonieorchester des Bayerischen Rundfunks wird, das ahnt Jansons anfangs selbst nicht, zu seinem Lebensprojekt, vor allem wegen der häufigen Rückschläge, der Intrigen und Lügen. Situationen, frustrierend und kräftezehrend, auf die der Chefdirigent stets mit einem »Jetzt erst recht« reagiert.

Die Auseinandersetzung um den Saal ist für Jansons ein Déjà-vu. In Oslo war das Projekt einer neuen, sanierten Heimat für das Philharmonic Orchestra gescheitert. Die Beziehung zwischen dem Dirigenten und seinem Ensemble war daran in die Brüche gegangen. Was bei seiner ersten Chefstelle alles schiefgelaufen war, will Jansons bei seiner aktuellen nicht noch einmal erleben. Er hat aus seinen Fehlern gelernt und will die Sache erfolgreich zu Ende bringen.

Das Symphonieorchester des Bayerischen Rundfunks befindet sich zur Zeit von Jansons' Amtsantritt in einer alles andere als komfortablen Situation. Es ist so ziemlich das einzige Ensemble in der internationalen Spitzengruppe, das ohne eine eigene Spielheimat auskommen muss. Die Berliner Philharmoniker haben ihre Philharmonie, das Concertgebouworkest den namensgebenden Saal; ob Boston, Chicago, Leipzig oder St. Petersburg – alle Orchester sind irgendwo »zu Hause«. Auch in München verhält sich dies so: Die Philharmoniker spielen in der Philharmonie, dem Herzstück des Kulturzentrums Gasteig, das Bayerische Staatsorchester im Nationaltheater. Das BR-Symphonieorchester dagegen genießt zwar Hausrecht im Herkulessaal, hat dort also Vorgriffsrecht bei Proben- und Konzertterminen, doch der Raum ist mit seinen 1200 Plätzen für Schwergewichte à la Bruckner und Mahler zu klein. Hinzu kommt die mehr als dürftige Backstagesituation mit den zu kleinen Garderoben, den engen, muffigen Gängen, den unzureichenden sanitären Anlagen – ein im Grunde unzumutbarer Zustand für Ensembles, Solisten und nicht zuletzt den Mann am Pult. Im Dirigentenzimmer funktioniert die Heizung nicht richtig. Entweder ist es bitterkalt oder so heiß, dass man selbst im Winter die Fenster öffnen muss.

In der 1985 eröffneten Philharmonie genießt das BR-Symphonieorchester lediglich Gastrecht. Die ungeliebte Akustik ist berüchtigt. Die Musiker hören sich auf dem Podium schlecht, der Klang im Zuschauerbereich ist oft diffus und kalt. Solisten tragen an der Rampe, unter dem höchsten Punkt des Raums, einen in vielen Fällen schlecht hörbaren Kampf aus. Eine unwürdige Situation, findet nun auch Jansons, dessen Ensemble begeistert auf den neuen kulturpolitischen Streiter an der Spitze reagiert. Jansons plädiert unermüdlich für einen dritten Münchner Konzertsaal, in Interviews und auf seiner ersten Pressekonferenz. »Das ist eines meiner wichtigsten Anliegen«, kündigt er an. »Ein solches Orchester muss einen eigenen Saal haben.« Ein ständiges Pendeln zwischen Gasteig und Herkulessaal sei nicht mehr zumutbar. »Das ist doch gerade so, als wenn man sagt: Ich wohne bei Freunden.«

Die Öffentlichkeit reagiert verblüfft und auch verärgert. Aus dem BR-Symphonieorchester bekommt Jansons anfangs den Rat, er möge den Plan angesichts der nicht gerade rosigen ökonomischen Situation nicht zu offensiv verfolgen. Zudem werde bei solchen kulturellen Vorhaben sofort mit fehlenden Krankenhäusern, Schulen oder Kindergärten argumentiert. Als das Thema Konzertsaal schließlich im Raum steht, zeigen vor allem die Musikfreunde Verständnis, andere empfinden den Plan als Anmaßung eines Neulings und als Verschwendung von Steuergeldern – man spricht von einer Luxusdebatte. Überhaupt, so wird argumentiert, sei der Klang der Philharmonie doch gar nicht so übel. Ein Einwand, der auch von jenen kommt, denen der internationale Vergleichsmaßstab fehlt.

Als Jansons mit dem damaligen CSU-Ministerpräsidenten Edmund Stoiber über den Saal spricht, signalisiert dieser Zustimmung, allerdings ohne konkret zu werden. Der zuständige Kunstminister Thomas Goppel lehnt das Projekt dagegen ab. Die stärkste Unterstützung erfährt Jansons von Kurt Faltlhauser, Finanzminister in der CSU-Landesregierung.

Ein Platz für den neuen Saal ist schnell ausgemacht, es ist der Marstall auf der Rückseite der Residenz. Ein schmales Gebäude, zwischen 1817 und 1822 als königliche Hofreitschule von Leo von Klenze erbaut, im Zweiten Weltkrieg zerstört und im alten Stil rekonstruiert. Als die Jansons- und Faltlhauser-Pläne aufkommen, dient der Marstall als Kulissenlager und als Werkstattbühne für das Bayerische Staatsschauspiel, gelegentlich auch für die Staatsoper. Nationaltheater, Cuvilliéstheater, Herkulessaal, Residenztheater und nun ein neuer Konzertsaal – ein weltweit einzigartiges Kulturareal könne dort seinen krönenden Schlussstein erhalten, schwärmen die Befürworter.

In der Öffentlichkeit wird der Plan äußerst kontrovers diskutiert. Für Jansons wird er zum Dauerthema. Kein Interview, das er nicht von sich aus auf den Saal lenkt, keine Pressekonferenz, in der nicht ausgiebig darüber diskutiert wird. Jansons wird lästig, und er genießt es. Auch die Politiker sind vor diesem Lobbyisten nicht sicher, die Essen mit den CSU-Größen häufen sich.

Doch es gibt auch Bremser, nicht zuletzt aus dem Bayerischen Rundfunk. Von »Traumvision« ist dort die Rede. Denkbar sei doch auch ein Umbau des Herkulessaals, wird vorgeschlagen. Das Problem am Jansons-Projekt bleibt, dass der Bayerische Rundfunk einen neuen Saal finanziell nicht stemmen kann – und aufgrund der Rundfunkrichtlinien nicht darf. Was die Hauptlast der Kosten betrifft, kommt es also allein auf den Freistaat Bayern an.

Doch die von Jansons ständig wiederholten Forderungen bringen kein Ergebnis. Walter Blovsky, ab 2005 Manager des BR-Symphonieorchesters, spricht immer wieder bei den Senderverantwortlichen vor. Die Debatte dreht sich zunehmend im Kreis, und viel schlimmer noch für das Orchester: Sie verliert an Schwung, nicht zuletzt, weil die Münchner Stadtverantwortlichen um ihren eher klassikfernen SPD-Oberbürgermeister Christian Ude das Projekt kaum unterstützen, teilweise eher belächeln. Man habe doch selbst schon einen Saal, nämlich den Gasteig, so wiederholt Ude immer wieder gern. Warum also solle man den Bayerischen Rundfunk bei einem Konkurrenzprojekt unterstützen?

Auch in der Staatsregierung gibt es einige, die das Projekt verhindern wollen. So kommt es erst fünf Jahre nach Beginn der Debatte zu einem Ideenwettbewerb. Der Konzertsaal nimmt zumindest auf den eingereichten Planungsunterlagen Konturen an. Sieger wird das Berliner Architektenbüro Axel Schultes und Charlotte Frank, das schon für das Bundeskanzleramt verantwortlich zeichnet und für den Münchner Saal eine Art Zwillingsgebäude neben dem historischen Marstall vorschlägt.

Ein Jahr später erst gründet sich der Unterstützerverein »Konzertsaal Marstall«, Initiator ist Kurt Faltlhauser, der der Bayerischen Staatsregierung nach Weggang von Ministerpräsident Edmund Stoiber und einer Kabinettsumbildung nicht mehr angehört. Der Verein versteht sich als Lobbygruppe, überdies möchte man Sponsoren akquirieren – im finanziell potenten München sollte das, so denkt man sich, leicht möglich sein. Bürgerstolz habe seinerzeit schließlich auch die Wiedereröffnung des Nationaltheaters und des Prinzregententheaters ermöglicht.

Doch noch immer gibt es keine Fortschritte. Der entscheidende Satz fällt erst im Januar 2009. Er kommt von Horst Seehofer, der ein Jahr zuvor zum Ministerpräsidenten gewählt wurde und sich in der für einen CSU-Politiker ungewöhnlichen Situation befindet, mit der FDP eine Regierungskoalition zu führen. Während sein liberaler Kunstminister Wolfgang Heubisch anfangs nicht als feurigster Befürworter gilt, zeigt sich der Regierungschef unmissverständlich: »Ich möchte dieses Projekt«, sagt Seehofer, der zum Zeitpunkt seiner Stellungnahme gerade ein Essen mit Jansons hinter sich hat.

Gleichzeitig ist der japanische Starakustiker Yasuhisa Toyota mit einem Gutachten beauftragt worden. Er soll der Frage nachgehen, ob sich der Marstall für einen international konkurrenzfähigen Konzertsaal eignet. Wieder vergehen einige Monate, bis Kunstminister Heubisch am 11. Mai 2010 die Expertise im Kabinett vorstellt. Das Ergebnis sei eindeutig: »Ein Konzertsaal lässt sich im oder am Marstallgebäude nicht realisieren.«

Ein Satz wie ein Fallbeil. Jansons und das BR-Symphonieorchester sind geschockt. Und müssen viel später feststellen, dass sie offenbar ausmanövriert wurden. Wie die *Frankfurter Allgemeine Zeitung* am 26. Januar 2016 nach Akteneinsicht darlegt, habe sich Toyota keineswegs so entschieden gegen den Standort Marstall ausgesprochen. Der Experte habe vielmehr darauf hingewiesen, dass neben dem alten durchaus ein neues Gebäude von den Ausmaßen des Wiener Musikvereins Platz habe. Überdies habe Toyota Umbauten am Marstall selbst angeregt. Die Schlussfolgerung rückt die Politik des Kunstministeriums in ein denkbar schlechtes Licht: »Die Aussage, das Marstall-Gelände eigne sich nicht für einen Konzertsaal von Weltrang, ist etwas anderes als eine Überinterpretation. Sie sprengt den Rahmen zulässiger Interpretationen und verfälscht den Inhalt des Gutachtens.«

Erst sehr viel später sieht sich Jansons also bestätigt. Das Aus für den Konzertsaal im oder am Marstall war nicht baulich oder akustisch, sondern politisch motiviert. Sollte sich der Fall Oslo für ihn also wiederholen? Und sollte er vielleicht auch in diesem Fall mit einem Rückzug reagieren? Unverdeckt spricht Jansons in der

Öffentlichkeit von »Intrige« und »Lüge« – und hat damit Toni Schmid, den Ministerialdirigenten und zweiten Mann des Kunstministeriums, im Visier.

»Anfangs habe ich an einen langen bürokratischen Prozess geglaubt, gerade weil das in Deutschland offenbar üblich ist«, sagte Jansons. »Ich habe mir nicht vorstellen können oder wollen, dass im Verborgenen gegen den Saal gearbeitet wurde. Ich war sehr naiv – auch weil niemand offiziell Nein zu diesem Projekt gesagt hat. Diese Intrige hat fast alles kaputt gemacht. Ich habe an das Gute geglaubt und war dadurch absolut blind.«

Anders als in Oslo entscheidet sich Jansons gegen einen Rücktritt. Weil er erst wenige Jahre Chef des BR-Symphonieorchesters ist und mit diesem Ensemble musikalisch gesehen noch viel verwirklichen möchte. Weil ihm eine Nichtverlängerung des Münchner Vertrags als Feigheit oder Eitelkeit ausgelegt werden könnte. Und weil die Unterstützer des Saals nun einen Plan B verfolgen: ein neues Gebäude nur ein paar Hundert Meter vom Marstall entfernt, im sogenannten »Finanzgarten« unweit des Odeonsplatzes. Der Unterstützerverein benennt sich um in »Konzertsaal München«. Jansons und das BR-Symphonieorchester richten sich neu aus. Das Problem ist nur: Die ganze Debatte, obschon acht Jahre alt, beginnt von vorn.

Rückkehr zur Oper

Bei Mariss Jansons drängt sich die Frage auf, wie seine Karriere wohl ohne den Herzinfarkt während der verhängnisvollen Osloer *Bohème*-Vorstellung verlaufen wäre. Und welchen Stellenwert konkret die Oper in seinem musikalischen Leben eingenommen hätte – für ihn, der als Kind in Riga weniger mit Symphonischem, sondern vielmehr mit Werken des Musiktheaters aufgewachsen war.

Jansons betont oft genug, dass dieser Kunstform seine eigentliche Leidenschaft gelte. Womöglich hätte ihn sein Weg sogar irgendwann an ein europäisches Opernhaus geführt, mit zwei penibel erarbeiteten Premieren pro Saison und parallel dazu einem gut gefüllten Konzertkalender – so, wie es sich zum Beispiel der Kollege Daniel Barenboim in der Berliner Staatsoper Unter den Linden eingerichtet hatte.

Doch der Infarkt von 1996 markiert nicht nur einen gesundheitlichen, sondern auch einen künstlerischen Einschnitt. Oper bleibt für Jansons ein Tabu, zehn Jahre lang. Wenngleich er sich schon bald nach der Katastrophe wieder vorstellen kann, ebenjene Schicksalsoper von Puccini zu dirigieren. »Ich wollte es unbedingt«, sagte er später. »Meine Frau war allerdings dagegen, obwohl sie das Stück sehr liebt. Ich kämpfte da ein bisschen. Natürlich waren damit schreckliche Erinnerungen verknüpft. Ich verstehe Irina. Ich wäre schon ein Jahr später wieder so weit gewesen für eine *Bohème*. Aber die starken Emotionen, die Erinnerungen – damals wäre das vielleicht nicht gut gewesen.«

Nach wie vor ist das Thema Oper für Jansons auch eine Zeitfrage. Für ein derartiges Projekt müsste er mindestens anderthalb Monate im Terminkalender freihalten. Die parallele Ausübung von zwei Positionen als Orchesterchef, dazu die entsprechenden Tourneen und die regelmäßigen Gastdirigate in Berlin und Wien lassen dies nicht zu.

Die Rückkehr zur Oper wird ihm schließlich an seiner Wirkungsstätte Amsterdam ermöglicht. Dies hängt mit dem besonderen Aufgabenfeld des Concertgebouworkest zusammen. Das Ensemble, so eine Vereinbarung mit der Niederländischen Oper, sitzt bei einer Produktion pro Saison im Graben. Die Oper verfügt zwar über eine eigene Verwaltung, eine eigene Technik und einen Chor, besitzt aber kein Sängerensemble und vor allem kein Orchester. Für die Produktionen, die im Stagionesystem gezeigt werden – im Gegensatz zum Repertoire-System werden in diesem Fall nur eine begrenzte Zahl von Opern ins Programm aufgenommen, die sich zudem meist auf Koproduktionen stützen –, müssen Gäste engagiert werden. Beim Concertgebouworkest, darin zeigen sich die besondere Stellung und das Selbstbewusstsein des Orchesters, legt man Wert darauf, nur für künstlerisch herausragende Projekte abseits des normalen Repertoires engagiert zu werden. Was läge zu dieser Zeit also näher, mit dem opernbegeisterten Chef für ein paar Wochen vom Concertgebouw ins rund zwei Kilometer entfernte Muziektheater, den Hauptspielort der Oper, zu wechseln?

Für Pierre Audi, Regisseur und seit 1988 künstlerischer Leiter der Niederländischen Oper, ist klar: Mariss Jansons muss russische Werke dirigieren. Was die Oper betrifft, steckt man ihn nach wie vor in diese Schublade: »Ich glaube, man wollte einfach dieses Repertoire von mir hören, das war wie bei Riccardo Muti und Verdi. Allerdings liegt mir auch sehr viel an den vier größten russischen Opern«, sagte Jansons später. Damit sind Schostakowitschs *Lady Macbeth von Mzensk*, Tschaikowskys *Pique Dame* und *Eugen Onegin* sowie Mussorgskys *Boris Godunow* gemeint. »Abgesehen davon«, so Jansons, »gehören *Lady Macbeth* und *Pique Dame* zu den zehn besten Opern überhaupt.«

Ebenjene *Lady Macbeth von Mzensk* markiert den Auftakt zum mittlerweile legendären Amsterdamer Opern-Triple von Mariss Jansons. Premiere ist am 3. Juni 2006, insgesamt sind neun Aufführungen angesetzt. Pierre Audi bringt den Dirigenten nicht mit einem behutsamen, historisierenden Regisseur zusammen, sondern mit Martin Kušej. Der gebürtige Kärntner ist damals Schauspieldirektor der Salzburger Festspiele und bekannt für seine »Regiepranke« (die auch mal danebenhauen kann), das heißt für seine kraftstrotzenden, schonungslosen, auch zynischen Interpretationen. Mit Blick auf den Inhalt des Stücks, in dem die vom Leben gelangweilte Katerina zusammen mit dem abgöttisch geliebten Knecht Sergej Schwiegervater und Ehemann ermordet, eine logische Wahl.

Kušej rollt die Geschichte in Amsterdam mit kühler Drastik auf. Im Mittelpunkt steht eine von Eva-Maria Westbroek verkörperte ondulierte Blondine, die in ihrem Käfig-Zimmer mit unzähligen Schuhen der Langeweile ihres Luxuslebens frönt. Der virile Naturbursche Sergej, gesungen von Christopher Ventris, verspricht Abhilfe. Katerinas Ehemann ermordet er, indem er ihm den Absatz eines der Schuhe ins Auge rammt. Nur einmal verdichtet sich die Beziehung dieser Vereinsamten und am Leben Gescheiterten zu einem zärtlichen, gleichsam utopischen Moment. Am Ende werden sie von Kušej in einer Art Irrenhaus zusammengepfercht, wo sich der zur Zweisamkeit unfähige Sergej schnell die nächste Frau sucht.

Das Concertgebouworkest, traditionell auf Ebenholzklang geeicht, wird in dieser Produktion von Jansons an seine klanglichen Grenzen geführt. Die bei Schostakowitsch zu findende Schärfe, das Bizarre und Fratzenhafte, auch die grelle Farbgebung, das Atemlose und Gehetzte, all das ist zu hören. Einmal verdichtet sich die Tragödie zum Schrei Katerinas, den Eva-Maria Westbroek als stumme, verzerrte Grimasse zeigt, während das Orchester das Haus einem Akustiktest unterzieht. Und dennoch, typisch für Jansons, wird kein hohler Lärm daraus. Auch in den Extremen ist alles ausbalanciert, trennscharf, substanzreich und von klanglicher Fülle. Ein gewissermaßen kontrollierter, genau reflektierter Grenzübertritt, dem auch Schönheit und Eleganz nicht fremd sind. Bewusst werden die Zwischenspiele nicht bebildert, alle im Haus können sich während dieser Minuten auf Jansons und das Concertgebouworkest konzentrieren.

De Volkskrant schwärmt nach der Premiere, Jansons habe aus dem Orchestergraben eine »Diamantenfabrik« gemacht. Und die *Zeit* kann gar nicht mehr aufhören, »von den zynischen Pointen dieser Musik« zu erzählen. Alles sei in grelles Licht getaucht, jede Figurenkontur, jeder Perspektivwechsel, jede parodistische Grimasse. »Aber Jansons führt den Triumph der Gewalttätigkeit, von dem die Partitur höhnt, nicht mit kühler Präzision vor andere Dirigenten, sondern er lässt sich von ihm mitreißen. (...) Der Zuhörer bleibt bei ihm nicht am

Höllenrand stehen, um schaudernd in den Abgrund zu blicken, sondern wird vom Dirigenten gepackt und mit in den Taumel hinabgezogen.«

Die Entäußerung findet allerdings »nur« in der Musik statt, nicht am Pult. Durch die vielen Auseinandersetzungen mit dem hochromantischen Repertoire hat Jansons für seine Schlagtechnik und seine Interpretation eine Form der Annäherung gefunden, die nichts mit Selbstvergessenheit zu tun hat. Im Rückblickt sagte er: »Es geht beim Thema Kontrolle für einen Dirigenten weniger darum, wie hoch der Blutdruck oder der Puls ist. Man muss musikalisch kontrollieren. Emotion ist wichtig. Aber um die zu dosieren, das habe ich gelernt, sollte man nicht zu große Bewegungen machen und nicht ständig Crescendi oder ein Forte herausfordern. Auf der anderen Seite darf man einem Dirigenten die Absicht nicht anmerken, dass er dauernd dämpfen möchte und vorsichtig ist. Eine Balance in der Körpersprache zu finden ist hier sehr schwer.«

Jansons ist bereit, für die Produktion im Muziektheater Amsterdam einen hohen zeitlichen Preis zu zahlen: Fast in jeder szenischen Probe ist er dabei, verfolgt, was Martin Kušej von den Sängern verlangt – und ist, manchmal ohne direkt Einwände zu formulieren, ein stets präsentes Korrektiv. Anders als viele Kollegen, die ein paar musikalische Proben abhalten, um sich dann erst in der Endphase der Vorbereitungszeit mit dem szenischen Konzept vertraut zu machen, will es Jansons genau wissen. »In der Oper geht es darum, die Solisten zu inspirieren. Deshalb sitze ich in allen Proben. Dabei lerne ich, wie sich die Sänger ihre Partien einteilen. Ich erfahre, wo man loslassen kann oder wo man vielleicht helfen muss. Ein wahnsinnig interessanter Prozess«, sagte er. Und ein ungewohnter für einen Regisseur wie Kušej, der jede Idee, jeden Aspekt seines Konzepts im

Zweifelsfall dem Dirigenten gegenüber rechtfertigen muss.

Seine nächste Oper dirigiert Mariss Jansons im Mai 2009, und zwar in seiner Heimatstadt St. Petersburg. Eine Produktion, die international kaum wahrgenommen wird. Es ist Bizets *Carmen,* jene Oper also, in der seine Mutter einst selbst so häufig auf der Bühne gestanden hatte, an die also besondere Erinnerungen geknüpft sind. Beteiligt sind Studenten und junge Profis, womit die Produktion insbesondere dem städtischen Konservatorium zugutekommt, an dem Jansons einst selbst ausgebildet worden war.

In gewisser Weise dient die Produktion auch als Generalprobe für eine Aufführung an einem der Brennpunkte des Opernlebens: Im Mai 2010 soll Jansons an der Wiener Staatsoper eine musikalische Neueinstudierung der *Carmen* betreuen – eine Reanimation der Evergreen-Inszenierung von Franco Zeffirelli, die seit 1978 auf dem Wiener Spielplan steht. Der scheidende Operndirektor Ioan Holender gönnt sich und dem Publikum dafür ein Staraufgebot. Neben Jansons werden Elīna Garanča (Titelrolle), Rolando Villazón (Don José) und Anna Netrebko (Micaela) engagiert.

Doch der spektakuläre Wiederaufnahmeplan scheitert. Villazón muss sich an den Stimmbändern behandeln lassen. Und auch Jansons sagt ab, wegen einer Operation, die eine mehrmonatige Auszeit nach sich zieht. Nicht nur Staatsopernleitung und Fans sind enttäuscht. Zu allem Unglück reicht auch Garanča ein Attest ein, angeblich sei ein »kleiner chirurgischer Eingriff« mit Komplikationen verbunden. Manche meinen, die Mezzosopranistin habe aus Ärger abgesagt, weil sie sich ihren Mann Karel Mark Chichon als Ersatzdirigenten gewünscht habe. Auf Jansons Initiative darf nämlich der von ihm protegierte Andris Nelsons ans Pult. Der dirigiert Bizet so emotional, so voller nicht immer kontrollierter Hingabe, dass es das Ensemble im *Schmugglerquintett* fast aus der Kurve trägt. Ein Star allerdings bleibt in diesen Absagewirren standhaft: Anna Netrebko.

Erst 2011 kann Mariss Jansons wieder im geliebten Operngraben stehen. Ein weiteres Mal im Amsterdamer Muziektheater, am Pult seines Concertgebouworkest. Und wieder verbinden ihn Kindheitserinnerungen mit dem Stück: Die Olga in Peter Tschaikowskys *Eugen Onegin* hatte zu Iraīda Jansones wichtigsten Rollen gehört. Premiere ist am 14. Juni 2011, zehn Aufführungen gehen über die Bühne. Und ein weiteres Mal führt Intendant Pierre Audi den Dirigenten auf für ihn ästhetisches Neuland: Es inszeniert Stefan Herheim. Der Norweger ist seit seiner epochalen *Parsifal*-Inszenierung bei den Bayreuther Festspielen im Jahr 2008 endgültig in der Opernszene etabliert. Auf so spektakuläre wie kluge Weise hatte Herheim dort Stück, Stückgeschichte, deutsche und Bayreuther Historie zusammendacht und -gebracht. Die Verschränkung von verschiedenen Bedeutungs- und Spielebenen, die Verknüpfung mehrerer Handlungsstränge, dies auf gern überbordende, die Theater fast überfordernde Weise, sind seine Kennzeichen. Aber auch eine große Musikalität gehört dazu, was Jansons fasziniert. Das kennt er von Regisseuren nicht unbedingt. Immer wieder fragt er während der *Onegin*-Proben, was sich Herheim bei den szenischen Lösungen gedacht habe. Warum zum Beispiel in der berühmten Briefszene nicht Tatjana, sondern der Titelheld ein Blatt beschreibe. Herheim erklärt: Die Briefszenen-Musik kehre später bei Onegin fast identisch wieder. Außerdem begreife er das Stück als Rückblende aus der Sicht des Titelhelden. Jansons leuchtet alles ein: »Er ist unglaublich musikalisch und hat sehr interessante Ideen«, sagte er über Herheim.

Fast den ganzen Abend über ist also Onegin, verkörpert von Bo Skovhus, auf der Bühne. Ein manchmal hilfloses, manchmal überspanntes, um sich selbst kreisendes Außenseiterwesen. Die Begegnung mit Tatjana (Krassimira Stojanowa, eine von Jansons bevorzugte Sängerin, feiert ihr Rollendebüt) wird von ihm in der Retrospektive imaginiert, aber nie bewältigt. Alles wird noch einmal beschworen – die blasierte Gesellschaft, die zu einer Soiree in einer Art Hotellobby zusammengekommen ist, Freund Lenski, der ihn auf Tatjana brachte, Gremin, der die Angebetete schließlich ehelicht, aber auch eine Art stilisiertes Russland, das mit *Schwanensee*-Solisten, Bauern, Folkloretänzern, Sportlern, Kosmonauten und einem Tanzbären seine Klischee-Explosion erlebt. Herheim inszeniert das als bizarre, stellenweise satirische Distanzierung von der Tradition und trifft dabei am Pult auf einen Geistesverwandten.

Jansons nimmt Tschaikowskys Musik – wie schon in den Symphonien mit dem Oslo Philharmonic Orchestra – den Ballast falsch verstandener Emotionalität. Das Volkstümliche, die Intensität, die manchmal auch ins Hochdramatische übersteigerten Lyrismen, all das wird mit viel Brio und schlankem, gleichwohl detailreichem Klang entwickelt. Tatjanas (hier Onegins) Briefszene begreift Jansons wie Herheim als Nukleus des Werks, als Peripetie und dirigiert sie auch so: mit extremen Tempi-Kontrasten, mit einer Flexibilität, die sich fast in jedem Takt neu orientiert und manchmal das Geschehen bis zum ahnungsvollen Stillstand führt. Auch Gremins Arie, gesungen vom jungen Mikhail Petrenko, ist ein solcher Ruhepol, ein Moment aus einer anderen, besseren, letztlich utopischen (Klang-)Welt. Die *Opernwelt* schreibt: »Wehmut mied Mariss Jansons an der Spitze des Concertgebouworkest wie der Teufel das

Weihwasser. Er ließ die Streicher betont trocken und lakonisch artikulieren, verkürzte Phrasenenden und dehnte Pausen. Nur gelegentlich zitierte er in leidenschaftlichen Ausbrüchen die großen Bögen des Sinfonikers Tschaikowsky. Sonst blieb der Gestus fast strawinskyhaft knapp und beherrscht.«

So ungewohnt und provokativ Jansons viele Ideen von Stefan Herheim auch findet, die Argumente, die sinnliche Theatralität, auch die Begründung des Konzepts aus Text und Musik, erst recht die freundliche, sich nie genialisch gebende Persönlichkeit des Regisseurs überzeugen den Dirigenten. Doch es dauert lange, bis beide wieder zueinanderfinden. Erst 2016 wagen sie sich ein weiteres Mal an Tschaikowsky, dieses Mal an *Pique Dame*. Premiere ist am 9. Juni, neun Aufführungen werden angesetzt. Jansons ist dann zwar nicht mehr Chefdirigent des Concertgebouworkest, dennoch muss man diese dritte Amsterdamer Produktion im engen Zusammenhang mit den ersten beiden denken, sehen und erleben.

Es scheint, dass Herheimf– angespornt durch das gute Verhältnis mit Jansons – noch etwas mehr riskiert. Wieder begreift er das Stück als Imagination eines einzigen Menschen. Diesmal jedoch nicht aus der Perspektive einer Figur aus dem Stück. Es ist der Komponist Tschaikowsky, der sich mit Fürst Jelezki identifiziert; der Hermann, den narzisstisch Liebenden und Spielverrückten, verehrt; der seine Homosexualität nicht offen ausleben kann und sie daher über seine Opernfiguren kanalisiert. Bei Herheim darf sich Tschaikowsky/Hermann sogar als Zarin kostümieren – was zum Coup de théâtre wird: Die Herrscherin schreitet in großer Robe durch das Parkett auf die Bühne, nachdem das Publikum zum Aufstehen aufgefordert wurde. Ein Staatsbesuch.

Herheim inszeniert eine Identifikationsorgie, eine Entfesselung von Allusionen, eine überbordende, aber nie sinnwidrige Verknüpfung von Bedeutungsebenen. Und Jansons, der als Rückkehrer zu seinem ehemaligen Orchester fast noch heftiger gefeiert wird als bei den vorangegangenen Produktionen, ist anzumerken, wie sehr er die Dirigentenrolle im Operngraben liebt. *Pique Dame* bietet mehr Kontrastmöglichkeiten, mehr offensives Potenzial und kräftigere Farbwirkungen als *Eugen Onegin*, was das Concertgebouworkest auch ausspielen darf – und dies einmal mehr fernab jeglicher Effektenparade.

Allgemein wird bewundert, wie Jansons dieses scheinbar Widerstreitende der Partitur in einem vollkommen nachvollziehbaren, in sich schlüssigen Kosmos zusammenbringt. »Das fließt so rund und schön organisch, das schwillt nie zu laut an«, schreibt die *Welt*. Jansons habe »ein untrügliches Gespür, die an Stimmungswechseln reiche, mit vielfältigsten Formen arbeitende Partitur quasi vorauszuahnen. Die Kontraste sind wunderbar platziert und vorbereitet. Besser, sinniger und auch sinnlicher kann man diesen pompösen, aber auch intimen, grotesken wie zärtlichen, dabei dramaturgisch und farbenreich so gekonnten Fünfakter klanglich nicht verlebendigen.«

Für Amsterdam sollte dies zugleich das letzte Opernereignis mit Jansons sein. Künftige Engagements auf dem Gebiet des Musiktheaters werden ihn zu den Salzburger Festspielen führen – abgesehen von konzertanten Aufführungen beim Symphonieorchester des Bayerischen Rundfunks. Dass mit *Pique Dame*, dieser szenisch ambitioniertesten der drei Amsterdamer Aufführungen, gleichzeitig der musikalische Höhepunkt erreicht ist, liegt auch an Jansons' Vorlieben – an seinem Faible für Alexander Puschkin, von dem die literarische

Vorlage der Oper stammt (»Wie kann man ihn nicht verehren? Er ist ein Genie wie Mozart!«), in erster Linie aber an seiner karrierelangen Beschäftigung mit Tschaikowsky, an seiner Auseinandersetzung mit der manchmal so trügerischen, letztlich fragilen Gefühlswelt dieses Klangdramatikers. Oder, wie es Jansons formulierte: »Ich weiß nicht, ob jemand anderes Emotionen ebenso wunderbar durch Melodien ausdrücken kann.«

Mit den Münchnern um die Welt

»Sobald ein Unbekannter auftaucht, sei es ein Komponist, Solist oder Dirigent, wird es ein bisschen schwierig.« Relativ schnell ist Mariss Jansons klar, wie an seinem anderen Einsatzort München die Klassikszene funktioniert, welche Eigenheiten und Eigentümlichkeiten dort herrschen. In einem Interview aus dem Frühjahr 2005 übt er daher verhaltene Kritik: »Ich möchte, dass die Partnerschaft mit dem Publikum stabilisiert wird. Ich habe ein Benefizkonzert für Live Music Now dirigiert, und die Münchner Crème de la Crème saß im Saal. Weil der Termin ›dazugehörte‹. Und so soll es auch mit unseren normalen Konzerten werden. Bis mir das Publikum ganz vertraut, braucht es vielleicht Zeit.«

Da ist sie also wieder: die unterschwellige Angst vor leeren Reihen, wie zuletzt in Pittsburgh. Aber auch die Befürchtung, zu wenig gewürdigt und akzeptiert zu werden – womit bei Jansons nicht allein seine Person, sondern immer auch das Orchester gemeint ist. Jansons argumentiert ein Stück weit aus der Haltung des Unverstandenen heraus. Wenn man schon so viel investiere, sich so viele programmatische Gedanken mache und dem Publikum besondere Kost biete, so der Gedanke dahinter: Warum stößt dann all dies nicht auf gebührendes Interesse?

Die Bedenken sind teilweise unbegründet. Jansons kann das Münchner Publikum zunehmend für sich einnehmen, seine Offenheit, sein unverstelltes Wesen am Pult machen ihn zum Sympathieträger. Das BR-Symphonieorchester verkauft immer mehr Abonnements und kann sich besser denn je gegen die innerstädtische Konkurrenz behaupten.

International bleibt das Orchester ohnehin gefragt. Im April zum Beispiel debütiert es im römischen Auditorio Parco della Musica, in der 2002 eröffneten Heimstätte der Accademia Nazionale di Santa Cecilia. Gespielt wird ein typisches Jansons-Programm mit Dvořáks achter und Brahms' zweiter Symphonie – das italienische Publikum ist erwartungsgemäß hingerissen.

Ein Jahr später will München mit seinen drei Chefdirigenten glänzen und diese international einmalige Konstellation im großen Rahmen vorführen. Am 6. Juni, drei Tage vor dem Eröffnungsspiel der Fußballweltmeisterschaft, kommt es im Olympiastadion unter dem Titel *Drei Orchester und Stars* zum Großereignis mit dem Bayerischen Staatsorchester unter Zubin Mehta, den Münchner Philharmonikern unter Christian Thielemann und dem BR-Symphonieorchester unter Mariss Jansons. Bereits Monate im Voraus wird das Ereignis breit beworben, auch Franz Beckenbauer steigt dafür in den PR-Ring. Von den drei Dirigenten hat allein Mehta Erfahrungen mit solchen Open-Air-Konzerten, nicht zuletzt durch die *Drei Tenöre*. Er genießt derartige Events, Thielemann und Jansons hingegen bewegen sich auf ungewohntem Terrain und sind skeptisch.

Die 27 000 Konzertbesucher erleben nicht nur die Dirigenten-Trias, sondern auch Xavier Naidoo mit den

Söhnen Mannheims und Lang Lang. Ganz reibungslos läuft die Vorbereitungszeit nicht. Wie erzählt wird, gibt es Befindlichkeiten, Vorbehalte und offensiv vorgetragene Wünsche der Dirigenten in der Frage, wer welches Stück aufführen darf. Gemeinsam intonieren die Orchester zu Beginn die monumentale C-Dur-Eröffnung aus Strauss' *Also sprach Zarathustra*. Mehta dirigiert unter anderem das Trinklied aus *La Traviata* mit Diana Damrau und Plácido Domingo sowie *Unter Donner und Blitz* und die *Tritsch-Tratsch-Polka* von Johann Strauß. Thielemann wählt wie so oft Wagners *Meistersinger*-Vorspiel und den *Einzug der Gäste* aus dem *Tannhäuser*. Jansons widmet sich der von ihm hochgeschätzten *Rosenkavalier*-Suite von Richard Strauss und Ausschnitten aus Tschaikowskys *Nussknacker*-Ballett. Plácido Domingo jr. hat das Stück *Willkommen bei uns* komponiert, auch dies muss aufgeführt werden.

Im September 2006 möchte Jansons mit seinem Orchester ein besonderes Zeichen setzen. Zum 100. Geburtstag »seines« Komponisten Dmitri Schostakowitsch wird ein Festival organisiert. Er selbst übernimmt die Eröffnung mit der siebten Symphonie, die er mit Mozarts *Thamos*-Musik koppelt. Neben der zyklischen Aufführung der Symphonien finden Kammerkonzerte sowie eine Podiumsdiskussion mit Jansons, Mstislav Rostropowitsch und Komponist Rodion Schtschedrin statt. Nicht an allen Abenden steht Jansons am Pult, als Gäste werden Bernard Haitink und Thomas Sanderling engagiert.

Der BR macht Jansons den Vorschlag, vor dem Eröffnungskonzert dem Publikum davon zu berichten, warum ihm Schostakowitsch so nahe sei. Der Chefdirigent lehnt zunächst ab, derartige Auftritte abseits des Musikmachens scheut er auch in München. Erst nach langer Überredungskunst sagt er zu. In einer ehrlichen, nicht unbedingt ausgefeilten, dafür berührenden Ansprache erzählt Jansons von seinen Begegnungen mit Schostakowitsch.

Dessen Sechste beschäftigt das BR-Symphonieorchester auch auf seiner USA-Tournee im November 2006. Das Auftaktkonzert findet im Kimmel Center von Philadelphia statt. Neben Schostakowitsch wird Beethovens Siebte aufgeführt. Und Jansons wiederholt sein Mantra: »Ich will endlich, dass das Orchester den Platz in der Musikwelt einnimmt, der ihm zusteht.«

Von Philadelphia reist man weiter nach New York zu zwei Konzerten in der Carnegie Hall. Am ersten Konzertabend stehen Strauss' *Vier letzte Lieder* mit Karita Mattila und die *Rosenkavalier*-Suite sowie Schostakowitschs Sechste auf dem Programm, am zweiten Abend Wagners *Tannhäuser*-Ouvertüre, Bartóks erstes Violinkonzert mit Gidon Kremer und Beethovens Siebte. Tags darauf geht es nach Chicago.

Vieles deutet darauf hin, dass das Orchester durch diese gefeierten Abende deutlich an Renommee gewinnt. New York spricht sofort weitere Einladungen aus. Jansons schwärmt damals: »Die Autorität unseres Orchesters ist durch die USA-Tournee sehr gestiegen. Wir haben eine solche Klasse gezeigt, sodass wir jetzt wirklich auf einer Ebene mit den Berliner und Wiener Philharmonikern sind.« Orchestermanager Walter Blovsky, früher Bratscher bei den Wienern und philharmonischer Geschäftsführer, kann sich eine Spitze gegen Jansons Vorgänger Maazel nicht verkneifen: »Jetzt wird hier nicht nur der Dirigent präsentiert, sondern das Orchester mit seinem Chef.«

Ein paar Monate später, im Mai 2007, führt eine Italien-Tournee das Orchester nach Turin, Florenz, Neapel und Mailand, eine weitere Tournee im Oktober zum »bayerischen Papst« Benedikt XVI. in den Vatikan.

Ein Konzert in der akustisch kaum geeigneten Vatikanischen Audienzhalle zieht 2000 bayerische Pilger an, unter ihnen 1350 Gäste des Bayerischen Rundfunks und fast sämtliche ARD-Intendanten. Jansons dirigiert die Palestrina-Motette *Tu es Petrus* sowie Beethovens Neunte. »Beethoven war sicher nicht antireligiös«, sagt Jansons in diesen bedeutungsvollen Tagen. »Er übersetzte eben seine Glaubensidee in eine ganz persönliche, humanistische Religiosität. Entscheidend ist der Glaube als Prinzip, also eine innere Verbindung zum Göttlichen.« Der BR überträgt live. Als Benedikt XVI. in seinem Sessel im Mittelgang Platz nimmt, kann das Konzert minutenlang nicht beginnen. Ein Foto- und Blitzlichtgewitter geht auf ihn nieder. Nach jedem Satz wird ausgiebig geklatscht, es sind offenkundig massenweise Konzertfremde im Saal. Schon im ersten Beethoven-Satz passiert Jansons ein Malheur. Er bekommt heftiges Nasenbluten, eine Rasierwunde platzt auf. Aufgrund seiner Herzmedikamente ist die Blutung schwer zu stillen, man reicht dem Dirigenten während der Aufführung Tücher. Auf der späteren DVD-Version ist davon nichts mehr zu sehen, die Bildregie und die Technik haben beeindruckende Arbeit geleistet. Nach dem Freudenfinale der Neunten ereignet sich eine Apotheose auch für rund 30 ausgewählte VIPs, darunter die Regensburger Fürstin Gloria: Sie dürfen nach vorn zur Bühne für einen Miniwortwechsel mit dem Papst.

Jansons anfängliche Befürchtungen, vom Münchner Konzertpublikum nicht vollends akzeptiert zu werden, werden in diesen Monaten endgültig ausgeräumt. Die Nachfrage nach Karten für die Konzerte des BR-Symphonieorchesters steigt kontinuierlich an, was auch im innerstädtischen Vergleich mit den Münchner Philharmonikern unter Christian Thielemann bemerkenswert ist. Dies liegt zu einem Gutteil an den erheblichen programmatischen Unterschieden der beiden Chefdirigenten: Auch wenn Thielemann ab und zu Ausflüge in ein für ihn entlegeneres Repertoire unternimmt, bleibt er doch im Kern in der deutschen Romantik. Die Konzertgänger tolerieren und schätzen dies, weil sie von einer Art Arbeitsteilung profitieren können. Wer an einer hohen programmatischen Ausdifferenzierung interessiert ist, der besorgt sich eine Karte beim Bayerischen Rundfunk. Die Nachfrage wird so stark, dass das BR-Symphonieorchester eine weitere Abonnementreihe auflegt.

Mit Beginn der Spielzeit 2008/2009 wird die Frage nach der wichtigen Position des Orchestermanagers gelöst, was die interne Lage des Klangkörpers beruhigt. Die häufigen Wechsel in der Vergangenheit hatten den Verdacht nahegelegt, dass das Amt des Managers – zumindest beim Bayerischen Rundfunk – schwerer zu besetzen sei als das des Chefdirigenten. Es ist ein Amt zwischen allen Stühlen, zwischen dem Geldgeber mit seinen Entscheidungsträgern, den Orchestermusikern mit ihren Vorstellungen und Nöten sowie dem Chefdirigenten, der all dem seinen eigenen Stempel aufdrücken will. Zwischendurch konnte zwar Walter Blovsky, früher Geschäftsführer der Wiener Philharmoniker und Jansons schon lange bekannt, das Orchester in ruhigere Fahrwasser steuern. Doch eine endgültige Klärung der Situation wird erst mit dem neuen Amtsinhaber erreicht, mit dem 1970 in Salzburg geborenen Stephan Gehmacher. Der ehemalige Leiter der Künstlerischen Planung bei den Berliner Philharmonikern ist für das Münchner Ensemble ein Glücksgriff – und erst recht für Mariss Jansons. Ein Aufatmen ist zu spüren, die kleinen und größeren internen Gefechte sind nun (vorerst) vorbei. Eine weitgehend reibungslose Zeit bricht an.

Das Orchester feiert in dieser Saison seinen 60. Geburtstag. Etwas Besonderes will man sich und den Hörern schenken. Und da Mariss Jansons nach wie vor ein Beethoven-Zyklus fehlt – zumal als Aufnahme –, widmet er sich nun, verteilt auf zwei Spielzeiten, allen neun Symphonien. Die Werke werden zusätzlich mit Uraufführungen gekoppelt, die Beethoven reflektieren. Sechs Komponisten werden mit je einem gut zehnminütigen Opus beauftragt: Gija Kantscheli, Misato Mochizuki, Rodion Schtschedrin, Raminta Šerkšnytė, Johannes Maria Staud sowie Jörg Widmann, der mit *Con brio* den Anfang macht. Im September 2018, im Auftaktkonzert, dirigiert Jansons nach Widmanns Konzertouvertüre Beethovens siebte und achte Symphonie. *Con brio* wird das erfolgreichste dieser Extrawerke, Stars wie Daniel Barenboim, Valery Gergiev, Alan Gilbert, Philippe Herreweghe, Kent Nagano oder Roger Norrington werden es später ins Programm nehmen.

Aber warum ausgerechnet Beethoven? Will nun auch Mariss Jansons unbedingt eine eigene Interpretationsnische finden? »Warum immer etwas Neues suchen?«, rechtfertigt er sich kurz vor Beginn der Arbeit. »Fast jeder meiner großen Kollegen hat Beethoven dirigiert. Und dann kommt Mariss Jansons und sagt: Mir ist noch etwas eingefallen. Das geht doch gar nicht. Also nehme ich mir das auch nicht vor. Wenn es einfach passiert, während der Proben oder im Konzert, spontan und intuitiv, dann ist es wunderbar. Es ist nicht wichtig, unbedingt etwas Besonderes zu planen, sonst wird alles verkrampft. Wichtig ist es, eingefahrene Spielweisen zu vermeiden.«

Er sei mit Leidenschaft und Intuition angetreten und wolle das Orchester dazu bringen, so zu musizieren, als hätte es die Symphonien noch nie gespielt. Ein hehres Ziel. Zudem gibt Jansons zu, dass sein Beethoven-Bild eine deutliche Wandlung erfahren habe. Er selbst sei geprägt worden in einer Zeit, als die Dirigenten selbst Genies wie Beethoven Nachhilfe gegeben hätten – durch Retuschen, eine Verdopplung der Instrumente vor allem bei den Bläsern, durch kleine Eingriffe, um das Klangbild den Hörgewohnheiten und letztlich auch den Aufführungsorten anzupassen. »Ich glaube ganz fest: Würde Beethoven heute leben, würde er anders instrumentieren. Andererseits darf ich mich als Dirigent nicht zu stark einmischen. Früher habe ich das öfter getan. Jetzt, durch die Erkenntnisse der historischen Aufführungspraxis, halte ich mich zurück. Beethovens Geist war zu stark und zu groß für seine Zeit und die technischen Möglichkeiten. Es ist, als ob man eine Jacke trägt, die zwei Nummern zu klein ist.«

Kurios an diesem Projekt ist, dass es nicht nur für Jansons die erste Beethoven-Aufnahme auf CD ist, sondern seit langer Zeit auch die erste für das BR-Symphonieorchester – und dies bei einem Markt, auf dem jeder Star mit seiner eigenen Beethoven-Platte vertreten ist. Zwar hatten die Münchner zuletzt unter Lorin Maazel alle neun Symphonien aufgeführt, doch die letzte Einspielung, damals unter Gründungsdirigent Eugen Jochum, liegt Jahrzehnte zurück. Der Kuriositäten nicht genug: Der Bayerische Rundfunk nimmt die Symphonien gleich zweimal auf. Im ersten Durchgang entsteht eine Box, die auf einer Asien-Tournee verkauft und speziell als CD-Extra für einen Beethoven-Zyklus dienen soll, der für die Tokioer Suntory Hall geplant ist.

Der im November 2012 stattfindende Tokio-Zyklus wird ebenfalls mitgeschnitten, um, sollte die Aufnahme besser sein als die Münchner, Letztere in einer Neuauflage zu ersetzen. Dass in der Suntory Hall und nicht in München zudem eine DVD-Version entsteht, hat damit zu tun, dass Musiker und Dirigent dort eine Akustik vorfinden, die sie in München vermissen.

Ganz so schlecht können die Verhältnisse an der Isar allerdings auch nicht sein. Die CD-Box setzt sich aus Aufnahmen aus beiden Städten zusammen – die Symphonien Nummer 3 und 6 stammen aus dem Herkulessaal. Den Interpretationen ist anzuhören, wie sehr sich Jansons auch mit der »historisch informierten« Aufführungspraxis auseinandergesetzt hat. Nicht, dass er diese Tradition bewusst fortsetzen will: Dazu ist Jansons ein substanzhaltiger Klang, eine gewisse Fülle zu wichtig. Aber auffallend ist, wie sehnig, schlank und reaktionsschnell sich das Orchester bewegt. Auch wie viele Stimmenverläufe dank einer musterhaften Transparenz herauspräpariert werden, wodurch klangrhetorische Korrespondenzen hörbar sind. Manche Orchestermitglieder wundern sich, mit welcher Intensität sich Jansons die Stücke in den Proben vornimmt, wie sehr er zum Beispiel bei der *Eroica* ins Puzzeln gerät.

Wenn Vergleiche überhaupt möglich sind, dann zeigt sich die Aufnahme verwandt mit der Einspielung der Berliner Philharmoniker unter Claudio Abbado aus den Jahren 1999/2000. Starke Unterschiede gibt es dagegen zur direkten Konkurrenz: Ein paar Jahre zuvor hatte Riccardo Chailly mit seinem Gewandhausorchester die Symphonien aufgenommen. Den Furor, den der Mailänder hier entfacht, die hohen Temperaments- und Tempowerte erreicht das BR-Symphonieorchester nicht – wohl nicht zuletzt, weil sich Jansons von den (noch immer umstrittenen) Metronomangaben in den Partituren nicht einengen lassen möchte.

Nicht nur bei den Konzertgästen in München und Tokio kommt der Zyklus bestens an, auch die Kritik reagiert geradezu euphorisch. »Das ist eine außergewöhnliche Realisierung von Beethovens neun Symphonien, einer der seltenen Momente, die einen mit einem Gefühl zurücklassen, das Werk an sich erlebt zu haben«, heißt es zum Beispiel in der britischen Zeitschrift *The Grammophone*. Und die *Zeit* urteilt über die siebte Symphonie: »Gespenstisch, mit welcher Akribie und Engelsgeduld Jansons hier das Überschießen des Genies freilegt, ohne es je als Potenzgehabe zu denunzieren. Und immer reißen die Hörner im Diskant ihre Mäuler am allerweitesten auf, als gäbe es ihn tatsächlich: den Triumph über den Triumph.«

Interpretation und Offenheit

»Ich bin kein besonders großes Talent. Aber ich verstehe, wie ich von allen anderen das Beste für mich nehmen kann.« Mariss Jansons erzählte nur zu gern, wie sich sein Freund, der große Cellist und Dirigent Mstislav Rostropowitsch, einmal selbst charakterisiert hatte. Als Musikerwitz kann man das verstehen, als unbekümmertes Credo. Oder als Bemerkung mit einem gewissen Wahrheitsgehalt: Nicht nur auf das »Stehlen« besonders guter Interpretationseinfälle zielt das Bonmot schließlich, sondern auch auf die Offenheit anderen Sichtweisen gegenüber.

Letzteres hat sich Mariss Jansons bewahrt. Es gibt bemerkenswerte Kontinuitäten in seinem Interpretenleben, die Haltung zu Tschaikowsky und Schostakowitsch zählt dazu. Früh haben sich seine Erkenntnisse im russischen Repertoire gefestigt. Immer wieder fließt dies in die Wiederaufführung der jeweiligen Werke ein – was manchmal auch zu verblüffend identischen Tempi führt. Und auch die so besondere Dosierung von Dramatik und Emphase ist Kennzeichen seiner Orchesterarbeit. »Nicht noch Honig in den Zucker geben« – das Credo Arvīds Jansons' befolgt der Sohn gerade in den Stücken, die zum Nachgeben, Sichhingeben, zur

Inszenierung von Pathos und ostentativer Emotion verführen.

Andererseits sind interessante Veränderungen festzustellen, besonders auf dem Gebiet der Wiener Klassik. Die Öffnung der Interpretationstradition durch die sogenannte »Klangrede« eines Nikolaus Harnoncourt und seiner Wahlverwandten gehen an Jansons nicht spurlos vorüber. Weniger, dass er sich dadurch zu einem weiteren Adepten der »historisch informierten« Interpretation wandelt. Der extrem entschlackte Klang, das sparsam bis nie eingesetzte Vibrato, heftige bis schrundige Akzentuierungen, die geräuschhafte Skelettierung von Musik, dies alles, verbunden mit der Verwendung von Darmsaiten, ist seine Sache nicht. Und dennoch diskutiert Jansons gerade mit Harnoncourt regelmäßig über Interpretation und lässt sich nicht nur in Details, sondern auch in einer gewissen Grundhaltung überzeugen.

Vor allem deshalb unterscheiden sich zum Beispiel Jansons' späte Beethoven-Dirigate erheblich von den früheren. Anzuhören ist das dem Symphonien-Zyklus, den er mit dem Symphonieorchester des Bayerischen Rundfunks in der Suntory Hall in Tokio mitschneiden ließ. Die Trennschärfe des Klangbilds, die Auflichtung und das Herauspräparieren der Mittelstimmen, die manchmal harten Kontraste und Akzente, die Verschlankung, all das wäre ohne die Revolution um und durch Harnoncourt nicht denkbar.

Als sich Jansons einmal wieder seine geliebte *Eroica* vornimmt, staunen die Münchner Musiker, wie penibel ihr Chef vorgeht, wie er längst erarbeitet geglaubte Stellen infrage stellt und neu bewertet. Auch das Mozart-Requiem zum Beispiel lässt er irgendwann mit kleinen Pauken und eng mensurierten Posaunen spielen. Jansons geht hier einen ähnlichen Weg wie Claudio Abbado. Beide bleiben im Grunde Ästheten des Klangs, verstehen ihn allerdings nie als Selbstzweck und begreifen ihn auch als strukturelles Phänomen – vielleicht, weil beide einst beim Analytiker Hans Swarowsky in Wien studiert hatten.

Trotz allem Bemühen um »Klangrede« und das Diskursive in der Musik bleibt ein Komponist für Mariss Jansons tabu – Johann Sebastian Bach. Dabei kennt er die Werke gut. Einst hatte er vieles selbst im Chor gesungen und dann als Chordirigent auch aufgeführt. Später sagte er: »Er ist das Genie. Die Basis für alles andere. Aber wenn ich jetzt Bach dirigieren wollte, dann bräuchte ich sehr viel mehr Zeit, um Stil, Sprache und Tradition zu beherrschen. Es erfordert eine große und tiefe Analyse, bis diese Musik zu einem ganz gehört. Schließlich ist es ja nicht so, dass man die Partitur öffnet und einfach mit dem Probieren beginnt – auch wenn das rein technisch gesehen möglich wäre.«

Es ist also der Respekt vor diesem Meister, der Jansons auf Abstand hält, womöglich auch ein bisschen Angst, im Vergleich zu den Expertenkollegen nicht bestehen zu können. Ihre Erkenntnisse, Haltungen und Realisierungen akzeptiert Jansons und bewundert sie – und ahnt gleichzeitig, dass er aufgrund seiner spezifischen klanglichen Sozialisation dieser Welt doch zu fern ist. »Wenn ich fühle, dass ich nicht an der Spitze sein kann, dann mache ich es lieber nicht.« Ein Satz, der viel von Jansons' Denkweise und Selbstverständnis verrät.

Es bleibt also bei den Arbeitsteilungen. Die Epochen vor der Wiener Klassik kommen für Jansons nicht infrage. Sogar Händel-Dirigate sind nur in Spurenelementen überliefert. Bei seinen jeweiligen Ensembles übernehmen daher Kollegen wie Ton Koopman, Thomas Hengelbrock oder Giovanni Antonini die Barockabende. Es sind gewissermaßen Trainer der Alten Musik, die sich jene klassischen Symphonieorchester ab und zu gönnen. Um die Spielpraxis zu öffnen und weiterzuentwickeln. Und auch, weil auf dem Musikmarkt romantisierende Interpretationen von Barock und Wiener Klassik – manchmal aufgrund falsch verstandener und dementsprechend propagierter Dogmen – immer weniger geduldet sind.

»Meine Vorstellungen sind nicht in Stein gemeißelt«, sagte Jansons und meinte damit die Interpretation ganz allgemein und unabhängig von musikalischen Epochen. »Natürlich verfolge ich ein bestimmtes Ziel, aber ich stelle es nicht ungreifbar über die Realität. In den Proben entwickelt sich eben beides: mein Wunsch und die Wirklichkeit. Ich brauche anfangs eine Idee vom Stück, und zwar so konkret wie möglich. Ich entwickle ein Interpretations- und ein Klangmodell. Und ich muss dann in der Realität und mit den Musikern fühlen, ob und wie sich alle Bestandteile zu einem Gesamtbild fügen.«

Doch dieses Gesamtbild bleibt letztlich kein fest gefügtes, sondern ein dynamisches. Auch aus pädagogischen Gründen, um seine Orchester manchmal zu überraschen und zu testen: »Es kann schon sein, dass ich mich spontan entschließe, etwas Neues zu probieren – besonders auf Tourneen, wenn wir ein Werk vier- oder fünfmal spielen. Dann liebe ich es sehr, ein bisschen zu improvisieren. Die Musiker wissen das, und natürlich achte ich darauf, nicht zu übertreiben, damit nichts schiefgeht.«

Früher hatte sich Mariss Jansons auf seine Programme vorbereitet, indem er die Werke am Klavier durchspielte, direkt aus der Partitur. Später, mit zunehmender Repertoire-Praxis, genügt es ihm, sich einzelne Linien und Phrasen der Streicher oder Bläser zu verdeutlichen. »Letztlich versteht man dadurch aber nur den Bauplan auf dem Papier besser. Die Errichtung eines neuen Gebäudes hat man nämlich noch vor sich – und zwar in Zusammenarbeit mit dem Orchester.«

Aber für was steht Mariss Jansons letztlich? Wie lässt sich sein Stil um- und beschreiben? Es fällt auf, dass man ihn – im Gegensatz zu vielen Kollegen – nicht einordnen kann. Herbert von Karajan lässt sich als ein bis ins Überbordende und klangliche Imponiergehabe agierender Ästhet definieren. Daneben gibt es den genauen, hyperkorrekten Partitursachwalter Karl Böhm, den extrem emotionalen, seine eigenen Befindlichkeiten ausstellenden Leonard Bernstein oder, aktueller, Christian Thielemann mit seinem lustmusikalischen Faible für die deutsche Romantik. Claudio Abbado ist ganz »stiller Revolutionär« (so der Titel einer Biografie), ein intellektueller, am gemeinsamen Er*hören* der Werke orientierter Feingeist. Für Mariss Jansons lässt sich kein derartiges Label, keine Marke, kein ihn umfassend charakterisierender Begriff finden. Ein Makel?

»Energie«, dieses Wort fällt oft, wenn Jansons von Musikern oder Kritikern charakterisiert wird, »Herzblut« oder, um seine Probenarbeit insbesondere in den ersten zwei Karrieredritteln zu beschreiben, »Kontrollbesessenheit«. Charisma wird Jansons von allen zugestanden. Doch das Guruhafte, Genialische, das Wesen eines Sonderlings fehlt ihm. Schlichtweg, weil es nicht zu seinem Charakter passt. Die Showstars am Pult, obgleich er aus Höflichkeit höchst ungern über sie spricht, sind ihm suspekt.

Was im Umkehrschluss bedeutet: Vermarkten lässt sich Jansons nur schwer – eben weil man ihn nicht reduzieren kann auf einen Dirigententyp. In einer Zeit, in der auch der sogenannte »Klassikmarkt« bestrebt ist, ein bestimmtes, leicht fassbares und wiedererkennbares Image zu kreieren, fällt Jansons damit durchs Raster. Er entzieht sich schnellen Einordnungen. Nicht leicht ist das mitunter für seine Orchester, die doch auch werben wollen mit ihm und der gemeinsamen musikalischen Verbindung und die sich letztlich unter einem bestimmten Etikett verkaufen wollen. Christian Thielemann und die Sächsische Staatskapelle Dresden zum Beispiel haben es mit ihrem offensiv ausgespielten Beethoven-Brahms-Bruckner-Bouquet und dank der geteilten Tradition der deutschen Romantik in dieser Hinsicht bedeutend leichter.

»Ich habe nie gemacht oder gedacht, dass ich etwas vollkommen anders machen oder die Musikwelt überraschen muss«, kommentierte Jansons diese Situation. »Ich dachte mir immer, dass ich stilistisch, also im Sinne der jeweiligen Komponisten handeln muss.« Wenn man jung sei, wolle man immer Außerordentliches, nie Gehörtes vollbringen. »Ich mache es eben so, wie ich bin und wie ich es kann. Das ist doch dasselbe wie im täglichen Leben. Wir dürfen nicht künstlich sein. Ich bin kein Freund von Überraschungen aus Prinzip. Und das ist keine Frage des Alters, sondern der Mentalität. Man ist so, wie man ist – und Schluss.«

Eine große Rolle spielt wohl auch hier das frühe Vorbild Jewgenij Mrawinsky. Dieser habe gemeint, so erinnerte sich Jansons, das Publikum solle den Dirigenten am besten gar nicht wahrnehmen. Wichtig sei allein, wie das Orchester spiele.

Den asketischen Stil des russischen Orchestererziehers, seine nüchternen Bewegungen hat sich Jansons zwar nicht angeeignet. In den Proben kann er schon sehr temperamentvoll werden, grimassierend den Duktus der Musik kommentieren oder mit sprachlichen Bildern das gewünschte Ziel verdeutlichen. Etwas aber nur beiläufig abzurufen, gewissermaßen Emotion auf Knopfdruck, bei dem das Orchester lässig einen Regler umlegt, das ist Jansons jedoch ein Graus.

Anders die Anspielproben auf den Tourneen. Die sind meist von enervierender Kühle. Mit kleinen, scheinbar kraftlosen Bewegungen werden heikle Stellen der Partitur wiederholt, die sich Jansons vorher gemerkt oder notiert hat. Dies gleicht mehr dem Abhaken einer Liste. Eine Ausnahme bildet das Testen der jeweiligen Akustik: Dafür überlässt Jansons gern das Pult einem dirigierenden Musiker, um im Saal umherzuwandern. Die Nervosität, eine nach innen gerichtete Anspannung, das Abwägen, auch manche Unsicherheit, all das ist in dieser Situation fast körperlich spürbar. Umso extremer der Unterschied zum Konzert, in dem Jansons so temperamentvoll agiert, als hätte er ein paar Extrabatterien zugeschaltet.

»Ich mag es nicht, wenn ein Konzert nur eine Kopie der Probe ist. Es muss mehr sein, wie eine kosmische Rakete. Die Vorbereitung ist die erste Stufe, die gezündet wird, die Proben sind die zweite, aber es braucht eben noch eine dritte, um es ins All zu schaffen.« Entscheidend ist dabei die Wechselwirkung, die Symbiose, die Jansons mit seinen Orchestern erzielt. Natürlich ist da die souveräne Schlagtechnik, die mehr ist als Taktieren und auch Verläufe nachzeichnet und sich als stete Animation versteht. Musikalische Vertikale und Horizontale sind dabei in Balance. Auch darin zeigt sich nicht nur das Ergebnis jahrzehntelanger Erfahrung, sondern auch der früh einsetzende Einfluss der so unterschiedlichen Lehrer.

Jansons taucht zwar in die Musik ein, parallel dazu spürt man aber immer auch ein starkes Element der Kontrolle, des Wissens um Scharnierstellen der Werke oder heikle Passagen. Doch die Energie fließt nicht nur in eine Richtung. Zugleich nimmt Jansons Impulse seiner Musiker auf (die er immer als Kollegen versteht), lenkt sie um, baut diese Angebote ein ins Gesamtgeschehen. Es ist gewissermaßen ein Umwandlungs- und Verwandlungsprozess. Eine Interaktion, die umso stärker wird, je länger und besser Jansons ein Orchester kennt und je mehr er dadurch den Musikern vertrauen kann. Gerade Letzteres nehmen die Mitglieder seiner Orchester als besonderes Phänomen wahr: Was sie anfangs nahezu als Gängelung empfinden, weicht immer mehr einem kontrollierten Loslassen. Die gemeinsame Ernte nach jahrelanger Arbeit des Säens.

Anders verlaufen die regelmäßigen Gastdirigate bei den Berliner und Wiener Philharmonikern. Hier spielt der große Respekt vor diesen Legenden der Orchesterlandschaft und ihrer einschüchternden Tradition eine große Rolle. Jansons kann dabei die so verschiedenen Klangkulturen der beiden Ensembles und das Potenzial ihrer Solisten genießen – auch weil er nicht als stets präsenter Chef verantwortlich ist. In solchen Momenten ist er weniger Lotse, sondern Katalysator des klanglichen Geschehens.

»Wenn man dirigiert, sollte man immer daran denken, dass es die erste Aufgabe ist, das Orchester zu inspirieren«, so lautete eines der wichtigsten von Jansons Credos. »Wenn es nicht dazu kommt, wird alles Routine und langweilig.« Besonders schlimm sei es, wenn von den Musikern kaum oder keine Inspiration komme – was er glücklicherweise nur selten erlebt habe. »Ich möchte eigentlich nur etwas mit dem Streichholz anzünden, und wir machen daraus ein großes Feuer.«

Schon zu Beginn seiner Karriere diskutierte Jansons viel mit jungen Kollegen. Alle bewegte die eine zentrale Frage: Was ist das Wichtigste an einer Aufführung? Der richtige Stil? Die klangliche Balance? Die Tempo-Architektur? Der technische Standard? Oder womöglich – eine Utopie – alles zusammen? Irgendwann fand Mariss Jansons für sich eine Antwort, die er in entsprechenden Diskussionen gern vorbrachte: »Es ist der große, ehrliche Ausdruck.«

Wenn es ein Image von Mariss Jansons gab, dann das des Experten fürs »Russische«. Anfangs, nicht zuletzt dank der gefeierten Tschaikowsky-Einspielung mit dem Oslo Philharmonic Orchestra, war es viel stärker ausgeprägt. Später, im Zuge der Erfolge unter anderem mit Richard Strauss, Johannes Brahms oder Gustav Mahler, haben sich seine Reputation und Position gewandelt und erweitert. Aber blieb er dabei stets jemand, der sich diesem mitteleuropäischen Kosmos von außen näherte?

Nikolaus Harnoncourts Diktum, ein Dirigent müsse die Berge und Täler der Alpen geschaut und erfahren haben, die Erhabenheit und Einfachheit dieser Landschaften, um Bruckner oder Schubert ganz zu erfassen, diese Haltung respektierte Jansons, machte sie sich aber nur teilweise zu eigen. »Ich bin kein gebürtiger Russe, lebe aber seit meiner Kindheit dort. Vielleicht ist es daher leichter für mich, manches in dieser Musik zu verstehen.«

Trotzdem habe er an einen »abstrakten Charakter« von Musik geglaubt. Instinkt und Fantasie spielten deshalb immer eine große Rolle beim Erarbeiten der Werke – und das Wissen um ihr historisches, kulturelles Umfeld. »Ein Dirigent aus Chile oder Ecuador kann sich auch bei Schostakowitsch wunderbar ausdrücken. Aber er muss dafür mehr tun, als nur Partituren zu studieren. Er muss sich informieren über den Komponisten, seine Stellung, seine Eigenheiten und über die Situation, in der er aufgewachsen ist und gearbeitet hat.« Das heißt: Die Sozialisation in einem Umfeld, das bestimmten Stilen und Musikepochen fremd ist, muss kein Makel sein – bedeutet aber Mehrarbeit. Oder, um in Harnoncourts Vorstellungen zu bleiben: Es erfordert in den Schubert- und Bruckner-Fällen ausgedehnte Wanderungen in den Alpen.

Das beste Beispiel für einen »nationalfremden« Dirigenten war für Jansons Herbert von Karajan, und damit meinte er dessen Interpretationen des französischen Impressionismus. Jansons konnte sich geradezu überschwänglich auslassen über diese Dirigate. Und letztlich hat er Ähnliches im nur vermeintlich »fremden« Umfeld selbst erfahren. Als er einmal mit dem BR-Symphonieorchester Tschaikowskys fünfte Symphonie probt, klopft er irgendwann ab. Kein Fehler, Jansons will nur etwas loswerden: »Ich bin so unglaublich glücklich, ich habe das nicht erwartet von einem deutschen Orchester. Wir müssen nach Russland fahren und dort zeigen, wie wir Tschaikowsky spielen.«

Persönliche Favoriten

Das Spektrum von Mariss Jansons Repertoire ließe sich mit einer Art Crescendo-Klammer veranschaulichen, deren spitzes Ende in der Vorklassik liegt und die sich immer weiter öffnet, je mehr es auf die Jahre 1850 bis 1900 zugeht – bevor ein sehr charakteristisches und schnelles Decrescendo hin zur Moderne einsetzt. Jansons ist damit nicht allein. Die meisten Kollegen gerade seines Alters fühlen sich in der musikalischen Romantik am wohlsten. Erst recht, als die enorme Renaissance der Alten Musik eine Arbeitsteilung mit entsprechenden Experten nach sich zieht.

Und dennoch gibt es Verschiebungen innerhalb dieser Makroentwicklung. Der Vergleich mit seiner ersten Chefstelle zeigt, wie radikal sich in manchen Aspekten der »Amsterdamer« und der »Münchner Jansons« vom »Osloer Jansons« unterscheiden. Eine Sache ist bei diesem statistischen Vergleich allerdings zu bedenken: Während die Orchester in Oslo und Amsterdam genau auflisten können, wann Jansons welches Stück wo dirigiert hat, besitzt das BR-Symphonieorchester keine detaillierte Aufstellung. Hier lassen sich nur Tendenzen ermitteln.

Edvard Grieg, der Jansons Osloer Konzertstatistik angeführt hatte, spielt in der Amsterdamer und Münchener Zeit überhaupt keine Rolle mehr. Extrem ausgedünnt ist in dieser Phase das Sibelius-Repertoire. Sibelius' erste und zweite Symphonie sowie dessen Violinkonzert bringen es beim Concertgebouworkest zusammen auf 20 Aufführungen, beim BR-Symphonieorchester wird diese Schwelle nur knapp erreicht, in Oslo war der Komponist dagegen insgesamt 84 Mal zu hören gewesen. Der wichtigste Tonschöpfer der Amsterdamer Jahre kommt aus Deutschland: Richard Strauss führt Jansons' dortige Statistik mit 82 Aufführungen an. Mit dem Münchner Orchester verhält sich dies ähnlich, hier erklingt Strauss weit über 100 Mal.

Dafür gibt es vor allem zwei Gründe. Zum einen das »natürliche« Repertoire des Oslo Philharmonic Orchestra, das nordeuropäische Komponisten stärker gewichtet. Zum anderen das klangliche Potenzial der Amsterdamer und der Münchner, das sich bei den Orchesterschaustücken eines Richard Strauss am besten entfalten lässt. Besonders häufig dirigiert Jansons neben dem *Heldenleben* (20 Mal) die *Rosenkavalier*-Suite und *Tod und Verklärung*« (jeweils 14 Mal), *Till Eulenspiegel* (11 Mal) folgt mit leichtem Abstand. Mit dem BR-Symphonieorchester erlebt das *Heldenleben* 11 Aufführungen, *Tod und Verklärung* 6 und *Till Eulenspiegel* 6. *Don Juan* schafft es mit den Münchnern immerhin auf 16 Aufführungen, in Amsterdam nur auf 8. Einsame Spitze bildet die *Rosenkavalier*-Suite: Wenn man die landläufigen Fassungen mit einer Kurzversion addiert, die Jansons als Zugabe zu dirigieren pflegt, erklingt die Walzerfolge mit dem BR-Symphonieorchester über 40 Mal.

Der mit dem Concertgebouworkest unter Jansons am zweithäufigsten aufgeführte Komponist ist Mahler, der insgesamt 68 Mal gespielt wird. In Amsterdam, wo einst der mit Mahler vertraute Dirigent Willem Mengelberg gewirkt hatte, überrascht dies wenig, es ist ein

»natürlicher« Schwerpunkt. Für Jansons, der auch hier auf die Spielpraxis und die Klangkultur seines Ensembles vertrauen und aufbauen kann, kommt es damit zu einer Repertoire-Verschiebung. Bis auf die Neunte und die Siebte führt er während seiner Amtszeit alle Symphonien auf. Ganz oben in der Mahler-Hitliste steht die Erste mit 20 Aufführungen, die damit zusammen mit dem *Heldenleben* zu Jansons' Amsterdamer Spitzenreiter wird. Weit dahinter rangieren die Sechste (11) und die Zweite (10).

Mit dem BR-Symphonieorchester kommt Jansons auf einen nicht ganz so hohen Wert, gut 50 Mal werden Mahler-Symphonien aufgeführt. Am häufigsten die Fünfte, die Erste schafft es demgegenüber gerade mal auf 4 Aufführungen. Der am zweithäufigsten gespielte Komponist in München ist nach Strauss Beethoven. Rund 90 Mal werden seine Symphonien aufgeführt, am häufigsten die Dritte und Siebte. Erklären lässt sich dies auch mit der Einspielung aller Symphonien, die in Tokio und München entsteht.

Während Jansons also beiden Orchestern eine hohe Strauss-Kompetenz zuschreibt, betrachtet er die Amsterdamer eher als Mahler-, die Münchner eher als Beethoven-Spezialisten.

Beim russischen Repertoire halten die Statistiken Überraschungen bereit. War Tschaikowsky in Oslo – nicht zuletzt durch die Einspielung der Symphonien, mit der man sich auf dem Weltmarkt durchgesetzt hatte – noch dominierend gewesen, landet er in Amsterdam lediglich im oberen Mittelfeld. Die Fünfte zum Beispiel , die Osloer Visitenkarte, dirigiert Jansons im Concertgebouw erst im Januar 2013, zwei Jahre vor seinem Abschied. Am Ende seiner Amsterdamer Zeit wird er sie 15 Mal dirigiert haben. Ähnliches ergibt die Münchner Statistik.

Vergleichbares lässt sich bei Schostakowitsch beobachten, einem der Kernkomponisten in Jansons Repertoire. Auch er verharrt in Amsterdam und München im oberen Mittelfeld. Jansons' geliebte fünfte Symphonie, die er mit den Osloern immerhin 30 Mal gespielt hatte, leitet er schon in seinem zweiten Amsterdamer Programm, das wiederholt wird, dann aber nie wieder. Abgehängt wird sie später von der Siebten (11) und der Zehnten (12). Wesentlich häufiger dirigiert Jansons Schostakowitsch bei den Münchnern. Am häufigsten die Sechste (18), gefolgt von der Fünften (13) und Siebten (10).

Auch dies zeigt, dass Jansons die Tradition der Amsterdamer und der Münchner nutzt, um sich aus Schubladen zu befreien. Überlegungen zum eigenen Image spielen dabei eine Rolle, aber auch künstlerische: Irgendwann, so gab Jansons zu bedenken, müssten die Werke ruhen, um ihm neue Impulse geben zu können. Und vielleicht hatte er auch entschieden, dass Schostakowitschs hochexpressive, bisweilen fratzenhafte Klangsprache nicht ganz zu den noblen Amsterdamern passt. Bezeichnenderweise kommt das Concertgebouworkest in Jansons' mehrfach prämierter, mit verschiedenen Ensembles entstandener Gesamteinspielung aller Schostakowitsch-Symphonien nicht vor.

Eine deutliche Aufholjagd startet in den Amsterdamer und Münchner Jahren Strawinsky. Diese Entwicklung ist vor allem dem *Feuervogel* zu verdanken. Zählt man die Suite und die vollständige Fassung zusammen, ergeben sich mit dem Concertgebouworkest 17 Aufführungen, mit dem BR-Symphonieorchester 18. Eine Verschiebung ist auch im Fall Bruckners zu beobachten. Wie bei Mahler ist dies auf die Tradition beider Ensembles zurückzuführen, der romantische Komponist zählt hier wie dort zu den Standardkomponisten.

Hatte Bruckner zuvor nur eine untergeordnete Rolle gespielt, so dirigiert Jansons beim Concertgebouworkest die dritte und vierte Symphonie je 10, die siebte 9, die neunte 5 und die sechste 4 Mal. Interessant ist auch hier, welche Symphonien nicht aufgeführt werden: die Fünfte und Achte. Die Fünfte fehlt auch in der Liste des BR-Symphonieorchesters, die Achte erklingt hier immerhin 6 Mal, ebenso häufig wie Sechste und Siebte.

Was sich unterm Strich festhalten lässt, ist Jansons starke Konzentration auf die romantische und spätromantische Tradition, überhaupt auf eine Literatur im großen Aufriss, die auch den Impressionismus eines Debussy und Ravel einbezieht.

Vielsagend wird eine Statistik, wenn sie Unterbelichtetes oder Leerstellen offenbart. Prokofjew, einer der Komponisten, mit denen Jansons sozialisiert wurde, ist während seiner Amsterdamer Ära nur mit insgesamt 12 Aufführungen vertreten, in München stattdessen über 30 Mal – dem BR-Ensemble wird das entsprechende Klangpotenzial offenkundig eher zugetraut. Mendelssohn Bartholdy ist in Amsterdam ähnlich wie in München nur 11 Mal vertreten, ebenso ergeht es Schubert. Bach und Händel teilen Griegs Schicksal: Weder beim Concertgebouworkest noch beim BR-Symphonieorchester dirigiert Jansons Barockes.

Zusammengefasst bedeutet dies: Beide Statistiken sind sich grundsätzlich ähnlich – und unterscheiden sich deutlich von Jansons' erster Chefstelle in Norwegen. Dass Strauss für Jansons die Nummer eins bleibt, zeigt, wie sehr er diese spezifische Verbindung von instrumentaler Delikatesse, breitem Klangspektrum und symbiotisch-energetischem Austausch mit dem Orchester schätzt. Und doch präsentiert sich »sein« Strauss hier wie dort nicht als hochkalorisches, impulsiv-eruptives

Spektakel, sondern – bei aller Pracht – als strukturbewusstes, gelenktes, geformtes Ereignis.

Opern werden in München lediglich konzertant aufgeführt, in dieser Hinsicht genießen die Amsterdamer mit der Anbindung ans Muziektheater einen klaren Vorteil. Nach dem Sonderfall der Amsterdamer *Lady Macbeth von Mzensk* im Juni 2006 gehen Jansons und das Concertgebouworkest wieder zum gewohnten Rhythmus von Heimatkonzerten und Gastspielen über. Und dennoch bringt die Saison 2007/2008 ein Programm, das aus den üblichen Repertoire-Kombinationen herausragt. Im Dezember 2007 ist Gidon Kremer zu Gast im Concertgebouw, er spielt nicht nur Bartóks erstes Violinkonzert, sondern auch *Lonesome*, ein Stück des 1935 im georgischen Tiflis geborenen Giya Kancheli. Nach der Pause folgen *De Ankomst*, komponiert vom Niederländer Otto Ketting (1935–2012), und eine Suite aus Bartóks *Der wunderbare Mandarin*. Mit der Wiederaufführung seiner geliebten *Symphonie fantastique*, mit ihr hatte er 1990 in Amsterdam debütiert, wartet Jansons noch bis zum Januar 2008.

Die Saison bringt auch ein Jubiläum mit sich. Im Herbst 2008 feiert das Orchester seinen 120. Geburtstag. Das Festkonzert am 24. Oktober bietet ein auffallend heterogenes Programm, das nur mühevoll unter einen dramaturgischen Bogen gebracht werden kann. Kronprinz Willem-Alexander und Kronprinzessin Máxima hören zusammen mit dem Galapublikum die *Egmont*-Ouvertüre und das dritte Klavierkonzert von Beethoven (mit Mitsuko Uchida), nach der Pause singt Mezzosopranistin Tanja Kross die *Cavatina* der Rosina aus Rossinis *Barbier von Sevilla* sowie die *Sieben spanischen Volkslieder* von Manuel de Falla, bevor man mit Strauss' *Till Eulenspiegel* wieder in vertrautere Zonen biegt.

Wie in Oslo, Pittsburgh und München beschränkt sich Jansons auch in Amsterdam nicht auf die musikalische Arbeit. Er will die Position und die Rahmenbedingungen für das Concertgebouworkest verbessern. Seinen Orchestervertretern sagt er, man solle ihn bei anstehenden Entscheidungen in die richtige Position bringen – nicht zu früh, damit der Vorstoß nicht verpuffe, sondern genau im richtigen Moment: »Ich will den letzten Push auslösen.« Jansons unterstützt sein Ensemble erfolgreich unter anderem bei Gehaltserhöhungen, in einem Moment, als die niederländische Regierung die finanzielle Unterstützung von Kulturinstitutionen um bis zu einem Drittel zurückfährt – was für das Concertgebouworkest zusätzlich fatal ist, weil es eine Eigeneinspielquote von rund 50 Prozent erwirtschaften muss.

Immer wieder setzt sich Mariss Jansons in diesen Jahren mit den Symphonien Gustav Mahlers auseinander. Für Jansons, obgleich er die Werke längst im Repertoire hat, sind dies Arbeitsphasen fernab des Normalfalls. Amsterdam bleibt einer der zentralen Mahler-Orte im internationalen Konzertgeschehen. Jansons' Verständnis dieser Musik trifft sich mit der Spieltradition des Orchesters: Gerade weil man so tief in Mahlers Welt eingetaucht ist, erscheinen die Interpretationen »geläutert«. Bei aller Intensität und Energie verlieren sich Dirigent und Orchester nicht im Werk, vermeiden eine Dauerbegeisterung, die Partituren überreizt und um Wirkung buhlt. Jansons und die Amsterdamer blicken gleichsam von außen auf das Werk, wirken dabei aber nie kühl oder technokratisch.

Zu erleben ist dies etwa bei der Aufführung der *Auferstehungssymphonie* im Dezember 2009, ein exzeptionelles Ereignis mit Ricarda Merbeth (Sopran), Bernarda Fink (Mezzosopran) und dem Großen Rundfunkchor. Jansons lässt sich gerade im Kopfsatz viel Zeit, doch überschreitet er nie die Schwelle zum nur gefühligen Auskosten. Trotz Detailmodellierungen, trotz großer Tempokontraste bleibt ein Bogen spürbar. In den Aufgipfelungen und Ballungen, in den szenischen Wirkungen des Finalsatzes bedient Jansons zwar die Theatralität des Stücks. Dennoch gerät dies nicht zur Bekenntnisaufführung à la Leonard Bernstein – die Dramatik wird in einem hochenergetischen Prozess dargestellt, aber nicht ausgelebt. Jansons und das Concertgebouworkest, das macht diese Deutung so beispielgebend, schaffen die Verbindung von Intensität und Objektivierung. Nach dem letzten Akkord erhebt sich das Publikum zu Standing Ovations.

Nicht alle kommen mit dieser Art der Interpretation zurecht. Als nur wenige Wochen später, im Februar 2010, Mahlers dritte Symphonie gespielt wird, gibt es auch kritische Stimmen. Der britische *Guardian* moniert, dass Jansons' Deutung nicht an jene der großen Kollegen heranreiche: »Alles ist ein bisschen zu gepflegt: jede Phrase perfekt gewichtet, jede Struktur so poliert, bis sie glänzt. Dadurch fehlt den ersten Sätzen etwas das Robuste, das Derbe. Bernarda Fink ist bewundernswert im *Nietzsche*-Teil, auch wenn manch einer dem leichteren Mezzosopran von Fink einen Alt vorziehen würde. Trotz der transparenten Schönheit der Amsterdamer Streicher ist die finale Hymne nicht so transparent, wie sie sein könnte.«

Andere wiederum erkennen seit Jansons Amtsantritt eine deutliche Entwicklung des Concertgebouworkest – und zwar zum Besseren. Nach einem Gastspiel in der New Yorker Carnegie Hall zieht die *New York Times* einen Vergleich zum Vorgänger Riccardo Chailly. Jansons habe den warmen und tiefen Klang des Ensembles wiederhergestellt, für den es berühmt sei. Doch nicht nur das: Auch die stilistische Vielfalt komme zur

Sprache, die den Kritiker anfangs offenbar leicht irritiert hatte: »Die drei Werke dieses Gastspiels, das Violinkonzert von Sibelius, die zweite Symphonie von Rachmaninow und Mahlers Dritte, wurden so unterschiedlich gespielt, dass anfangs nicht ganz deutlich wurde, in welcher Form sich das Orchester gerade befindet. Erst bei Mahler war zweifellos klar, dass das Orchester in großartiger Verfassung ist.«

Die unterschiedlichen Ansichten der Kritik spiegeln auch das sich verändernde Mahler-Bild wider. Jansons bewegt sich mit dem Concertgebouworkest auf einer Art Mittelweg. Weniger um Explosivität und Exzessives geht es ihm, aber auch nicht um die nüchterne, puritanische Partitur-Exegese eines Michael Gielen. Auffallend ist zudem, dass Jansons' Münchner Mahler-Aufführungen etwas anders verlaufen: Das Eruptive, Offensive wird vom BR-Symphonieorchester eine Spur mehr ausgekostet als von den auf Noblesse geeichten niederländischen Kollegen. Allmählich wird in Amsterdam das Mahler-Repertoire immer weiter ausgeschritten. Die überbordende achte Symphonie wird im März 2011 aufgeführt – und erscheint als domestizierter, klanglich ausbalancierter Koloss.

Die Monate vor dieser Großtat sind von einer Vielzahl von Reisen geprägt, die nach Südkorea und Japan, später nach Nordeuropa führen. Am aufwühlendsten ist für Jansons sicherlich das Gastspiel am einstigen Wirkungsort Oslo. Manch einer begreift dies als Heimkommen des im Streit verlorenen Sohns, viele seiner ehemaligen Musiker des Philharmonic Orchestra haben sich eine Karte besorgt. Im ungeliebten Konzerthaus zu spielen – nach all dem Streit um die Akustik und dem geplatzten Umbau des Saals – kommt für Jansons jedoch nicht infrage. Die Rückkehr vollzieht sich auf dem gleichsam neutralen Grund des Opernhauses.

Die Wiener Neujahrskonzerte

Wie viele Menschen es genau sind, lässt sich nur schätzen. Mehr als 50 Millionen, so wird es regelmäßig vom Österreichischen Rundfunk angegeben, sitzen beim Wiener Neujahrskonzert vor den Bildschirmen. Ein größeres Orchesterpublikum gibt es nicht. Auch keinen größeren Popularitätsschub für Dirigenten, selbst wenn sie bereits etabliert sind. Entsprechend groß mag das Lampenfieber sein. 2006 ist es für Mariss Jansons so weit: Er darf zum ersten Mal die glamouröse, weltweit verfolgte Matinee leiten.

»Ich denke nicht an die Zuschauer, ich denke nicht an das Fernsehen, ich denke nur an die Musik«, behauptete Jansons wenige Tage vor dem Ernstfall im persönlichen Gespräch – vielleicht auch, um sich zu beruhigen. »Natürlich gibt es vor einem solchen Ereignis einen emotionalen psychologischen Druck. Aber ich habe mir vorgenommen, wie in einem normalen Konzert zu dirigieren und mich nicht dauernd zu fragen: Wo ist die Kamera?«

Auf eigentümliche Weise kommt es im Goldenen Saal des Wiener Musikvereins tatsächlich zu einer Art »normalem« Konzert. Jansons ist vor Beginn extrem nervös, Musiker beruhigen ihn. Während der Aufführrung blickt er auffallend häufig in die Partitur. Loslassen und die Musik genießen, dies gestattet sich Jansons nicht – ohnehin widerspräche es seinem Naturell und Selbstverständnis. Agogik und Metrum werden mit klarer Zeichengebung eingefordert. Mariss Jansons arbeitet und verausgabt sich, als habe er ein Mahler- oder Tschaikowsky-Opus vor sich. Schon bald gerät er ins Schwitzen. Doch spür- und hörbar wird dabei auch: Er nimmt die Werke der Strauß-Dynastie und ihrer Artverwandten ernst. In den Walzern gibt es keine Kaugummi-Momente, keine geschmäcklerischen Rubati, alles hat Ziel, Richtung und Zug.

Jansons ist nur zu bewusst, dass die Walzer und Polkas des Neujahrskonzerts wenig mit den ursprünglichen, zuweilen knackig-frechen Fassungen für ein kleines Strauß-Ensemble zu tun haben. Eine »richtige« Version gibt es seiner Auffassung nach nicht. Die symphonische Bearbeitung, wie sie im Musikvereinssaal gepflegt wird, empfindet Jansons als viel reicher als die Originale – worin sich sein Verständnis von Orchesterkultur und Klangsubstanz widerspiegelt. Auch interpretatorisch gebe es keine letztgültige Version: »Strauß wurde von seiner Kapelle immer gefragt: Tanz oder Konzert? Und danach wurde über die Interpretation entschieden – und im Zweifelsfall über ein freieres Musizieren im Konzertsaal.«

Angeblich über 800 Stücke hat Jansons für sein erstes Neujahrskonzert gesichtet, sich dafür drei Monate, manchmal bis zu zwölf Stunden pro Tag Zeit genommen und vieles mit Franz Mailer, dem Präsidenten der Johann-Strauß-Gesellschaft, diskutiert. Ein halbes Jahr vor dem großen Datum macht Jansons Urlaub mit seiner Frau. Am ersten Tag geht er noch unbeschwert und unbelastet von der Arbeit mit ihr an den Strand. Am zweiten, so wird erzählt, hat er bereits einen Koffer voller Partituren dabei. Am dritten bleibt er gleich ganz auf dem Zimmer.

Dabei ist Jansons dieses Repertoire alles andere als fremd: »In St. Petersburg gibt es eine starke Strauß-Tradition. Mein Vater hat viele Silvesterkonzerte mit diesen Werken dirigiert. Nach seinem Tod habe ich mich dann selbst mit Strauß befasst, auch später in Oslo und Pittsburgh.« Und dies gewissermaßen als Ausgleich zum sonstigen Konzertleben: »Einmal muss Champagner sein, nicht nur Wasser und Tee.«

Als Ehrengäste sitzen Bundespräsident Heinz Fischer, der österreichische Bundeskanzler Wolfgang Schüssel und seine deutsche Amtskollegin Angela Merkel im Goldenen Saal. Für die Ballett-Einblendungen während der Fernsehübertragung konnte man Choreografen-Legende John Neumeier gewinnen. Da 2006 der 250. Geburtstag von Wolfgang Amadeus Mozart gefeiert wird, erklingt – sehr ungewöhnlich für diesen Anlass – die *Figaro*-Ouvertüre, später der Walzer *Die Mozartisten* von Joseph Lanner, mit seinem *Zauberflöten*-Digest während der Introduktion und einem zum Dreivierteltakt verbogenen *La ci darem la mano*.

Auch zu einigen Späßen erklärt sich der Debütant bereit. Am Ende der *Telefon-Polka* von Eduard Strauß klingelt lautstark ein Handy. Jansons blickt irritiert ins Publikum, bis er ein eigenes aus der Tasche holt und vergeblich versucht, dieses zwischen den Schlussakkorden auszuschalten. Zum Schluss des *Banditen-Galopps* von Johann Strauß junior gibt Jansons einen Pistolenschuss ab. Die für ihn offenkundig schlimmste Aufgabe kommt allerdings noch.

Reden im Konzert, das bleibt für Jansons eine unangenehme Situation. Doch dieses Konzert erfordert traditionell einen Neujahrsgruß. »Es hatte sich eingebürgert, dass die Dirigenten beim Neujahrsgruß im-

mer länger redeten«, sagte Clemens Hellsberg, Geiger und damals Orchestervorstand. »Das war fast wie die Neujahrsansprache des Papstes, es fehlte bloß noch der Segen. Jansons hatte extreme Bedenken vor dem Moment. Er hatte einen Zettel vorbereitet, den Text aber auswendig gelernt.«
Als der gefürchtete Moment naht, wendet sich Jansons zum Publikum. Er sagt unter anderem, Musik sei »einer der höchsten Werte unseres Lebens«, spricht mit großem Ernst, wiederholt alles auf Englisch, bevor er das Orchester »Prosit Neujahr!« rufen lässt. Bei den Wiener Philharmonikern setzt nach dem Konzert ein Umdenken ein. Ausführliche Reden und die damit verbundene nervenaufreibende Vorbereitungszeit will man den Dirigenten fortan ersparen. Ab sofort einigt man sich auf die seither ritualisierte Kurzformel: »Die Wiener Philharmoniker und ich wünschen Ihnen: Prosit Neujahr!«

Die Genauigkeit, mit der Jansons die angeblich leichte Muse gestaltet, die Akkuratesse auch in den Klangvaleurs und Tempozusammenhängen, unterscheidet sich von vielen oft dahingeschlenzten, mehr an die Adresse der Kameramänner gerichteten Aufführungen der Kollegen – und überzeugt das Publikum, vor allem aber das Orchester. »Bei Bruckners siebter Symphonie gibt eben der Dirigent den Einsatz, und zumindest für die nächste halbe Stunde ist klar, was passieren soll und wird«, sagte der philharmonische Kontrabassist Michael Bladerer ironisch. »Im Neujahrskonzert gibt es aber in fünf Minuten zehn verschiedene Tempi. Da merkt man sofort, ob ein Dirigent ein Gefühl dafür hat oder nicht. Mariss Jansons hatte schon in den Proben immer das richtige Tempo erwischt und musste nicht eine Sekunde darüber nachdenken.«

Das Band zwischen den Wiener Philharmonikern und Jansons wird durch den Erfolg des ersten gemeinsamen Neujahrskonzerts noch enger. Und ein Jahr später wird dem regelmäßigen Gastdirigenten im Rathaus sogar das Goldene Ehrenzeichen für Verdienste um das Land Wien überreicht. Zusammen mit Mariss Jansons wird auch Thomas Angyan, Chef des Musikvereins, ausgezeichnet. Die Laudatio auf den Kulturmanager hält Nikolaus Harnoncourt, der von Jansons so hochgeschätzte Vater der historischen Aufführungspraxis.

Mitglieder der Philharmoniker spielen unter anderem Josef Strauß' Walzer *Mein Lebenslauf ist Lieb und Lust*. Die Laudatio auf Jansons hält Orchestervorstand Clemens Hellsberg. »Es ist ein fast magischer Glaube an den philharmonischen Klang, den er an den Tag legt«, so Hellsberg über Jansons. »Wenn er kommt, richtet sich das Orchester an ihm nicht nur musikalisch, sondern auch charakterlich auf. Wir alle wissen, dass es leider auch im Bereich der Kunst Menschen gibt, die in anderen die Niederungen und Abgründe der Seele aktivieren; er ist imstande, das bessere Ich zu mobilisieren.« Gefeiert wird nicht nur nach dem Festakt, sondern auch ein paar Tage danach: Jansons dirigiert erstmals auf dem Philharmoniker-Ball im Musikverein – die Walzer erklingen dieses Mal im eher geschützten Rahmen, ohne Millionenpublikum.

Dennoch vergehen einige Jahre, bis Jansons ein weiteres Neujahrskonzert leitet. Als er am 1. Januar 2012 im Musikvereinssaal auftritt, ist das Programm in besonderer Weise auf ihn zugeschnitten. Der »russische Strauß« soll dieses Mal beleuchtet werden, gespielt werden unter anderem Werke, die der Walzerkönig für Jansons' Heimatstadt St. Petersburg geschrieben hatte.

Wieder durchforstet Jansons Berge von Partituren. Man erzielt schnell Einigkeit über den Ablauf – bis auf eine Polka. »Ich kann das nicht dirigieren, ich fühle die Musik nicht«, wendet er ein. Als ihm entgegnet wird, bei rund zwei Stunden Spielzeit dürften doch diese vier Minuten kaum ins Gewicht fallen, muss Jansons selbst lachen. Und auch in einem anderen Fall stößt Clemens Hellsberg auf Bedenken des Dirigenten. Er schlägt das *Panorama* aus Tschaikowskys *Dornröschen*-Ballett vor. Jansons lehnt trotz längerer Diskussion ab. Das Stück passe nicht ins Neujahrskonzert. Hellsberg lässt die Sache vorerst auf sich beruhen, verfolgt den Plan aber weiterhin. Auch bei Irina Jansons wirbt er um das Stück. Es hilft.

Erstmals spielen die Wiener Philharmoniker im Rahmen des Neujahrskonzerts also das *Panorama* und den Walzer aus *Dornröschen*. Jansons legt zum *Panorama* sogar den Taktstock beiseite, zaubert ein duftiges, luftiges Baisergebäck. Daniel Barenboim wird nach dem Konzert zu Hellsberg sagen, so etwas Schönes habe er noch selten gehört.

Überhaupt wirkt Jansons im Vergleich zum Debüt im Jahr 2006 wie ausgewechselt. Schon beim eröffnenden *Vaterländischen Marsch* von Johann Strauß junior hält er für einige Augenblicke mit dem Dirigieren inne, um sich dem Orchester zu überlassen. Bei *Freut euch des Lebens* vom selben Komponisten wiegt sich Jansons im Takt, gestattet sich ein Augenzwinkern. Manchmal lässt er die Zügel auch los und die Wiener Philharmoniker gewähren.

Die *Carmen*-Quadrille von Eduard Strauß ist ein kleines Trostpflaster für den Mann am Pult: Zwei Jahre zuvor hatte Jansons eine Serie dieser Oper an der Wiener Staatsoper absagen müssen. Trotz aller interpretatorischer Freiheiten gibt er sich nicht dem Moment hin: Bei Josef Strauß' *Delirien-Walzer*«, den andere gern jenseitig schimmern lassen, bevorzugt Jansons einen eher festen Zugriff, auch ein zügiges Tempo – das walzernde Ich dieses Stücks ist offenkundig noch halb nüchtern.

Bis zum nächsten Neujahrskonzert vergehen vier Jahre. Dreimal zu diesem Anlass eingeladen werden, diese Gunst gewähren die Wiener Philharmoniker in diesen Jahren kaum jemandem – die Zeiten der Dauergäste wie Lorin Maazel oder Willi Boskovsky, der die Neujahrskonzerte einst mehr als zwei Dekaden lang leitete, sind vorbei. Und wieder ist eine Veränderung an Jansons zu beobachten.

Am 1. Januar 2016 erlaubt er sich kaum mehr die offen ausgestellte Heiterkeit wie beim Auftritt zuvor. Man hört und erlebt einen abgeklärteren, zurückgenommenen, in manchen Walzern auch elegisch gestimmten Maestro, der manche Momente verbreitert, sie – bei aller Kontrolle – noch mehr auskostet.

Eine ganze Reihe von inszenierten Extras sind für dieses Konzert vereinbart worden. Beim *Vergnügungszug* von Johann Strauß junior tutet Jansons in ein Signalhorn. Vor Eduard Strauß' *Extrapost* bringt ein Bote ein Kästchen auf die Bühne, darin ein historischer Kapellmeisterstab. Als Jansons in seinem Anzug vergeblich nach einem Trinkgeld fingert, greift er sich kurzerhand einen Schein aus der Reverstasche eines Geigers.

Beim abschließenden *Radetzkymarsch* animiert er das Publikum ungewohnt heftig zum Klatschen und zu Standing Ovations. Noch während des Hits verlässt Jansons sogar die Bühne, um zur musikalischen Reprise zurückzukehren – auch das ein ungewohnter Moment.

Es habe »noch nie so laut gepatscht«, merkt *Die Presse* maliziös an – um den Vormittag dennoch ausdrücklich zu loben: »Wenn Mariss Jansons dirigiert, lässt sich im Übrigen noch lernen, wie viele unterschiedliche Zugänge es zum Thema Walzertakt, oder genauer: zur Walzerbegleitung, geben kann. Derartige Subtilitäten sind in Wien nicht an jedem 1. Jänner im prächtig geschmückten Musikverein auszumachen.«

Münchner Alltagsstress
und Absagen

Einmal das eigene Orchester in der Heimatstadt präsentieren, das ist ein lang verfolgter Plan von Mariss Jansons. Im Frühjahr 2009 ist es so weit, das Symphonieorchester des Bayerischen Rundfunks gastiert in der legendären Philharmonie von St. Petersburg. Dort, wo Jansons einst selbst die Leningrader Philharmoniker als Assistent Mrawinskys geleitet und lebensprägende Konzerteindrücke erfahren hatte. Und wo er nicht zuletzt erstmals Herbert von Karajan begegnet war. Ein mit vielen Erinnerungen behaftetes, im Falle Jansons auch beschwertes Gastspiel – mit dem Concertgebouworkest sollte es erst 2013 zu einem solchen Konzert kommen.

Mit dem BR-Symphonieorchester nähert sich Jansons der Newa in mehreren Etappen. Die Osteuropareise startet in Zagreb, führt das Orchester weiter über Sofia und Moskau und schließlich nach St. Petersburg. Zu Beginn gibt es auch Ängste: Kann Jansons überhaupt dirigieren? Trotz eines grippalen Infekts setzt er sich auf der so wichtigen letzten Tournee-Etappe erheblichem Stress aus. Erstmals gastiert das BR-Ensemble zudem in der russischen Hauptstadt. Und schon gut zwei Stunden nach dem Moskauer Konzert besteigt der BR-Tross den Nachtzug nach St. Petersburg. Während hinten im Speisewagen lange gefeiert wird, hält sich Jansons in seinem First-Class-Abteil auf. Nicht um zu entspannen oder gar zu schlafen: Mit seiner Assistentin Claudia Kreile wird zu später Stunde noch gearbeitet. Er ist extrem nervös vor dem St. Petersburger Konzert. Es ist seit Langem ausverkauft. Als am Abend die Philharmonie geöffnet wird, stürmen die Besucher die Treppen hinauf zu den nicht nummerierten Stehplätzen. Die Persönlichkeiten der Stadt sind nahezu vollzählig vertreten.

Noch um 21 Uhr scheint an diesem 26. April die Frühlingssonne durch die Fenster. Während Brahms' zweiter Symphonie, des Vorspiels und Liebestods aus Wagners *Tristan* sowie einer *Rosenkavalier*-Suite in genießerisch ausgekosteter Zeitlupe herrscht ungewöhnliche Stille, danach sind die Ovationen umso stärker. Im Anschluss lädt Jansons sein Orchester in ein angemietetes Palais ein. Durch Saalfluchten mit edlen Ölgemälden schreitet man auf kostbarem Parkett zum späten Dinner. Es ist eine Feier, die Jansons bis hin zur Bier- und Weinauswahl genauso akribisch vorbereitet hat wie ein Konzert. Während der ausgelassenen Stunden im Palais wird er immer wieder gesichtet, wie er sich mit sorgenvoller Miene bei den Gästen erkundigt: »Ist wirklich genug zu essen da?« Die musikalische Einlage ist eine Überraschung. Vier Petersburger Musiker spielen ihre bayerischen Kollegen schwindlig – mit Balalaika-Versionen von Bachs d-Moll-Toccata bis zu Schuberts *Schöner Müllerin*. Sichtlich bewegt bedankt sich Orchestervorstand Heinrich Braun bei Jansons für die Tournee und überreicht ihm als Geschenk einen Brief, den Sibelius einst an seinen Wiener Verleger schrieb.

Dieses Jahr 2009 mit der hochemotionalen Osteuropatournee nimmt Jansons extrem und nicht unbedingt gesundheitsfördernd in Anspruch. In den Sommerferien, als die Saison endlich durchgestanden ist, unterzieht er sich einer schon länger geplanten Operation. Und bereits im Oktober steht jenes Werk auf dem Programm, für das er einst in Pittsburgh gekämpft hatte: Zum 60. Geburtstag des BR-Symphonieorchesters werden Schönbergs *Gurre-Lieder* aufgeführt. Anders als in den USA sind alle Plätze der Münchner Philharmonie schnell und ohne große PR-Anstrengungen verkauft. Im Publikum sitzen unter anderem Geigerin Anne-Sophie Mutter sowie Jansons' Münchner Kollegen Kent Nagano und Christian Thielemann. Alle werden Zeugen, wie Jansons das ausufernde Opus als monumentale Kammermusik versteht, als kontrollierte Schönheitstrunkenheit. Kontrastreiche Expressivität wird vermieden, zu erleben ist ein letztes, rückwärtsblickendes, auch melancholisches Aufbäumen der Romantik.

Nur wenige Wochen später, im November, fliegt das Orchester mit Jansons nach Japan. Für Dvořáks Cello-Konzert wird Yo-Yo Ma verpflichtet. In der ersten Abstimmungsprobe startet der Star enorm expressiv in seine Soli. Jansons unterbricht: »Sie sind sehr emotional. Das Orchester aber auch. Sie kennen die nicht, ich schon. Wir müssen sehen, wie wir das zusammenbekommen.« Je länger die Zusammenarbeit dauert, desto mehr lässt sich Yo-Yo Ma vom BR-Symphonieorchester begeistern. Und zeigt dies auf seine Weise: Für eine Zugabe im Tokio-Konzert greift er sich kurzerhand das Instrument von Orchester-Cellist Maximilian Hornung, und nach der Pause des Abends in Kawasaki sitzt Yo-Yo Ma bei Brahms' Zweiter am letzten Pult und spielt mit.

In Tokio kommt es zu einem für Jansons nicht alltäglichen Erlebnis. Auf Initiative von Aiko Mizushima, der japanischstämmigen Geigerin im BR-Symphonieorchester, probt der Chefdirigent im College of Music mit dem dortigen Orchester. Auf den Pulten liegt ein Lieblingswerk, die *Symphonie fantastique* von Berlioz. Das erste Durchspiel bewegt sich zwischen schwer kanalisiertem Lärm und höflich musizierten Piano-Passagen. Jansons ist unzufrieden, versucht, die befangenen, auf Fragen kaum reagierenden Musiker aus der Reserve zu locken. Als es an den letzten Satz geht, wird der Dirigent zum Schauspieler, grimassiert, tanzt, wird laut: »Hexen! Tanzende Skelette! Mephisto lacht!« Ungläubige Gesichter, doch dann versteht der Nachwuchs die Vorführung des Stardirigenten. Das Studentenorchester bekommt immer mehr Lust auf die Bizarrerien von Berlioz, spielt risikolustiger und hat Spaß an den extravaganten Instrumentalmixturen – der Hexensabbat hält später Einzug in die Universitätsaula.

Nach der anstrengenden Reise gönnt sich Jansons endlich Ruhe, das Ehepaar fliegt, wie so oft nach einer Asien-Tournee, auf die Insel Mauritius. Doch gesundheitlich werden dies nicht unbedingt gute Jahre für Jansons. 2010 muss er sich in den USA zwei Operationen unterziehen. Mindestens zweieinhalb Monate darf er nicht dirigieren. Sowohl das BR-Symphonieorchester als auch das Concertgebouworkest sehen sich mit vielen Absagen konfrontiert, auch die *Carmen*-Serie an der Wiener Staatsoper ist davon betroffen.

Am 18. Juli 2010 betritt der genesene Jansons eine für ihn ungewohnte und im Laufe seiner Münchner Zeit auch gern gemiedene dortige Konzertarena. Auf einem der schönsten Plätze Münchens dirigiert er das traditionelle Saisonfinale, das Spektakel *Klassik am Odeonsplatz*. Geiger Julian Rachlin sowie die Sänger Angelika Kirchschlager und Thomas Hampson werden engagiert für ein Programm mit dem etwas gezwungenen

Titel *Mariss Jansons im Dreivierteltakt.* Es versteht sich als eine Art bayerische Version des Wiener Neujahrskonzerts.

Absagen von Opernproduktionen wie in Wien sind für Jansons, der mit Musiktheater aufwuchs, die größte Strafe. 2011 wird daher das Jahr der Genugtuung. Mit Tschaikowskys *Eugen Onegin* nimmt er sich nicht nur ein Lieblingsstück vor, sondern, wie er findet, eine der besten Opern überhaupt. Wieder kommt es zu einer Repertoire-Dopplung mit Amsterdam, diesmal ganz bewusst. Im April 2011 dirigiert er das BR-Symphonieorchester bei konzertanten Aufführungen im Münchner Herkulessaal, im Juni das Concertgebouworkest bei einer szenischen Produktion im dortigen Muziektheater. München als Generalprobe für Amsterdam – Jansons hätte das nie so ausgedrückt. So empfinden es aber viele Beteiligte, zumal die szenische Version international höhere Aufmerksamkeit hervorruft.

Im Herkulessaal kommt es also zu Jansons Münchner Operndebüt. Bo Skovhus singt die Titelrolle, Veronika Dschojewa die Tatjana. Eine saftstrotzende, substanzreich ausgespielte Deutung, überrumpelnd in den Bild-Schlüssen. Die duftige Eleganz der Frauenlieder im ersten Bild glückt ebenso wie die auskomponierte Leere im Duell zwischen Lenski und Onegin. Zu erleben ist – wie so oft bei Jansons' Tschaikowsky-Dirigaten – eine genau erspürte Balance zwischen Emotion und Beherrschung. Authentischer, vor allem handwerklich sicherer ist dies als die Parallelveranstaltung im Nationaltheater, wo Generalmusikdirektor Kent Nagano in dieser Zeit ebenfalls und zum Teil heftig kritisiert seinen *Eugen Onegin* dirigiert. Der Lohn für Jansons: Obgleich er nur eine Oper in dieser Saison realisiert, wird er von den 40 Kritikern in der jährlichen Umfrage der *Opernwelt* zum Dirigenten des Jahres gewählt.

Im Herbst 2011 bewegt sich Jansons auf den Spuren seines Münchner Vorgängers. Neun Jahre nach Lorin Maazels Mahler-Zyklus werden erneut alle Symphonien aufgeführt. Hatte Maazel damals mit seiner terminlichen Ballung und dichten Taktung, bei der fast täglich einer dieser Kolosse auf dem Programm stand, das Orchester fast überfordert, streckt Jansons seinen Zyklus auf die Monate Oktober bis Dezember.

Wobei es gar nicht »seine« Konzertreihe wird: Jansons teilt sich die Symphonien mit Riccardo Chailly, Daniele Gatti und Bernard Haitink, das heißt mit den versiertesten Mahler-Dirigenten ihrer Zeit. Diese Konstellation sagt viel über Jansons Kollegialität aus, über sein Interesse an anderen Deutungen, über sein Selbstverständnis als ein Interpret unter vielen. Sich selbst behält er unter anderem die einst in einer Münchner Messehalle uraufgeführte achte Symphonie vor. In der Philharmonie erleben die Zuhörer mit Solisten wie Christine Brewer, Mihoko Fujimura, Anna Prohaska, Johan Botha und Michael Volle eine überraschend feinsinnige Interpretation. Das Geäst der Partitur und strukturelle Entwicklungen bleiben trotz großem Aufriss nachvollziehbar. Höhepunkte sind nicht Klangmassierungen oder schroffe Attacken, sondern die Introduktion zum *Faust*-Teil mit ihren Bläser-Korrespondenzen, den extrem homogen geführten Streichern und einem diktionsgenauen Chor.

Allerdings belasten Mariss Jansons die Angst um seine Gesundheit und der anhaltende Stress. Schon einige Jahre zuvor hatte er daher entschieden, ein Sabbatical einzulegen, das Jahr 2012 nimmt er sich dafür vor. Seit fast einem halben Jahrhundert stehe er bereits am Pult, so seine Begründung, nie habe er sich eine Auszeit gegönnt, nun wolle er seine Batterien auffüllen. »Es geht nicht darum, den ganzen Tag zu faulenzen«, sagte Jan-

sons der *Süddeutschen Zeitung* in einem Interview. »Ich möchte mal wieder Dinge machen, zu denen ich sonst einfach nicht komme. Lesen, ins Theater oder Kino gehen, Proben von Kollegen anhören, meine Italienischkenntnisse auffrischen. Und ein bisschen reisen, obwohl ich ja ständig unterwegs bin.«
Den Begriff Sabbatical definiert Jansons allerdings auf seine Weise. Er macht nur ein halbes Jahr Pause. Ein Rückzug kommt für ihn kaum infrage. Deutlich wird gerade in dieser Zeit, dass Musik für ihn nicht nur Berufung, Arbeitsauftrag und Lebensinhalt, sondern eine lebenswichtige, vielleicht sogar überlebenswichtige Droge ist. Er reist weiterhin viel, besucht Proben, fast kein Tag vergeht ohne die Beschäftigung mit einer Partitur oder einem planenden Gespräch mit den Vertretern seiner Orchester. Beim Bayerischen Rundfunk ist er in dieser Zeit sechs Wochen aktiv, und diese haben es in sich: Der Mahler- und der Beethoven-Zyklus werden fortgesetzt, überdies widmet er sich der (nicht nur in seinem Fall) eher selten aufgeführten *Glagolithischen Messe* von Janáček.
Kurz vor seinem 70. Geburtstag im Januar 2013 zieht Jansons in einem Interview mit dem *Münchner Merkur* eine nachdenkliche Bilanz der vergangenen fünf Jahre. Vor dem 65. Geburtstag hatte er seinerzeit drei Wünsche geäußert: Gesundheit, künstlerische Erfüllung und mehr Oper dirigieren. Hat sich dies erfüllt? »Ehrlich gesagt nein. Gesundheitlich geht es mir nicht schlecht, aber es ist nicht perfekt. Künstlerische Erfüllung: ja. Ich habe viele große, interessante Projekte genossen und wunderbare Orchester dirigiert. Ein echtes Nein beim dritten Wunsch: Ich würde gern viel mehr Oper dirigieren. Insgesamt müsste ich trotzdem zufrieden sein – auch wenn ich finde, dass man sich künstlerisch nie zufriedengeben darf.«

Eines der größten Geschenke wird dem Jubilar nachträglich überreicht. Im Juni 2013, nach einer weiteren dicht terminierten BR-Tournee mit den Stationen Luzern, Amsterdam, Brüssel, Moskau und St. Petersburg, erhält Mariss Jansons im Münchner Prinzregententheater den Ernst von Siemens Musikpreis. Gemeinhin gilt die seit 1974 verliehene Auszeichnung als »Nobelpreis für Musik«. Jansons steht damit in einer Reihe von Dirigenten wie Herbert von Karajan (1977), Claudio Abbado (1994) und Nikolaus Harnoncourt (2002), von Komponisten wie Benjamin Britten (1974), Karlheinz Stockhausen (1986) und Wolfgang Rihm (2003) sowie von Solisten wie Dietrich Fischer-Dieskau (1980), Yehudi Menuhin (1984) und Alfred Brendel (2004).

Mariss Jansons reagiert auf die Auszeichnung auf seine Weise: Das Preisgeld von 250 000 Euro will er für den neuen Konzertsaal in München spenden. Beim Festakt am 4. Juni hält Bariton Thomas Hampson die Laudatio, ein Solist, mit dem Jansons besonders gern zusammenarbeitet. Von »disziplinierter Leidenschaft und leidenschaftlicher Disziplin« spricht Hampson in seiner Rede und wendet sich an die Frau des Dirigenten: »Wir danken dir, dass du Mariss möglich machst.«

Als musikalisches Dankeschön führt Jansons mit dem BR-Symphonieorchester György Ligetis *Concert Românesc* auf – um in seiner Ansprache auf sein Lieblingsthema zu kommen: »Vielleicht glauben die Bayern seit zehn Jahren, ich sei ein dressierter Papagei – aber ich sage es noch einmal: München braucht einen erstklassigen Konzertsaal, das BR-Orchester braucht einen eigenen Saal.« Die Verleihung bezeichnet er als »einen der wichtigsten, aufregendsten Tage meines Lebens« – und wer ihn kennt, weiß, wie ernst er dies meint. Um nicht zu viel Rührung und Pathos aufkommen zu lassen, wird Jansons humorvoll. Zu einer »flüchtigen Selbstanalyse« habe ihn die Entscheidung der Siemens-Stiftung bewogen. Und womöglich hätten die Preis-Verantwortlichen ja recht: »Vielleicht bin ich doch ein ganz guter Dirigent.«

Amsterdamer Lehrmeister unter Termindruck

Ein Besprechungsraum im Amsterdamer Concertgebouw: Mariss Jansons auf der einen Seite des Tisches, auf der anderen drei junge Männer. Ein paar Minuten zuvor hat er sie bei der Begrüßung freundlich nach ihren Vornamen gefragt, doch das Eis ist noch nicht gebrochen. Befangen, angespannt, wortkarg sitzen sie dem Maestro gegenüber. Dieser beruhigt: »Sie sind keine Studenten, Sie sind meine Kollegen.«

Ein seltenes Ereignis steht bevor. Drei Tage lang gibt Jansons im Concertgebouw eine Meisterklasse, vor Publikum, mit seinem Orchester. Zwei Lieblingswerke hat er dafür ausgewählt, die eher untypisch sind für solche Anlässe. Schostakowitschs fünfte Symphonie und Berlioz' *Symphonie fantastique* sind allein deshalb enorm heikel, weil sie erhebliche handwerkliche Organisationsarbeit verlangen – ganz abgesehen vom Verständnis für Farbvaleurs, stilistische Eigenheiten und instrumentale Erfordernisse. »Ich dachte, vor allem der Berlioz ist gut für sie«, sagte Jansons später. »Er passt zu ihrer jugendlichen Fantasie.«

Von 2. bis zum 4. Mai 2012 stehen also der Chinese

Yu Lu, der Ungar Gergely Madaras und der Brite Alexander Prior im Rampenlicht, aber nicht im Feuer. Jansons löst die Spannung oft mit Anekdoten, ermunternden Worten, einem kurzen Armtätscheln oder einfach mit einem Lachen. »Sie sind der Boss, Sie entscheiden«, ermuntert er die drei mit Blick aufs Orchester. »Das sind sehr nette Leute, die werden alles für Sie tun.«

Doch nicht nur die Nachwuchskünstler erhalten einen Einblick in die Dirigentenwerkstatt, auch die Mitglieder des Concertgebouworkest, die schon so viele Proben mit ihrem Chef hinter sich haben, erfahren in verbalisierter Form, um was es Jansons geht. Diese Meisterklasse ist zugleich eine ausführliche Begründung seiner musikalischen Arbeitsauffassung und damit mittelbar auch eine Vorlesung fürs Orchester.

Die Musiker hören also, dass die Körpersprache eines Dirigenten – so ausschlaggebend sie letztlich sein mag – für Jansons im Grunde nur sekundär bleibt. Vom Herz zum Hirn und dann erst in die Arme und Hände, so müsse der Energiestrom verlaufen, erklärt er. Um Inspiration gehe es, nicht ums Taktschlagen. Darum, dass in der Probe »die Temperatur steigt«. Mit Vertrauen habe all dies zu tun, mit der Bereitschaft, klangliche Angebote gerade eines solchen Spitzenorchesters anzunehmen. Kein »Theater« dürfe der Dirigent aufführen, sich nicht in wirkungsvolle Posen werfen. Wohl aber müsse er mit seinen Bewegungen, die dem Orchester immer eine Spur voraus sein sollten (»wie viel, weiß ich selbst nicht«), für Atmosphäre und einen bestimmten Klangcharakter sorgen. »In diesem kleinen Augenblick sind Sie der Komponist.«

Zugleich wird den drei Eleven klar, welchen Praktiker sie hier vor sich haben. Jansons formuliert seine Gebote. Interpretatorische Details zum Beispiel sollten zunächst rein körpersprachlich verdeutlicht werden.

Erst wenn sich das Gewollte nicht einstelle, dürfe der Dirigent unterbrechen. Nie dürfe man die Musiker am Spielen hindern, sie gängeln. Eine klare Ansage ist das. Ebenso jene, dass man nicht nur für die ersten Pulte dirigieren solle, sondern mit dem gesamten Orchester über Blicke und Körperhaltung zu kommunizieren habe. Überdies müsse der Dirigent um die Eigenheiten und Anforderungen der einzelnen Instrumente wissen: »Sagen Sie nicht einfach dem Flötisten, er möge weicher spielen. Fragen Sie besser danach, ob er es kann. Das sind gute Solisten, sie werden es versuchen. Und wenn es nicht geht, weil es sich um Töne in einer schwierigen Lage handelt, dann registrieren sie das und gehen im Gesamtklang damit um.«

Besonders aber, so empfiehlt Jansons, müssten seine junge Kollegen dringend in die Proben anderer Dirigenten gehen. Dort erst, nicht im Studium, erfahre und erlebe man, wie laut, wie leise, wie weich oder wie brutal eine bestimmte Partiturstelle sein und wie dies in einer gemeinsamen Arbeit erzielt werden könne.

Jansons, und das erwähnt er in diesem Moment nicht, ist selbst noch nicht fertig mit diesbezüglichen Studien. Wann immer er es einrichten kann, besucht er Kollegen in deren Vorbereitungsarbeit. Er will wissen, wie diese ihre Visionen in die Realität umsetzen. Wie sie diese mit der Körpersprache verdeutlichen oder mit dem Orchester darüber sprechen. Oft, so ist aus vielen Orchestern zu hören, tauche Jansons plötzlich mit der Partitur unterm Arm in den Proben eines Kollegen auf, setze sich ins Parkett und lausche. Konkurrenz, so scheint es zumindest nach außen, findet für ihn nicht statt.

So erfolgreich und lohnend diese Amsterdamer Meisterklasse für den Nachwuchs und für den Lehrer selbst verläuft, so klar ist Jansons auch: Als Pädagoge möchte er nicht weiter tätig sein. Seine Ungeduld spielt hier eine Rolle, die er allerdings zu verbergen sucht. Wenn er bestimmte Dinge mehrfach erklären muss, dies aber beim Schüler kaum fruchtet, dann belastet ihn dies über Gebühr. Vor allem aber spricht die fehlende Zeit dagegen. Noch eine weitere Aufgabe neben den Chefstellen, und sei sie auch noch so klein, das empfindet er als Gefährdung seiner übrigen Arbeit. »Ich bin nicht einer, der gern unterrichtet. Es ist okay, aber nicht meine Leidenschaft – obwohl viele meinen, dass ich es ganz gut kann.«

Zwar gibt es für Jansons kein Konzertjahr, das auch nur ansatzweise ruhig oder beschaulich verlaufen würde. Und doch ist 2012, das Jahr der Meisterklasse, eine Art Interimsphase vor dem übervollen Jahr 2013. Zwei große Geburtstage gilt es nämlich zu feiern, neben seinem eigenen am 14. Januar den 125. des Concertgebouworkest.

Gleich zu Beginn dieses bedeutenden Jahres ist Jansons die Osloer Zeit wieder sehr nah. Erinnerungen steigen auf, fast kommt es zu einem Déjà-vu: Jenes Werk, das zu einem Signetstück für das norwegische Philharmonic Orchestra geworden war und das Jansons gerade deshalb für einige Zeit aus seinem Repertoire verbannt hatte, lässt er nun in Amsterdam auf die Pulte legen. Im Januar spielt man erstmals gemeinsam Tschaikowskys fünfte Symphonie, das Ergebnis wird auch in Paris, Brüssel, Madrid und Lissabon präsentiert, bevor es für drei Konzerte in die USA geht. Jetzt, so fühlt Jansons, gerade mit diesem so anderen Orchester, ist er wieder reif für den Schlager.

In Übersee verlässt man sich allerdings auf die gemeinsame Mahler-Kompetenz und -Tradition, dieses Mal mit der ersten Symphonie. »In der Mahler-Symphonie entstand viel Dramatik dadurch, wie Jansons mit der Orchesterbalance spielte«, analysiert die *New York Times*. »Der Beginn des stürmischen Finales führte auf großartige Weise vor, wie die Energien eines Ensembles zu einer einzigen Kraft gebündelt werden.« Auch in der Stadt Leonard Bernsteins wird also diese Mahler-Perspektive mit Wohlwollen registriert.

Die *Washington Post* zeigt sich ähnlich begeistert: »Dies ist eine romantische Vorstellung des Musikmachens, die zu gut klingt, um wahr zu sein. Der Mahler wuchs immer mehr bis zum lodernden vierten Satz, der emotionale Tiefe und Tiefgründigkeit hatte. Niemals wurde die naheliegende Route genommen, man hielt sich zurück bei den großen Themen oder spielte in einer Reprise mit solcher Zurückhaltung und ohne dabei an Intensität einzubüßen, als ob plötzlich eine Glaswand zwischen Bühne und Publikum verschwunden wäre.«

Das doppelte Geburtstagsjahr wird in Amsterdam zum Anlass für ein kleines Festival genommen. *Carte Blanche for Mariss Jansons*, lautet das Motto, vier Abende der Superlative mit Jansons' Lieblingsorchestern werden zu einer kleinen Konzertreihe gebündelt. Am 25. Januar spielt das Concertgebouworkest im Heimatsaal, am 26. März konzertiert dort das BR-Symphonieorchester, am 25. April folgen die Wiener Philharmoniker und am 12. Mai die Berliner Philharmoniker.

Doch eigentlich gibt es 2013 noch einen dritten Jubilar zu feiern, den Concertgebouw selbst. Am 11. April 1888 wurde das Gebäude eröffnet, fast auf den Tag genau 125 Jahre später, am 10. April 2013, versammelt sich dort ein Galapublikum inklusive Königin Beatrix, Kronprinz Willem-Alexander und Kronprinzessin Máxima zum »Sterrenjubileum«. Zu Beginn dirigiert Jansons Wagners *Meistersinger*-Vorspiel, jenes Stück, mit dem seinerzeit der Concertgebouw eingeweiht wurde. Danach stehen Lieder des Hauskomponisten Gustav Mahler (mit Thomas Hampson) auf dem Programm, es folgt ein Satz aus Prokofjews drittem Klavierkonzert (mit Lang Lang), Introduktion und Rondo Capriccioso von Saint-Saëns (mit Janine Jansen), vor allem aber die Elegie aus Tschaikowskys Streicherserenade, zu der sich ein All-Star-Ensemble formiert: Mitglieder des Concertgebouworkest, des BR-Symphonieorchesters sowie der Berliner und Wiener Philharmoniker musizieren im trauten, konkurrenzfreien Miteinander.

Der Jubiläumsabend des Amsterdamer Orchesters wird am 3. November begangen, exakt 125 Jahre nach dem Gründungskonzert. Neben dem von Jansons so bevorzugten Strauss'schen *Heldenleben* leistet sich das Ensemble ein Auftragswerk. Der 1939 in Utrecht geborene Louis Andriessen steuert für den Anlass die Komposition *Mysteriën* bei, mit der er sich von Thomas von Kempens *De imitatione Christi* inspirieren ließ, einem populären, dem Mystizismus geweihten Andachtsbuch aus dem 15. Jahrhundert. Eine Fernsehdokumentation begleitet den Erarbeitungsprozess in Amsterdam. Sie zeigt Vielsagendes: wie Jansons während der Proben auf Bitten Andriessens eingeht, wie er sich dabei ständig Notizen macht und diese Empfehlungen ans Orchester weitergibt.

Man erkennt aber auch, wie geschäftsmäßig und mitunter spannungsreich das Verhältnis zwischen Dirigent und Komponist ist. Die Musiker plagen sich etwas mit der geforderten Vierteltönigkeit. Jansons begegnet dem mit verstärkter Detailarbeit. Einzelne Instrumentengruppen werden in Sonderproben miteinander kombiniert. Allen wird deutlich, wie tief ihr Chef in die Partitur eingetaucht ist – und zugleich spürt man, dass er nicht hundertprozentig hinter ihr steht. Auch dieses Amsterdamer Jubiläumskonzert zeigt also: Die Moderne wird nie zu Mariss Jansons' Steckenpferd werden. Beim Applaus schiebt er den Komponisten an die Rampe. Herzlichkeit ist nicht sichtbar, dafür flüstert Jansons Andriessen eine Frage zu: »War das Tempo gut?«

Die eigentliche und größte Prüfung des Jahres 2013 steht allerdings noch bevor: eine der ausgedehntesten Tourneen, die das Concertgebouworkest je unternommen hat. Ein Tross von rund 170 Personen muss bewegt werden für eine Reise, die in St. Petersburg mit Mahlers *Auferstehungssymphonie* startet und dann weiterführt nach Moskau, China, Japan und schließlich nach Australien. Die Reise komplettiert zugleich die *World Tour* zum 125. Orchestergeburtstag.

Die Strapazen, das ständige Unterwegssein, die Unruhe, die Nervosität, erst recht der Jetlag beanspruchen Jansons extrem. Er wird krank. Zur Sicherheit engagiert man Ersatzdirigenten, die an allen Stationen kurzfristig einspringen können. Die Besorgnis im Orchester wächst, zumal den Musikern die Situation nicht neu ist. Kaum eine Tournee, die Jansons nicht in irgendeiner Weise zugesetzt hatte.

Gegenüber dem Ensemble thematisiert er seine Krankheiten nicht, dafür kokettiert er mit seinen Medikamenten. Seine Köfferchen mit den Tabletten und Tropfen sind legendär. Und man kennt seinen Spruch: »Ich bin der beste Arzt unter den Dirigenten und der beste Dirigent unter den Ärzten.« Als Jansons einmal in Amsterdam ein Konzert absagen und in die Klinik muss, liegt im Nachbarzimmer ein bekannter niederländischer Politiker. Der Chefdirigent nutzt die Zwangspause auf seine Weise: Er erörtert mit dem Entscheidungsträger die Situation des Concertgebouworkest und wie man sie verbessern könnte.

Doch jetzt, auf der Tournee nach Asien und Australien, wird die Situation für alle Beteiligten prekär. Beim Konzert in Peking am 13. November springt der Schotte Rory MacDonald ein und dirigiert Strawinskys *Feuer-*

vogel-Suite sowie Tschaikowskys Fünfte. Tags darauf steht in der chinesischen Hauptstadt der in Schanghai geborene italienische Dirigent Lü Jia bei Beethovens drittem Klavierkonzert (mit Emanuel Ax) und Strauss' *Heldenleben* am Pult. Zwei Tage später übernimmt wieder der Chef. Jansons dirigiert die Konzerte in Tokio, Kawasaki, Perth, Brisbane, Melbourne und zum Tourneefinale im Opernhaus von Sydney.

Gesund ist er noch längst nicht, mit enormer Willensstärke und ebensolchem Energieaufwand steht er die Ausnahmesituation auf dieser Ausnahmetournee durch – fast. Am 1. Dezember sitzen die Musiker in Sydney auf der Bühne, fertig gestimmt und bereit für Johan Wagenaars (1862–1941) Ouvertüre *De getemde feeks* nach Shakespeares *Der Widerspenstigen Zähmung*. Eine lange Pause im Saal entsteht, Unsicherheit macht sich breit. Erst nach einigen Minuten betritt Jansons langsam die Bühne, blass und angegriffen. In der Pause dann die Entscheidung: Er kann das Konzert nicht zu Ende dirigieren und wird sofort ins Hotel gebracht. Wieder springt Rory MacDonald für Tschaikowskys Fünfte ein. Zwar lässt das Orchester erklären, dass kein Grund zur Besorgnis bestehe. Doch ist allen Beteiligten klar: Es ist höchste Zeit, dass diese Reise ihr Ende findet.

Die Konsequenzen? Jansons weiß, dass er sich eine solche Tournee nicht mehr aufbürden möchte. Er, der einst Pittsburgh unter anderem wegen des Jetlags verlassen hatte, will und kann sich derartige Reisestrapazen nicht mehr zumuten. Immer drängender wird für ihn die Frage: Müssen zwei parallele Chefpositionen wirklich sein? Zumal bei zwei ausgewiesenen Reise-Orchestern?

Sosehr Jansons bewusst war, wie stark ihn seine Karriere beanspruchte, sowenig konnte er von seiner Arbeitsweise abrücken. Sein Dasein als Workaholic schob er stets auf die Psyche, auf »den Lebensstil seit meiner Jugend«. Seit dem Umzug mit Vater und Mutter von Riga nach Leningrad habe er sich zu extremem Arbeiten gezwungen. Er sei dies alles gewohnt, pflegte er zu sagen, mehr noch: Jansons empfand die nahezu maßlose Beschäftigung mit Musik, die ihm kaum Freizeit ließ, auch als Erfüllung. Mit allen positiven wie negativen Seiten, wobei er – wohl auch aus Selbstschutz – ein Gespräch darüber gern ins Ironische zog. »Es ist eben etwas Unabsichtliches, ein ständiges Gefühl. Genau so ist es doch, wenn man sich sagt: Ich darf nicht mehr so viel essen. Dann ist man abends eingeladen, gönnt sich einiges, genießt, um sich dann selbst vorzuwerfen: Verdammt, was hast du schon wieder für einen Fehler gemacht.«

Das Münchner Konzerthaus –
Ein Lebensprojekt

Mariss Jansons führt in seiner Zeit beim Symphonieorchester des Bayerischen Rundfunks eine Parallelexistenz. Einerseits sind da die immer populärer werdenden Konzerte in München und auf den Tourneen, mit denen sich das Ensemble endgültig zu einem der wichtigsten Orchester auf dem weltweiten Klassikmarkt entwickelt. Andererseits bürdet er sich ein Leben als Lobbyist auf, der um eine Heimat für sein Ensemble kämpft und fast jedes Gespräch auf den neuen Konzertsaal lenkt. Für ihn ist dies eine mehr als dringliche Angelegenheit, droht das Projekt doch im Nirwana immer neuer Vorschläge, Arbeitsgruppen und Expertisen zu versinken. Was daran als Verhinderungstaktik genutzt wird und was auf tatsächliche Erfordernisse bundesdeutscher oder bayerischer Entscheidungsprozesse zurückgeht, das dürfte erst in vielen Jahren vollständig ans Licht kommen.

Etwa ab dem Jahr 2010 verdichtet sich die Debatte ein weiteres Mal. Acht Jahre nach ihrem Beginn stehen vier Standortvorschläge im Raum. Unter Federführung des bayerischen FDP-Kunstministers Wolfgang Heubisch diskutiert eine Arbeitsgruppe den sogenannten »Finanzgarten« am Odeonsplatz, dazu eine Art Parkplatzareal am Circus Krone, ein Gelände in unmittelbarer Nähe der drei Pinakotheken sowie den Apothekenhof der Residenz, der für einen Saal auf spektakuläre Weise umgearbeitet werden müsste. Nach längerem Hin und Her bleiben ein Jahr später zwei Alternativen übrig: die Fläche am Circus Krone und ein neuer, fünfter Vorschlag für einen Standort. Letzterer wird von Heubisch vehement unterstützt. Gemeint ist der ehemalige Kongresssaal des Deutschen Museums auf einer Isarinsel, der das »Forum der Technik« beherbergt. Der Plan scheitert an den Museumsverantwortlichen: Sie haben eigene Pläne für den Bau.

Zur viel größeren Gefahr für Jansons und sein Ensemble wird allerdings die innerstädtische Konkurrenz. Den Münchner Philharmonikern wird eine Sanierung ihrer Spielheimat, des bei vielen unbeliebten Gasteig, in Aussicht gestellt. Am Ende dieses Prozesses stellt man sich eine umgebaute, akustisch verbesserte Philharmonie vor. Der Saal, so der Plan, könne beiden Orchestern eine gleichberechtigte Nutzung erlauben, mit entsprechend geänderten Belegungsrechten und Dienstplänen – bislang haben die Philharmoniker in der Terminfrage Vorgriffsrecht.

Was auf den ersten Blick und vor allem in den Augen der Politiker als plausible Lösung erscheint, alarmiert das BR-Symphonieorchester. Auf keinen Fall möchte Jansons den Vorschlag nach außen hin torpedieren, nicht zuletzt das kollegiale Verhältnis zum philharmonischen Chefdirigenten Christian Thielemann verbietet dies. Die Situation verkompliziert sich. Jansons' Lebensprojekt droht ein weiterer Aufschub. Die Tatsachen sprechen gegen diese gemeinsame Lösung: Die Probenpläne, Konzerttermine und sonstigen Aktivitäten lassen sich bei zwei Orchestern dieses Formats kaum koordinieren. Außerdem wollen auch die Münchner Privatveranstalter ihre Konzerte weiterhin in der Philharmonie veranstalten und fühlen sich plötzlich ab- und hinausgedrängt. Jansons und seine Musiker wissen um diese Unvereinbarkeit, viele Berufs- und Marktfremde aber nicht.

In einem Interview im Juni 2010 verschärft Jansons den Ton. Sein Unmut und seine Frustration werden nun nicht mehr durch diplomatische Floskeln getarnt: »Ich werde für einen solchen Saal bis zum letzten Blutstropfen kämpfen. Es ist schon komisch: Ich habe bei Ministerpräsident Edmund Stoiber wegen des Saals gebettelt. Er sagte Ja – und war dann weg. Dann sagte sein Nachfolger Günther Beckstein Ja – und war weg. Dann sagte Horst Seehofer Ja – und danach nichts mehr. Manchmal komme ich mir vor wie allein im Wald!« Ein weiteres Mal, wie schon während seiner Chefposition in Oslo, muss Jansons lernen und aushalten, dass eine politische Absichtserklärung noch lange keine tatsächliche Realisierung des Projekts bedeutet. Zudem wird von einigen politischen Entscheidungsträgern in Bayern der Saal als nachrangiges Luxusprojekt angesehen.

Irgendwann macht sich dann doch eine Arbeitsgruppe des bayerischen Kunstministeriums erneut an die Standortfrage. Ein Jahrzehnt nach Beginn der Debatte ist noch immer nicht klar, wo der Konzertsaal entstehen könnte. Im April 2014, bei der Vorstellung der kommenden Saison seines BR-Symphonieorchesters, bleibt Jansons bei seiner seit Jahren praktizierten Wortwahl: Eine Vertragsverlängerung an die Realisierung des Saales zu knüpfen, das seien »Primadonnen-Capricen«. Ein solches Verhalten lehne er ab.

Trotzdem wird an diesem Vormittag für einen Moment deutlich, was er wirklich denkt und was sich hinter seiner mühsam praktizierten Diplomatie verbirgt. »Wenn der Saal nicht gebaut wird, habe ich verloren. Und was macht man, wenn man verloren hat? Der südkoreanische Ministerpräsident ist auch zurückgetreten, weil dort eine Fähre gekentert ist.« Dass Jansons München verlässt, wird zur öffentlich formulierten Option.

Ende Januar 2015 steht das endgültige Aus für den Konzertsaal im Raum. Bayerns CSU-Ministerpräsident Horst Seehofer verständigt sich mit Münchens SPD-Oberbürgermeister Dieter Reiter auf eine sogenannte »Zwillingslösung«, es ist die Variation des schon existierenden Plans, nun aber unter Einbeziehung eines weiteren Saals. Nach einer umfassenden Gasteig-Sanierung sollen Münchner Philharmoniker und BR-Symphonieorchester die Philharmonie gleichberechtigt nutzen. Gleichzeitig sollen beide Ensembles für kleiner besetzte Konzerte in den Herkulessaal mit seinen 1200 Plätzen ausweichen. Kurz vor der Pressekonferenz teilt Seehofer dem völlig überraschten Jansons die Entscheidung mit. »Ziel ist ein Konzertsaal mit Weltniveau für München«, sagt Seehofer während des Pressetermins. Damit allerdings meint der Ministerpräsident – eine für ihn typische Volte – nicht mehr einen neuen Saal, sondern den sanierten Gasteig.

Jansons verlässt endgültig das Feld der Diplomatie, die Wortwahl wird schärfer. »Ich fühle, dass wir zum Narren gehalten wurden«, wettert er auf einer Pressekonferenz. »Absolut schockiert« sei er darüber, dass vor dieser aktuellen Entscheidung weder Orchestervertreter noch die privaten Konzertveranstalter in München hinzugezogen worden seien. Unverstellt wendet sich Jansons an die Münchner Philharmoniker: »Von den Kollegen hätte ich erwartet, dass sie sagen: Das ist doch alles peinlich.«

Noch Jahre später war ihm die Empörung und das Unverständnis über diese politische Entscheidung anzuhören. »Das war der größte Schlag überhaupt, auch für die Musiker. Ich dachte, jetzt ist Schluss, das Spiel ist aus. Und dann dachte ich weiter: Nein, das kann nicht sein.« Der Chefdirigent wendet sich in einem Brief an sein Münchner Orchester. Man müsse weiter für den Saal kämpfen, jetzt erst recht, gerade weil man gemeinsam eine so hohe Qualitätsstufe erreicht habe, schreibt er. Eines Tages werde man bekommen, was man verdiene. »Ich habe das als psychologisch-moralische Unterstützung gemeint«, erklärte Jansons später. »Und ich habe damit signalisiert, dass ich wegen dieser Situation München gerade nicht verlassen will.«

Die Entscheidung für eine »Zwillingslösung« hat gerade einmal vier Monate Bestand, bis Mai 2015. Nach heftigen Protesten aus der Kulturszene – die Münchner Philharmoniker halten sich in dieser Zeit auffallend bedeckt – rücken Ministerpräsident Seehofer und Oberbürgermeister Reiter von ihrem Plan ab. Immer wieder wird ihnen vorgerechnet, wie unrealistisch die Sache sei, da beide Orchester nicht nur ihre Terminpläne, ihre Arbeitsweisen, sondern auch die Abonnementstrukturen vollkommen umkrempeln müssten. Stadt und Freistaat gehen wieder getrennte Wege: Während München sich weiter um die Sanierung des Gasteig kümmert, wendet sich der Freistaat nun doch dem Projekt des Konzertsaals zu. Und tatsächlich folgt für diesen Plan nun die letzte und entscheidende Phase.

Noch immer ist Mariss Jansons der Meinung, das Gebäude müsse im Zentrum der Stadt errichtet werden – als ein kulturelles Symbol mit Ausstrahlungswirkung. Der Finanzgarten in unmittelbarer Nähe der Residenz bleibt für ihn die erste Wahl. Doch der Dirigent sieht sich auch hier mit Widerständen konfrontiert und wird endgültig zum Pragmatiker: Egal wo, Hauptsache, der Saal kommt. Die Diskussion verengt sich auf zwei Standorte abseits des Zentrums. Auf die »Paketposthalle« westlich der Innenstadt und auf ein Gelände im »Werksviertel« am Ostbahnhof. Dort, wo einst die Firma Pfanni ihre Knödel hergestellt hatte, will der Firmenerbe ein zukunftsträchtiges Kreativareal entwickeln mit Raum für Start-ups, Ateliers, Gastronomie, Wohnungen, Hotels, Rockkonzerte – und einem Konzertsaal für klassische Musik.

Nach Studien, Expertisen, Verhandlungen und politischen Beschlüssen steht im Dezember 2015 endlich fest: Die neue Heimat für das BR-Symphonieorchester wird im Werksviertel entstehen. Knapp zwei Jahre später, am 28. Oktober 2017, bekommt das Bregenzer Architektenbüro Cukrowicz Nachbaur für seinen zurückhaltenden Entwurf den Zuschlag. Man wolle, so wird von den Entscheidungsträgern erklärt, der Elbphilharmonie kein ebenso spektakelndes Gebäude entgegensetzen. Wichtiger sei die Flexibilität der Planung, auch ihre Offenheit: Das Modell zeigt ein riesiges, fast klassisch geformtes Glashaus. Die Spitznamen für das »Neue Konzerthaus München« reichen von »Klangspeicher« über »Schneewittchensarg« bis zur »Knödel-Philharmonie«. Der große Saal ist für 1800 Plätze konzipiert, der kleine für bis zu 800, zusätzlich sind Probe- und Verwaltungsräume für das BR-Symphonieorchester und Gastronomie vorgesehen, auch die Hochschule für Musik und Theater soll dort Betätigungsmöglichkeiten finden.

Im Interview mit der *Süddeutschen Zeitung* resümiert Mariss Jansons am 29. Oktober 2017: »Ich denke, es ist ein sehr vielversprechender Entwurf, der sehr viel ermöglicht. Entscheidend ist, was im Konzertsaal passieren wird. Und wenn man durch die Glasfassade das Leben im Inneren sieht, dann ist das wunderbar. Der Entwurf ist nicht so spektakulär, aber auch nicht hässlich. Und es geht vor allem um die Musik, deshalb ist nun die Akustik die nächste wichtige Frage, die geklärt werden muss.«

Der Chefdirigent und sein BR-Symphonieorchester haben die schwerste Etappe hinter sich, so scheint es – anderthalb Jahrzehnte nach dem Aufkommen der ersten Ideen. Hinter diesen Beschluss, so wissen alle Beteiligten, kann der Freistaat nicht mehr zurück. Die Kostenfrage rückt nun ins Zentrum der Debatte, ebenso wie das Datum des Baubeginns. Kurz nach dem Architektenwettbewerb wird alles nochmals verschoben. Man will nichts überstürzen, keine voreiligen, flüchtigen Beschlüsse fassen – das abschreckende Beispiel Elbphilharmonie steht allen vor Augen.

Für Jansons ist vor allem wichtig, wie der Saal klingt. Auch wenn es europäische Vergaberichtlinien gibt und sich Akustiker bewerben müssen, wird schnell deutlich: Der Dirigent favorisiert den Japaner Yasuhisa Toyota. Der hatte zwar der Elbphilharmonie gerade eine durchaus anfechtbare Klangsituation beschert. Doch hatte Jansons in vielen anderen Sälen, in Japan ebenso wie in Mitteleuropa, die typische Toyota-Akustik schätzen gelernt. Diesen glasklaren, trennscharfen, kristallinen, unverschleierten Klang lieben auch die Kollegen – weil sie den Saal wie ein Instrument nutzen und in einem gewissermaßen »neutralen« Raum mehr von ihren Vorstellungen einbringen können als in Räumen, die eine starke Eigencharakteristik mitbringen.

»Die Wärme muss vom Orchester kommen, nicht vom Saal«, diese Antwort legt sich Jansons für diesbezügliche Fragen zurecht. Und er weiß: Bietet das neue Münchner Konzerthaus kein herausragendes Hörerlebnis, verliert es an Legitimation und folglich an Unterstützung. Nicht nur unter den Musikern, sondern auch – was viel entscheidender ist – in der Bevölkerung. »Akustik ist wichtiger als Architektur«, sagte Jansons. »Wenn dieser Saal fertig ist und keine perfekte Akustik bietet, werden alle kritisieren: Wozu das Ganze und so viel Geld ausgeben? Für München ist eine lediglich zufriedenstellende Akustik nicht genug nach so vielen Jahren Diskussion und Kampf.«

Dass der Baubeginn auf 2021 verschoben wird, nimmt Jansons mit einer Mischung aus Realitätssinn und Fatalismus hin. Sein Vertrag beim BR-Symphonieorchester wird bis 2024 verlängert, die Fertigstellung des Konzerthauses für 2025 bis 2026 erwartet. Und allen Beteiligten ist klar: Sollte Jansons nicht mehr Chef sein, darf er selbstverständlich als Ehrendirigent das Eröffnungskonzert leiten. Dass er die Realisierung seines Traums nicht mehr erleben wird, ahnt seinerzeit niemand.

Doch dann, im April 2019, die große Überraschung. Entgegen aller Vorhersagen unterliegt Toyota im Akustikwettbewerb für das Konzerthaus seinem größten Konkurrenten. Aus den Beratungen – Jansons ist kein Mitglied der zuständigen Gremien – geht Tateo Nakajima als Sieger hervor. Sein Büro Arup stattet Säle mit einem eher warmen, runden, körperhaften Klang aus. Der in London und Berlin ansässige Fachmann zeichnet unter anderem für die Konzerthäuser in Montreal, Breslau und São Paolo verantwortlich, darüber hinaus war Nakajima an der Konzeption des hochgelobten Saals in Luzern beteiligt.

Jansons ist anfänglich enttäuscht, mit Toyota hatte er fest gerechnet. Doch dann erinnert er sich an die positiven Eindrücke bei Gastspielen in Breslau und Montreal. Außerdem ringt er sich – wie schon bei der Standortfrage – zu einer pragmatischen Haltung durch. »Ich wusste: Wenn ich jetzt Schwierigkeiten mache, dann ist vielleicht das gesamte Projekt in Gefahr«, sagte er. Nach außen hin zeigt sich der Chefdirigent sportlich und lässt in einer offiziellen Stellungnahme mitteilen: »Es ist bekannt, dass ich mich im Vorfeld für einen anderen Kandidaten ausgesprochen habe. Ich bin aber sicher, dass nun eine ausgezeichnete Entscheidung getroffen wurde.« Statt eines Kaltblüters bekommt München als Konzertsaal also einen Warmblüter.

Später, nachdem die Kämpfe um den Saal so gut wie ausgestanden waren, räumte Jansons ein: Natürlich habe er auch daran gedacht, das BR-Symphonieorchester frustriert zu verlassen. Sehr emotionale Momente habe es für ihn gegeben, in denen er das Gefühl vermittelt bekommen habe, mit ihm werde nur ein Spiel gespielt. Im Rückblick sagte er: »Wenn man mir damals ehrlich gesagt hätte: Wir haben kein Geld, wir können das Projekt nicht realisieren oder auch in der CSU nicht durchsetzen, hätte ich das sogar verstanden. Aber mir dauernd Versprechungen zu machen und mich zu vertrösten, das hat mich sehr beleidigt. Nun bin ich wirklich glücklich über die Realisierung des Münchner Saales. Ich werde zwar nicht mehr Chefdirigent sein, wenn er fertig ist. Aber für mich ist es wichtig, dass ich in meinem Leben etwas sehr Wertvolles vollbracht habe. Etwas, das eigentlich jeder Chefdirigent seinem Orchester ermöglichen sollte. Ich bin dankbar, dass es so gekommen ist.«

Amsterdamer Finale

Als Mariss Jansons in München ein letztes Mal sein Prestige und seine Argumentationskraft für den dortigen Konzertsaal in die Waagschale wirft, kann er dies aus einer wesentlich stärkeren Position als früher tun: Er hat sich nicht nur für dieses Projekt, sondern auch für diese Stadt entschieden. Vorbei die Zeit, als er zwei Ämter gleichzeitig bekleidet hatte – das Symphonieorchester des Bayerischen Rundfunks ist nun sein einziges Ensemble. Ob er deshalb freier, unbelasteter, ausgeruhter, gar geruhsamer als zuvor agieren kann, erscheint allerdings fraglich. Wesentlich leerer ist sein Terminkalender durch den großen Einschnitt jedenfalls nicht.

Als sich Jansons dazu durchringt, dem Concertgebouworkest den folgenschweren Entschluss mitzuteilen, steht mit Anton Bruckners unvollendeter neunter Symphonie ein beziehungsreiches Werk auf dem Plan. Die Amsterdamer spielen es auf einem Gastspiel im Londoner Barbican Centre, das sich als kleines Bruckner-Festival präsentiert – mit der vierten, der siebten und eben Bruckners letzten, der unvollendeten Symphonie.

Nach einem der Londoner Abende teilt Jansons Orchestermanager Jan Raes seine Absicht mit, Amsterdam nach der Saison 2014/2015 verlassen zu wollen. Bald erreicht die Nachricht auch die Musiker. Manche sind konsterniert, andere haben es längst geahnt. Seine engsten Anhänger fühlen sich sogar betrogen. Sicher: Wie in jeder Beziehung zwischen einem Ensemble und seinem Chefdirigenten war es auch in Amsterdam in Proben zu Meinungsverschiedenheiten gekommen. Doch derlei Macht- und Musikfragen sind nicht der Auslöser für den Einschnitt. Jansons fühlt, dass ihn die damals noch offene Saal-Debatte an München bindet. Irgendwann meldet er sich auch bei Werner Mittelbach, dem Klarinettisten im BR-Symphonieorchester und Mitglied des Orchestervorstands, um ihm seine Entscheidung mitzuteilen. An der Isar bricht Jubel aus.

»Es gab mehrere Argumente«, sagte Jansons später. »Aber unter anderem habe ich dem Concertgebouworkest gesagt: Ich fühle, dass man mich in München braucht wegen des Saales. Hätte ich mich gegen München entschieden, wäre das ein Dolchstoß für das BR-Symphonieorchester gewesen. Alle hätten gesagt: Aha, er glaubt selbst nicht mehr an den Bau. Irgendwie hätte sich das angefühlt, als hätte ich München betrogen. Ich habe die moralische Pflicht, das Projekt bis zum Ende zu verfolgen. Ich kann nicht anders.« Darüber hinaus gestand Jansons aber auch ein: »Ich spürte, dass ich mit München organischer zusammengewachsen bin. Die Amsterdamer Spielkultur ist nobel, elegant, einfach wunderbar. Aber das BR-Symphonieorchester passt doch ein Stück mehr zu mir. Mit diesem Orchester ist es wie mit einem Pferd, das bei einem Rennen plötzlich aus der Box darf und losrennt. Diese Spontaneität gefällt mir.«

Beendet wird mit dem Abschied aus Amsterdam auch eine programmatische Parallelexistenz. Obgleich beide Ensembles klanglich sehr verschieden sind, ähneln sie sich stark in ihrem Repertoire. Viele Konzertabläufe in Amsterdam und München sind identisch. Das mag das Publikum an den beiden Orten kaum kümmern. International gesehen ist die fehlende Exklusivität jedoch ein Problem – für welches Orchester steht Jansons eigentlich? Insbesondere an den Einspielungen lässt sich dieses Problem ablesen. Bruckners Siebte und Neunte, Dvořáks Requiem und dessen Neunte, Mahlers Erste, Zweite, Fünfte und Siebte, Mozarts Requiem, Schostakowitschs Siebte und Zehnte, Strauss' *Heldenleben* – all diese Werke gibt es in Aufnahmen mit dem Concertgebouworkest und dem BR-Symphonieorchester, in manchen Fällen sogar mit dem Oslo Philharmonic Orchestra. Der Abschied von Amsterdam bedeutet also auch: Jansons lässt sich fortan einem einzigen Ensemble zuordnen, es kommt zu einer echten Markenbildung mit dem BR-Klangkörper.

Bei aller Frustration gibt es seitens des Concertgebouworkest Verständnis für diesen Schritt – zumal viele, wie etwa Cellist Johan van Iersel, bereits etwas geahnt hatten: »Ich war sehr enttäuscht. Die Begründung mit dem Konzertsaal leuchtete uns ein. Ich glaube aber auch, dass die unterschiedliche Mentalität in Deutschland und den Niederlanden eine Rolle spielte. Orchester in Deutschland sind traditionell disziplinierter. Mariss mag das. Bei uns gibt es viel mehr Diskussionen. Er ist eben ein Kontrollfreak. Er will seine Energie in die Musik stecken, weniger in Debatten.« Harfenistin Petra van der Heide hatte die Situation demgegenüber weniger kommen sehen: »Mir war nie klar, dass es allein auf München zuläuft. Ich habe nur gesehen, dass es aus gesundheitlichen Gründen nicht anders geht mit zwei Orchestern. Ich hätte mir auch das Szenario vorstellen können, dass er bei beiden Ensembles aufhört.«

Anders als in Oslo ist Jansons Abschied aus Amsterdam jedoch nicht für immer. Er will dem Orchester weiterhin als Gast verbunden bleiben. Eine Vereinbarung für ein Prestigeprojekt gibt es bereits, die Premiere von Tschaikowskys Oper *Pique Dame* am Muziektheater. Wer will, kann das als Trost verstehen.

Die letzte Spielzeit von Mariss Jansons als Chef beim Concertgebouworkest startet gleich mit einer Tournee. In Edinburgh, Köln, Ljubljana, Salzburg, Graz, Luzern und Berlin bestimmt der so geliebte Richard Strauss die Programme. Dazu werden unter anderem Ravels *Daphnis und Chloé*, Schostakowitschs erste Symphonie, Brahms' Violinkonzert mit Leonidas Kavakos und Ravels Klavierkonzert mit Jean-Yves Thibaudet aufgeführt. Mit Wolfgang Rihms *Lichtes Spiel*, einem 18-minütigen Opus für Violine und kleines Orchester, ist sogar die Moderne vertreten.

Wieder zurück in Amsterdam, kommt es für beide Seiten zu einem Novum: Im Herbst 2014 dirigiert Jansons erstmals Prokofjews fünfte Symphonie – was angesichts seiner Repertoire-Vorlieben überrascht. Es ist neben der *Symphonie classique* die am häufigsten gespielte Symphonie des Komponisten. Wie Schostakowitschs Siebte, die »Leningrader«, wird auch Prokofjews Fünfte wegen ihres affirmativen Charakters, ihrer Verherrlichung, ihres angeblich überbordenden Patriotismus kritisiert. Gewidmet ist sie dem »Triumph des menschlichen Geistes«, was die einen als Vaterlandsbegeisterung, andere als utopisches Moment in den Kriegswirren des Jahres 1944 verstehen.

Wie schon in Tschaikowskys symphonischen Schwergewichten und besonders auch in Schostakowitschs »Leningrader« verfolgt Jansons mit dem – ohnehin nie brachial aufspielenden – Concertgebouworkest einen eigenen Weg. Großer Aufriss und Expansion ja, aber nie inhaltsarmes Pathos und emotionale Übersättigung. Die deutlich umrissenen Gesten, die wie offen daliegende

Struktur, die Trennschärfe in den Klangschichtungen, die sehnige Wucht, all das machen die Konzerte zu einem der größten Triumphe in Jansons' Abschiedsjahr. Überhaupt häufen sich – im Gegensatz zu den manchmal stereotyp programmierten Spielzeiten zuvor – die ungewöhnlichen Kombinationen. Einmal kommt es zur Kopplung von Martinů mit Lutosławski, Chabrier, Ravel und Liszt, Denis Matsuev spielt dazu noch Gershwins *Rhapsody in Blue*. Ein untypischer Jansons-Abend ist auch die Verbindung von Debussys *Ibéria* mit de Fallas *Dreispitz*, Massenets *Scènes napolitaines* und Respighis *Pini di Roma*, eine Kombination, die auch auf einer Europatournee in Madrid und Wien erklingt. Weitere Stationen sind Frankfurt und Paris, wo die Strauss-Suite *Der Bürger als Edelmann* und Mahlers vierte Symphonie musiziert werden – es ist zugleich Jansons letzte Reise mit seinem Amsterdamer Ensemble.

Am 19. und 20. März 2015 ist es dann so weit: die beiden finalen Amsterdamer Abende, die Jansons als Chef dirigiert. Als diese Konzerte geplant worden waren, war dies noch keinem bewusst gewesen. Kein Strauss also, den man zu einem solchen Anlass erwarten würde, auch kein Schostakowitsch, kein Beethoven oder ein anderes jener Werke, die typisch sind für einen Jansons-Abend. Bariton Thomas Hampson, einer seiner Lieblingssänger, interpretiert Lieder aus Mahlers *Des Knaben Wunderhorn* sowie Teile aus Coplands *Old American Songs*. Bartóks *Konzert für Orchester* bietet nach der Pause wirkungsbewusstes Orchesterfutter.

Eine Besonderheit ist an diesem Abend die Auftragskomposition des Niederländers Martijn Padding, das gut fünfminütige *Ick seg Adieu*, das auf einem holländischen Lied des 16. Jahrhunderts basiert. Streicher-Pizzicati, Bläser-Glissandi, geräuschhaft Aufblitzendes und immer wieder Volksliedhaftes, das sich wie klanglich verbogen in den Vordergrund schiebt: Das Publikum, darunter Königin Máxima, nimmt das Abschiedsgeschenk mit einer Mischung aus Amüsement und Faszination zur Kenntnis.

Am Ende dann erwartungsgemäß Standing Ovations und viele Tränen, auch unter den Musikern. Jansons wird noch eine besondere Ehrung zuteil. Auf Kommando darf er ein Monumentalgemälde enthüllen, das ihn – leicht verfremdet – beim Dirigieren zeigt. Wer ihn näher kennt, weiß, dass ihm solche Aktionen in aller Öffentlichkeit nicht unbedingt behagen.

Nach den obligatorischen Ansprachen tritt auch Jansons ans Pult und redet den Zuhörern ins Gewissen: »Sie sind ein so wunderbares Publikum, versprechen Sie mir, dass Sie gut für dieses Orchester sorgen.« Er selbst wird seinen Teil dazu beitragen – zwei Jahre später ist er mit Tschaikowskys *Pique Dame* und Mahlers Siebter wieder zurück. Befreiter, unbelastet von der Verantwortung als Chef, glücklich über diese Wiedervereinigung. Harfenistin Petra van der Heide sprach sicherlich stellvertretend für die meisten: »Wir hatten einfach nicht das Gefühl, dass wir miteinander fertig waren.«

Berliner Versuchungen

Ob die Debatte um den Münchner Konzertsaal ohne Mariss Jansons' Einsatz für das Projekt wohl anders verlaufen wäre? Ein Weggang kommt für ihn bekanntlich zu keinem Zeitpunkt infrage. Doch mitten in der Auseinandersetzung, kurz nach dem Abschied aus Amsterdam und in einer Situation, in der sich die Münchner über Jansons Verbleib sicher fühlen, sind plötzlich Sirenenrufe zu vernehmen, die dem Symphonieorchester des Bayerischen Rundfunks gefährlich werden. Die Berliner Philharmoniker sind auf der Suche nach einem neuen Chef.

Gegen das, was sich im Mai 2015 um die Wahl ihres Chefdirigenten abspielt, erscheint eine Papstwahl harmlos. Wie im Vatikan tagt man auch in Berlin im Geheimen, in der evangelischen Jesus-Christus-Kirche im Stadtteil Dahlem, und mit einer vergleichbaren Anzahl von Wahlberechtigten: 123 Musiker liefern sich hinter verschlossenen Türen offenkundig erbitterte Kämpfe.

Der Tag des Konklaves wird vom Orchester vollmundig und mit entsprechender PR-Begleitung angekündigt. Man ist stolz auf die philharmonische Demokratie. Und die Öffentlichkeit spielt das Spiel mit, giert nach dem weißen Rauch. Fotografen, Kameramänner, Zeitungs-,

Rundfunk- und Fernsehjournalisten belagern die Kirche, immer wieder wird die Pressekonferenz verschoben. Nach über elf Stunden Beratung tritt am späten Abend des 11. Mai 2015 ein erschöpfter Orchestervorstand vor die Presse. Das Ergebnis ein Achselzucken: Es gibt keinen neuen Chefdirigenten. Vorerst.

Die Berliner Philharmoniker scheitern an ihrem eigenen Verfahren. Auch weil verdaut und verarbeitet werden muss, dass alles eigentlich ganz anders gedacht gewesen war: Das Orchester hatte den Plan verfolgt, Mariss Jansons nach Berlin zu holen. Für eine Übergangsperiode, in der man sich Zeit genommen hätte für die Suche nach einem jüngeren Star am Pult, der mittel- bis langfristige Perspektiven eröffnen würde. Jansons, der von vielen verehrte, ideale Orchestererzieher und quasi »geborene Chefdirigent«, wie es ein Mitglied der Philharmoniker intern ausdrückt, hätte für Kontinuität sorgen, verlässlichen internationalen Ruhm garantieren und das Orchester in eine neue Zeit führen können. Doch nur wenige Tage vor dem verhängnisvollen Konklave beschert Jansons den Berlinern eine mittlere Katastrophe: Er verlängert seinen Vertrag beim BR-Symphonieorchester.

Für die Berliner ist plötzlich wieder alles offen. Im Januar 2013 hatte ihr Chefdirigent Sir Simon Rattle erklärt, seinen 2018 auslaufenden Kontrakt nicht mehr verlängern zu wollen. Zu weit auseinander liegen die Vorstellungen von Rattle und Orchester, zu lange hatten sich bereits die Verhandlungen für die vorherige Vertragsverlängerung hingezogen, dies gespickt mit mehr oder weniger verborgenen Demütigungen. Der Riss zwischen Befürwortern und Gegnern des Dirigenten behindert auch die geordnete Suche eines Nachfolgers. Wie sollen sich die Berliner Philharmoniker in Zukunft, auf einem sich rasant verändernden Klassikmarkt positionieren? Durch eine stärkere Besinnung auf die Tradition? Durch Fortsetzung des Aufbruchs, wie er von Claudio Abbado angestoßen und von Simon Rattle vorangetrieben worden war? Vielleicht sogar durch die riskante Verpflichtung eines Jungstars? Mariss Jansons erscheint in dieser Situation als der ideale Kandidat. Dem Orchester ist er seit vielen Jahrzehnten eng verbunden. Die Gastdirigate in der Philharmonie sind einer seiner Fixpunkte in jeder Saison. Hinzu kommt die außerordentliche Bedeutung seines Debüts im Jahr 1971 – als Bewerber für den Karajan-Preis. Nicht nur von Rattle, der die Jansons-Konzerte regelmäßig verfolgt, ist mehr als einmal der Satz zu hören: »Mariss ist der Beste von uns allen.« Der Berliner *Tagesspiegel* plädiert, auch gestützt durch interne Informationen, für eine Übergangslösung: »Es liegt also im Bereich des Möglichen, dass die Philharmoniker es mit Otto Reutter halten werden: ›Schau'n Sie nicht so wählerisch/Nur nach dem, der jung und frisch./Nehm'n Se 'n Alten, nehm'n Se 'n Alten!/So 'nen alten, wohlbestallten‹, sang der Berliner Kleinkunstkönig der Zwischenkriegszeit 1926.« Eine Interimslösung sei der eleganteste Ausweg aus dem Dilemma. »Warum nicht einen allseits hochgeschätzten, erfahrenen Maestro wählen, von dessen Können die Musiker einige Jahre profitieren, während sie weiter den Markt beobachten? Warum nicht Mariss Jansons fragen – oder Daniel Barenboim?«

Als der Tag des Berliner Konklaves naht, weilt Jansons sogar in der Stadt. Mit den Philharmonikern wird er in Kürze die Proben zu Bartóks *Musik für Saiteninstrumente, Schlagzeug und Celesta* beginnen, ausgerechnet jenes Stück also, das ihm einst ein etwas dürftiges Debüt bei den Wiener Philharmonikern beschert hatte, dazu Bartóks zweites Violinkonzert mit Frank Peter Zimmermann und die zweite Suite aus Ravels *Daphnis und Chloé«* – jenes Werk, das er 1971 im Schlusskonzert des Karajan-Wettbewerbs hatte aufführen dürfen.

Beim BR-Symphonieorchester ist man alarmiert. Die Mitglieder wissen genau, nicht zuletzt durch persönliche Kontakte zu ihren Berliner Kollegen, was dort vor sich geht beziehungsweise was München droht. Sofort wird an der Isar eine Orchesterversammlung einberufen, die ein eindeutiges Votum für Jansons ergibt. Eine Ehrerbietung, ein Freundschaftsbeweis – und ein Druckmittel. Der Orchestervorstand reist mit BR-Intendant Ulrich Wilhelm zu Jansons nach Berlin. Noch bevor er zur ersten Probe bei den Philharmonikern antritt, unterbreitet ihm die bayerische Delegation ein Vertragsangebot. Und es wird ihm von der Orchesterabstimmung berichtet.

Jansons zeigt sich beeindruckt und fühlt sich in die Pflicht genommen. Hinzu kommt, dass seine Frau Irina, so wird es unter den BR-Musikern erzählt, von einem Wechsel nach Berlin abrät. Die Stadt passe nicht zu ihm. Jansons sagt also zu, sein bis 2018 laufender Vertrag beim BR wird um drei weitere Jahre verlängert. Eine Bitte haben die Münchner allerdings noch an ihren Chef: Jansons möge über all dies nicht in der ersten Probe bei den Berliner Philharmonikern sprechen. Man werde eine Pressemitteilung vorbereiten. Dies ist auch als kleine Spitze gegen die Kollegen zu verstehen.

Genau so tritt es auch ein. Alle Berliner Pläne sind auf einmal Makulatur. Und doch bleibt in München eine Unsicherheit. Je länger das Konklave am 11. Mai dauert, je mehr Abendstunden verstreichen, desto größer wird die Angst. Ob Mariss Jansons auf einen dringenden Anruf der Philharmoniker vielleicht doch noch weich wurde und zugesagt hat? Obwohl man sich das von ihm nach den zurückliegenden Tagen eigentlich nicht vorstellen kann, wächst die Furcht. Als dann der

Berliner Orchestervorstand am Abend ratlos vor die Presse tritt, herrscht in München ausgelassene Stimmung. Und mit Sicherheit auch Schadenfreude.

Wie später bekannt wird, hatte es bereits am Abend der Wahl ein Telefonat mit Kirill Petrenko gegeben. Doch der hatte abgelehnt. Christian Thielemann, Andris Nelsons, Daniel Barenboim und Gustavo Dudamel waren als künftige Chefdirigenten ebenfalls ausgefallen. Entweder weil es keine Mehrheit im Orchester gegeben hatte oder weil die Angesprochenen ebenfalls abgesagt hatten. Sechs Wochen nach der verpatzten Wahl treffen sich die Philharmoniker ein weiteres Mal, diesmal allerdings ohne mediales Konklave-Trommeln. Die Mehrheit votiert für Petrenko. Dieser wirft seine Bedenken über den Haufen und sagt schließlich zu.

Direkt nach dessen Wahl betont Jansons in einem Interview mit dem *Münchner Merkur*, er habe weiterhin ein sehr gutes Verhältnis zu den Berliner Philharmonikern. Die Vertragsverlängerung beim BR-Symphonieorchester sei kein Votum gegen Berlin gewesen. Die Mehrheit in der Münchner Orchesterversammlung habe ihm »die Sicherheit gegeben, dass ich meine Aufgabe hier fortsetzen muss. Es gibt in München noch einiges zu verwirklichen. Ich liebe dieses Orchester wahnsinnig. Ich verstehe die Philharmoniker aber. Sie müssen lange Jahre mit einem Chef auskommen. Besser also ein langsamer Entscheidungsprozess als am Ende unzufrieden sein«.

Einige Jahre später wird Jansons etwas konkreter. Es sei ihm peinlich, darüber zu sprechen, weil er sich nicht loben wolle. »Ich wusste: Wenn ich Ja gesagt hätte, dann hätten die Philharmoniker das sofort akzeptiert. Bei anderen Kollegen war es dort wohl nicht so eindeutig. Ich dachte mir damals aber auch: Ich kann meine BR-Musiker nicht im Stich lassen, das wäre für sie wie ein Messer im Rücken. Das Orchester hätte nie einen Konzertsaal bekommen. Das durfte ich nicht riskieren. Und letztlich bin ich für diese Entwicklung dankbar: Das Leben hat mich in solche Situationen gebracht, und der liebe Gott hat mich in die richtige Richtung geführt. Ich behielt ja recht: Ein Jahr später fiel die endgültige Entscheidung für den Saal.«

Für all dies haben auch die Berliner Philharmoniker Verständnis – zumal mit der Verpflichtung Petrenkos die Wirren ein glückliches Ende finden. Jansons kehrt weiterhin jährlich nach Berlin zurück. Und so wie er selbst seine Arbeit versteht, seine Rolle und die Aufgaben eines Chefdirigenten, haben die Berliner mit der Wahl eines erfahrenen Kollegen in seinen Augen alles richtig gemacht. Den Dirigentenmarkt, seine Auswüchse, Fehlentwicklungen und Strohfeuer, die Jagd nach immer jüngeren Stars am Pult, von denen man sich eine umfassende Erneuerung verspricht, all dies betrachtete Jansons mit großer Skepsis. »Vor 15, 20 Jahren hat eine seltsame Entwicklung begonnen. Plötzlich wurde der Dirigentenberuf noch populärer als sonst, auch viele Instrumentalisten fingen damit an.« Nicht immer, so ließ er durchblicken, zu ihrem musikalischen Vorteil.

»Dass ein junger Kollege eine große Chefposition besetzt«, so Jansons weiter, »ist normal geworden. Auch, weil dauernd Sensationen erwartet werden. Vielleicht bin ich da altmodisch. Aber zu früh an eine wichtige Aufgabe zu kommen halte ich für gefährlich.« Ein junger Künstler müsse Zeit haben für seine Entwicklung, vor allem, um ein breites Repertoire nicht nur zu lernen, sondern auch vor dem Orchester zu beherrschen und seine Vorstellungen plausibel und handwerklich abgesichert vermitteln zu können. »Nur ein Programm probieren und dirigieren, das lernt man bald. Ein Chef ist aber auch ein Orchestererzieher. Ich bin für die langsamen Karrieren, so ging es mir ja auch. Ich habe nie etwas forciert.«

Jansons' Verbindung zu den Berliner Philharmonikern festigt sich auch ohne Chefdirigentenvertrag: Drei Jahre später, im Januar 2018, verleiht das Orchester Mariss Jansons die Ehrenmitgliedschaft. In einer kurzen Zeremonie vor einer Probe überreicht man ihm die Urkunde. Zudem erhält er ein Faksimile von Wilhelm Furtwänglers *Tristan*-Partitur. Jansons ist gerührt, findet in seiner Dankesrede anfangs nur stockend Worte und wischt sich einmal über die Augen. »Ich konnte mir nicht vorstellen, dass ich eine solche Auszeichnung in meinem Leben bekommen werde.« Ein bisschen peinlich sei ihm dies alles. Sicher bewegen ihn in diesem Moment auch Gedanken an seine Anfänge als Dirigent, an seine prägenden, folgenschweren Begegnungen mit Herbert von Karajan, an den Karajan-Preis, an die vielen Konzerte nach seinem »offiziellen« Debüt 1976. »Das ist mehr als Brillanten und Gold«, gesteht er. Jansons verneigt sich vor den Musikern, würdigt ihre einzigartige Qualität – und ihre einzigartige Organisation: »Sie sind ein Vorbild. Sie sind wie eine Lokomotive, und wir alle sitzen im zweiten, dritten, vierten, fünften Waggon.«

Stippvisiten und Modernes

Viele Entscheidungen in Mariss Jansons Karriere fallen um das Jahr 2015 herum. Die freundschaftliche Trennung vom Amsterdamer Concertgebouworkest, die nicht zustande gekommene Bindung an die Berliner Philharmoniker: Eine Konzentration auf das BR-Symphonieorchester, das weiß er selbst, kommt ihm und seiner Arbeit nur zugute. In München sind das gegenseitige Vertrauen und die Zuneigung so groß geworden, dass er nun im besten Sinne etwas loslassen kann – und dies auch tut. Es kommt zwar noch zu peniblen, manchmal enervierenden Proben, doch das gemeinsame Musizieren wird freier, selbstverständlicher. »Jetzt fahren wir die Ernte ein«, wie es Florian Sonnleitner, einer der damaligen Konzertmeister, ausdrückte.

Kleine Seitensprünge gestattet sich Jansons dennoch. Bereits 2010 hatte er ein Probenwochenende mit dem Bayerischen Landesjugendorchester verbracht. Mussorgskys *Bilder einer Ausstellung* hatte damals auf den Pulten gelegen. Und Jansons hatte viel damit zu tun gehabt, dem Nachwuchs nicht nur technische Tipps zu geben, sondern ihn auch aus der Reserve zu locken – viel zu elegant sei dies, was die jungen Musiker da spielten, hatte er seinerzeit moniert. Vier Jahre später steht er wieder vor dem Ensemble, für das sein BR-Symphonieorchester die Patenschaft übernommen hat. Diesmal wird an Dvořáks neunter Symphonie gearbeitet. Und erneut muss er die Instrumentalisten animieren, die mit übergroßem Respekt vor ihm auf dem Podium des Münchner Herkulessaals sitzen: »Gehen Sie in Konzerte des BR-Symphonieorchesters, um zu sehen, mit welcher Hingabe und Leidenschaft die spielen. Sie haben diese Energie, aber zeigen Sie die auch. Musik muss mit Emotion dargeboten werden.« Was der Nachwuchs ihm persönlich bringe? »Arbeit, aber schöne Arbeit«, sagt er kurz nach der Probe.

Mit seinem eigenen Ensemble unternimmt Jansons im November 2014 eine für ihn hochemotionale Reise. Schon zweimal hatte er das BR-Symphonieorchester in seiner Heimat St. Petersburg dirigiert. Doch nun folgt er einer Einladung in seine Geburtsstadt Riga. Anlass des kurzen Gastspiels ist der 100. Geburtstag seines 1984 verstorbenen Vaters Arvīds Jansons. Eine kleine Messingplakette in der Nationaloper erinnert an ihn, in einem engen Gang direkt gegenüber der Dirigentengarderobe. Dort, wo Arvīds Jansons sich einst auf die Aufführungen vorbereitet hatte, trifft der Sohn zwei Stunden vor Konzertbeginn ein.

Blass ist Mariss Jansons, man spürt, wie viel ihm dieser Tag bedeutet. Kameras richten sich auf ihn, der Opernintendant hält eine kurze Rede, man posiert für Fotos. Bereits zuvor wurde der große Sohn der Stadt am Flughafen von einem TV-Team empfangen und interviewt. Die Stadt hüllt sich dessen ungeachtet in ein graues Kleid aus Nebel und Regen – Festtagswetter sieht anders aus. Ein riesiges Plakat an der Oper kündet vom Gastspiel, das Fernsehen überträgt live. Viel Prominenz hat sich angesagt, unter anderem die lettische Mezzosopranistin Elīna Garanča.

Als Jansons die Anspielprobe eröffnet, blickt er aufmunternd ins Orchester: »Herzlich willkommen in meiner Stadt.« Später im Konzert, als Jansons die Bühne des Opernhauses betritt, brandet der Beifall zunächst höflich auf. Doch zur Pause, nach Dvořáks neunter Symphonie, stehen die jubelnden Zuhörer sofort auf. Am Ende, nach Schostakowitschs fünfter Symphonie, die das Publikum fast körperlich überwältigt, gibt es einen Blumenberg, rhythmisches Klatschen, zwei Zugaben und strahlende Gesichter von allen Seiten.

Als sich die Musiker in den engen Gängen und Garderoben bereits umziehen, wird der verschwitzte Mariss Jansons mehrmals allein an die Rampe geklatscht. Gerührt fasst er sich ans Herz und bekennt später auf dem Empfang: »Je älter ich werde, desto mehr fühle ich eine herzliche Beziehung zu Lettland.« Die Nacht wird naturgemäß sehr kurz, am nächsten Morgen warten drei Busse für das Orchester vor dem Hotel – nach einer hochemotionalen Beschwörung der Vergangenheit geht es zurück in den Münchner Alltag.

Für die dortigen Konzerte will Jansons nun eine Idee übernehmen, die er einst in Pittsburgh ausprobiert hatte: das Überraschungsstück. Was in den Vereinigten Staaten beim Publikum gut angekommen war, kann für München so falsch nicht sein, denken sich die Verantwortlichen beim Bayerischen Rundfunk. In den Programmheften finden sich also keinerlei Hinweise auf das erste Werk des Abends. Erst Jansons lüftet in einer kurzen Ansage das Geheimnis. Den Anfang dieser Reihe macht im Herbst 2015 die effektvolle Orchester-Rhapsodie *España* von Emmanuel Chabrier. Ein paar Wochen später erklingt vor Edgard Varèses eruptiver Großtat *Amérique Finlandia* von Jean Sibelius – nach einer Spielzeit wird die Idee wieder aufgegeben.

Es ist die Saison, in der das BR-Symphonieorchester

ein weiteres Mal nach Nordamerika reist. Als ein eher unübliches Mitbringsel wählen Jansons und das Orchester Schostakowitschs monumentale »Leningrader« Symphonie. Die Münchner Aufführung im Februar 2016, am Vorabend der Tournee, gerät noch wilder, entschlossener, offensiver als 2006 beim Schostakowitsch-Festival und nähert sich dem Trommelfelltest.

Zwischen diesen Abenden und der Abreise wird noch der Geburtstag des BR-Chors gefeiert, dem Jansons formell als Chefdirigent neben dem künstlerischen Leiter Peter Dijkstra vorsteht. Mit einem Häppchenprogramm darf Jansons zu diesem Anlass seine Opernleidenschaft ausleben. *Steuermann, lass' die Wacht* aus Wagners *Fliegendem Holländer*, die Triumphszene aus Verdis *Aida*, der Pilgerchor aus Wagners *Tannhäuser*, der *Mondchor* aus Nicolais *Lustigen Weibern von Windsor*, sogar *Zur Jagd, zur Jagd* aus Schuberts *Alfonso und Estrella* – ein wilder, dramaturgisch schwer begründbarer Ritt durch die Opernliteratur, der bei manchem den Wunsch aufkommen lässt, Jansons möge sich doch eines dieser Werke zu Gänze vornehmen.

Wieder im ureigenen Repertoire bewegt sich das BR-Symphonieorchester schließlich auf der Nordamerikareise. Bevor allerdings die New Yorker Carnegie Hall betreten werden darf, geht es nach Washington, Montreal – und in die Provinz, in die Universitätsstädte Chapel Hill und Ann Arbor. Keine ungewöhnlichen Reiseziele für Spitzenorchester sind dies. Es sind Orte, an denen das Verhältnis von Tourneekosten und Einnahmen stimmt – die dortigen Veranstalter und Universitäts-Finanziers zahlen gut. Die Gage für das Ensemble wird also nicht von den Unterbringungs- und Logistikkosten aufgefressen, wie es in New York der Fall ist. Ein paar Tage später, beim Gastspiel in Chicago, ereignet sich das Gipfeltreffen der Stars. Hausherr Riccardo Muti, dem BR-Symphonieorchester ohnehin eng verbunden, erscheint zur Anspielprobe und begrüßt die Münchner. Mehrfach wird Jansons von ihm umarmt, bis wirklich fast jeder Musiker die kollegiale Innigkeit fotografiert hat. Er bewundere und liebe Mariss Jansons, sagt Muti – um den gemeinsamen Auftritt gleich wieder ironisch zu relativieren: »Ein Dirigent ist eine Katastrophe, zwei sind ein Desaster.«

Ausgerechnet vor dem Tourneefinale in New York wird das BR-Symphonieorchester von Münchner Problemen heimgesucht. Schon seit einiger Zeit nehmen die Sparzwänge beim Bayerischen Rundfunk zu. Zudem will sich die öffentlich-rechtliche Anstalt umstrukturieren und den Erfordernissen der neuen Medienwelt gerecht werden. »Es muss alles auf den Prüfstand«, kündigt der Verwaltungsdirektor im Bayerischen Landtag an – womit man sich beim Orchester, das bislang von Kürzungen weitgehend verschont geblieben war, sofort angesprochen fühlt.

Sollte nun, neben der Konzertsaal-Debatte, eine neue, fürs Ensemble viel gefährlichere Diskussion beginnen? Wäre damit der Chefdirigent, ähnlich wie in Oslo und Pittsburgh, als ein Kulturpolitiker und Lobbyist gefordert, der um den Bestand und die Rahmenbedingungen seines Orchesters kämpfen müsste? Die Gespenster der Vergangenheit sind also wieder da.

Martin Wagner, Hörfunkdirektor des BR und damit zuständig für die Klangkörper, ist ebenfalls nach New York gereist. Die Bedenken bei Jansons und im Orchester versucht er zu zerstreuen. Die Einlassungen des Verwaltungsdirektors im Landtag seien falsch verstanden worden. Jansons zeigt sich beruhigt – vorerst.

Wie nach perfekter Dramaturgie inszeniert, ist der Höhepunkt der Reise tatsächlich das Schlusskonzert in New York. Zweimal spielt man in der Carnegie Hall, am ersten Abend gibt es Korngolds Violinkonzert mit Leonidas Kavakos und Dvořáks Achte, am zweiten Schostakowitschs Siebte. Nach dem Schlussakkord branden die Ovationen über die Gäste hinweg. Jansons hat, so berichten es Orchestermitglieder, Tränen in den Augen, auch bei manchem Musiker sieht man ein verdächtiges Glitzern. Stolz und glücklich sei er, dass er mit diesem Ensemble arbeiten dürfe, sagt Jansons nach dem Finale. »Ich habe so viele Komplimente von Zuhörern auf der Reise gehört, das ist fast peinlich«, gesteht er – um gleich darauf sein jugendhaftes Lächeln aufzusetzen: »Aber gut, es macht ja auch Freude.«

Die Beschäftigung mit der Moderne bleibt auch in diesen Münchner Jahren Jansons offene Flanke. In Oslo und Pittsburgh hatte er Zeitgenössisches eher selten dirigiert. Wenn, dann meist aus der Feder norwegischer oder US-amerikanischer Komponisten – weil es die Tradition der Orchester so erfordert hatte. Ähnliches in Amsterdam. In München herrschen allerdings etwas andere Rahmenbedingungen. Dort gibt es seit 1945 eine vom Komponisten Karl Amadeus Hartmann initiierte Konzertreihe für zeitgenössische Musik, die seit 1947 den Titel *Musica Viva* trägt und seit 1948 zum Bayerischen Rundfunk gehört. Bestritten wird sie weitgehend vom BR-Symphonieorchester, und sie wird als eines der international wichtigsten Foren für Neue Musik gerühmt – was für das Orchester zugleich bedeutet, dass die Moderne bequem von den Abonnementkonzerten in die Spezialistenreihe »ausgelagert« werden kann.

Die Chefdirigenten des BR-Symphonieorchesters lassen sich hier nicht übermäßig häufig blicken. Umso gewaltiger ist die Aufmerksamkeit, als Mariss Jansons im März 2017 eine abendfüllende Uraufführung dirigiert: Wolfgang Rihms *Requiem-Strophen*, die zugleich an dessen *Gruß-Moment 2* – eine Erinnerung an Pierre Boulez – gekoppelt werden.

Rihms achtzigminütige *Requiem-Strophen* verschränken das lateinische Ordinarium mit spätromantischen Orchesterliedern, deren Texte unter anderem von Rainer Maria Rilke und Michelangelo in Rilkes Übertragung stammen. Das Plakative, Theatralische der Totenmessen eines Verdi oder Mozart blendet Rihm aus, Schumann und Fauré liegen ihm näher. Jansons versteht sich dabei – ganz werkgemäß – als behutsamer Lotse. Auch für ihn ist eine derart groß dimensionierte Uraufführung der Ausnahmefall. Umso bemerkenswerter, dass Rihms neues Werk mitgenommen wird auf das traditionelle Gastspiel beim Luzerner Osterfestival.

Die *Neue Zürcher Zeitung* nimmt die Uraufführung in München zum Anlass, Grundsätzliches über die Zusammenarbeit von Jansons mit dem Orchester zu publizieren. »Seit seinem Amtsantritt in München hat der Klangkörper eine unerhört farbenreiche Flexibilität und Offenheit erreicht«, schreibt sie. »Jansons schafft es, das Orchester erdig und kompakt klingen zu lassen oder leuchtend klar und luzid. Hier wird nicht ein Klangideal konserviert, sondern fortwährend weiterentwickelt.« Und von dieser Flexibilität profitierten »nun namentlich die *Requiem-Strophen*«.

Ein weiteres neues Erlebnis, wenngleich ganz anderer Art, bietet sich für Jansons und die Münchner Musiker während einer Kurzreise im Mai 2017. Erstmals gastiert man in der Hamburger Elbphilharmonie, vier Monate nach deren Eröffnung. Auch eine Abordnung der Münchner Konzertsaal-Stiftung reist mit, die Erfahrungen für das Parallelprojekt an der Isar sammeln will.

Wo andere Orchester auf Gastspielen gern Standardkost à la Brahms und Mahler vorsetzen, bringen die Münchner akustisches Testmaterial mit: Schostakowitschs Erste, Thomas Larchers *Padmore Cycle*, den dieser für den britischen Tenor Mark Padmore komponierte, und Ravels *La Valse*. Was sich bereits in den Eröffnungskonzerten angedeutet hatte, wird beim Gastspiel des BR-Symphonieorchesters überdeutlich: Die Elbphilharmonie ist ein Forum für First-Class-Orchester. Alles ist zu hören, alles wird in kühler Trennschärfe entblößt – was technisch weniger versierten Ensembles zum Verhängnis werden kann. Jansons und die Münchner nehmen das als sportliche Herausforderung.

In der Anspielprobe reagiert Jansons auf die ungewohnte Umgebung. Piano-Stellen mögen bitte noch leiser gespielt werden, fordert er. »Und bei echtem Pianissimo müssen Sie viel Substanz geben.« Natürlich könne man einen solchen spektakulären Bau nicht in München realisieren, sagt der Chefdirigent nach dem Konzert mit Blick auf das räumlich begrenzte Werksviertel. Den Klang der Elbphilharmonie lobt er als »sehr gut« – was nicht überrascht: Seit vielen Jahren hat sich Jansons auf Toyotas akustische Ausstattungen festgelegt. Zu diesem Zeitpunkt kann er noch nicht ahnen, dass sich München auf eine völlig andere wird einstellen müssen. Mag sein, dass Jansons aber im Geiste schon woanders ist. Augen und Ohren der internationalen Musikwelt sind schließlich bereits auf die Salzburger Festspiele gerichtet – und auf sein dortiges Operndebüt.

Festspiel-Oper und Schubert-Überraschungen

Mehr Oper. Immer wieder kehrt Mariss Jansons, befragt nach seinen Wünschen, zu diesem Thema zurück. In Amsterdam, bei einem Orchester, das regelmäßig das dortige Muziektheater bespielt, hatte er dieses Bedürfnis befriedigen können. In München bleibt es bei konzertanten Aufführungen. Doch nun kommt ein weiteres Ensemble ins Spiel, dem Jansons seit Jahrzehnten eng verbunden ist. Und ein Musikmanager, der im Herbst 2016 den wichtigsten Thron der Festspielszene bestiegen hat: Markus Hinterhäuser, der neue Intendant der Salzburger Festspiele.

Hinterhäuser unterbreitet dem Dirigenten einige verlockende Angebote. Die Wiener Philharmoniker müssen von dieser Zusammenarbeit ohnehin nicht erst überzeugt werden. Die Vorgespräche führen daher schnell zum allseits ersehnten Ziel. Für den Sommer 2017, Hinterhäusers erste Saison, kann Jansons als Operndirigent verpflichtet werden. Angekündigt wird die Premiere von Dmitri Schostakowitschs *Lady Macbeth von Mzensk*.

Es ist nicht einfach für Jansons, einen Regisseur zu finden. Mit dem für seine szenische Drastik bekannten

Martin Kušej hatte er in Amsterdam die *Lady* herausgebracht. Der andere dortige Regiepartner, Stefan Herheim für *Pique Dame* und *Eugen Onegin*, ist ebenfalls alles andere als ein Verfechter konventionellen Erzähltheaters. Im Falle Salzburgs ist Jansons daher vorsichtig, ebenso Intendant Hinterhäuser. Beide wissen, dass die Festspielstadt und ihr Galapublikum ein anderes, besonderes Biotop bilden. Zwar hatte es dort, nicht zuletzt unter dem früheren Intendanten Gerard Mortier, geistvolle, substanzreiche Zumutungen gegeben. Doch für Jansons' Operndebüt wollen alle Seiten auf Nummer sicher gehen.

Am Ende findet sich Regisseur Andreas Kriegenburg, der mit seinem Ausstatter Harald B. Thor einen dunklen, gebrochenen, monumentalen Stil pflegt. Auch Kriegenburg muss sich, wie seine Kollegen in Amsterdam, an die neue Situation gewöhnen. Jansons ist in Salzburg ab der ersten szenischen Probe dabei. Und dies nicht nur als stummer Beobachter. Er fragt. Nach konzeptionellen Details und vielen anderen Dingen. Und nach den bestmöglichen szenischen Arrangements, sodass auch die Musik stets zu ihrem Recht kommt. Der Regisseur sieht sich unter – durchaus fruchtbarem – Rechtfertigungsdruck. Zugleich kann Jansons von Anfang an die Sänger verfolgen und sich ihre Eigenheiten einprägen, ihnen auch Tipps geben.

Die ursprüngliche Gestalt der *Lady Macbeth von Mzensk* zu realisieren ist eine komplizierte Angelegenheit, da Schostakowitsch von Anfang an Selbstzensur beging – gerade was den herben, erbarmungslosen, ungeschönten Text angeht. Er habe sich, so Jansons vor der Premiere gegenüber dem Bayerischen Rundfunk, noch einmal akribisch die Quellen vorgenommen. »Ich habe alle Partituren gründlich studiert und alle Klavierauszüge verglichen. Ich glaube, dass der Text jetzt so ist, wie er ganz am Anfang war, in der allerersten Version.« Und er weiß schon jetzt im Angesicht dieser so fordernden, überwältigenden Oper: »Nach Ende der Vorstellung können Sie erst einmal einen ganzen Moment lang nichts sagen.«

Den Wiener Philharmonikern, was Operndirigate angeht das weltweit verwöhnteste Orchester, imponiert die Probenarbeit. »Für uns war extrem beeindruckend, wie genau er jedes Detail dieser Riesenpartitur kennt«, sagte Kontrabassist Michael Bladerer. »Mariss Jansons ist keiner, der während des Dirigierens nur mit der Nase in der Partitur ist, er ist immer bei den Sängern und beim Orchester. Er war unfassbar gut vorbereitet – auch was zum Beispiel die Unterschiede zwischen der Vorlage von Nikolai Leskow und der der Oper betrifft.«

Am 2. August 2017 ist Premiere, drei Stunden später verlässt Jansons im Triumph den Graben des Großen Festspielhauses. Während der Aufführung spielt er seine ganze Ehrfurcht gebietende Schostakowitsch-Kompetenz aus. Das Dreckige, Schmuddelige, das der Stoff nahelegt, ist seine Sache allerdings nicht. Und da trifft er sich mit dem Klangverständnis der Wiener Philharmoniker: Auch im größten musikalischen Aufruhr, im ungebändigtsten, kompromisslosesten Gestus der Partitur begreift sich Jansons als Ästhet. Es ist eine Art dialektische Umsetzung dieser Musik. Immer ist künstlerische Überformung zu spüren, Kontrolle, auch Draufsicht.

Trotzdem scheint das Festspielhaus zu erbeben angesichts des energiegeladenen, eruptiven Dirigats. »Man ist beeindruckt von der Dramatik und der Kraft und taumelt sofort wieder klangtrunken in feinst gestaltete kammermusikalische Räume«, schreibt der *Wiener Kurier* begeistert. »Man erkennt die Angst aller Beteiligten vor dem Unterdrückerregime, bemerkt aber in vielen Details auch die Ironisierung, die Lächerlichmachung, die Karikierung.«

In der *Neuen Zürcher Zeitung* heißt es: »Selten dürften die sonst für ihren überragenden Wohlklang gefeierten Philharmoniker so lustvoll zugepackt, so hingebungsvoll hart und doch kontrolliert gespielt haben. Wirklich hässlich klingt das bei diesen bis in die Fingerspitzen kultivierten Musikern noch immer nicht; doch ihre feinnervige Wiedergabe von Mahlers neunter Symphonie – drei Tage zuvor unter Bernard Haitink – zum Maßstab genommen, wirkte der Zugriff geradezu brachial.«

So einhellig positiv das Urteil über Jansons ausfällt, so enttäuscht ist man von Andreas Kriegenburgs Regie. Auch gegen Nina Stemme, die als wichtigste Wagner-Heroine ihrer Zeit die Katerina übernimmt und fast eine Querbesetzung ist, werden Einwände vorgebracht. Vielleicht deutet ihr Auftritt auch auf ihre Indisposition: In Folgevorstellungen lässt sie sich von Evgenia Muraveva vertreten. Viel Lob gibt es dagegen für Brandon Jovanovich als Katerinas mitmordender Geliebter Sergej. Der Triumph für Jansons ist so groß, dass sich die Entscheidungsträger einig sind: Diese Salzburger Opern-Reihe muss fortgesetzt werden, schon im Sommer 2018.

Bis es so weit ist, steht Jansons allerdings ein bedeutender Geburtstag bevor. Dem blickt er, der vor großen Empfängen oder entsprechenden Festkonzerten am liebsten flüchten würde, naturgemäß mit gemischten Gefühlen entgegen. Ausgerechnet am 13. Januar 2018, am Vorabend seines 75. Geburtstags, gastiert er mit dem BR-Symphonieorchester in der Elbphilharmonie. Ein schwergewichtiges Programm: Auf Strauss' *Also sprach Zarathustra* folgt nach der Pause die fünfte Symphonie von Schostakowitsch. Als Zugabe gibt es das *Panorama* aus Tschaikowskys *Dornröschen*-Ballett – jenes Stück, das Jansons einst nur widerwillig ins Programm des Wiener Neujahrskonzerts aufgenommen hatte und das ihm seinerzeit mit am besten gelungen war.

Mutmaßlich hat sich Jansons einen entspannten Ausklang dieses Abends ausgemalt, ein beschauliches Hineinfeiern in den Geburtstag, gern im engsten Kreise. Doch sein Orchester macht ihm einen gewaltigen Strich durch die Rechnung. Für eine Feier hat man ohne Jansons Wissen den kleinen Saal der Elbphilharmonie gemietet. Als Jansons zu einem vorgeblich informellen Empfang dort hingelotst wird, ist er sprachlos. Mehrere Formationen des Orchesters haben heimlich ein musikalisches Programm einstudiert. Die Schlagzeuger spielen, verkleidet als Köche, ein Kochlöffel-Stück – eine jener Nummern, die sie bei den Kinderaktionen des Orchesters aufzuführen pflegen. Acht Kontrabassisten führen eine Kurzversion von Bizets *Carmen* auf, bei deren Pizzicati Jansons' Hund jedes Mal so zusammenzuckt, dass alle vor Lachen kaum weiterspielen können.

Eine Abordnung des Orchesterfreundeskreises und des Konzertsaalvereins ist ebenfalls dabei. Jansons wird eine Torte in Form des Konzerthauses überreicht und eine große Messingtafel, die vom »Mariss-Jansons-Platz« kündet. Das Fest in der Elbphilharmonie endet gegen ein Uhr. Jansons, verblüfft und überwältigt von der Aktion, kündigt an, sich auf der nächsten Reise nach St. Petersburg mit einer Feier revanchieren zu wollen.

Nach dieser kurzen Nacht fliegt er mit seiner Frau Irina relativ spät zurück ins heimische St. Petersburg. Ein bisschen Familie, ein paar Freunde, das muss dort reichen. Seit einiger Zeit hat sich die Familie vergrößert. Es handelt sich um ebenjenes Neumitglied auf vier Beinen, das die Kontrabässe so verstörten – um Hund Miki. Ein Petit Brabançon, der aussieht wie ein zum Leben erwecktes Steifftier und den das Ehepaar Jansons von einem Züchter unweit von St. Petersburg gekauft hatte. Die Idee stammte von Irina Jansons. Und die Rasse war bewusst gewählt worden, Tiere bis zu acht Kilogramm lassen sich auf den Reisen bequem im Handgepäck mitnehmen.

Normalerweise wäre ein solcher Familienzuwachs kaum der Erwähnung wert, doch Jansons veränderte dies – und das fiel allen auf, die ihm nahestanden – nachhaltig. »Ich bin verrückt geworden«, sagte er. »Er ist wie ein Kind. Das ist fantastisch für die Seele. Er bringt mir die ganze Zeit positive Energie und Emotionen.«

Jansons verbringt nach seinem 75. Geburtstag weitgehend unbeschwerte Monate. Dass es im symphonischen Alltagsgeschäft ständig zu Wiedervorlagen kommt, ist dem sich verengenden Repertoire der großen Symphonieorchester geschuldet, ihren Tourneen, letztlich auch den Vorlieben der Chefdirigenten. Im achten Lebensjahrzehnt und nach vielen Ausflügen in entlegenere musikalische Gefilde muss Jansons außerdem, das lässt er gern anklingen, das Rad für sich nicht mehr neu erfinden.

Doch oft kommt es gerade bei diesen Wiedervorlagen zu bewussten Neubefragungen, zu anderen interpretatorischen Ansätzen. Die Reprisen solcher Hits demonstrieren dann, wie sehr sich Jansons beeinflussen lässt von anderen Traditionen, die ihm früher vielleicht fremd erschienen. Dass er sich in manchen Teilbereichen des gängigen Repertoires interpretatorisch nicht einordnen lässt und keiner bestimmten Schule angehört, ist eine Folge dieses steten Überdenkens.

Am deutlichsten wird das weniger bei den großen romantischen und spätromantischen Werken (deren Deutungsansätze im Laufe der Jahrzehnte bei Jansons eher bemerkenswert konstant bleiben), sondern bei der

Wiener Klassik beziehungsweise an der Schnittstelle zur Romantik. Ein Beispiel hierfür ist, gerade weil sie so heterogene Einflüsse in sich vereinigt, Schuberts achte Symphonie in C-Dur, die »Große«.

Im Januar 2018 nimmt sich Jansons die Achte mit dem BR-Symponieorchester erneut vor. Aufführungsort ist der Herkulessaal, der Bayerische Rundfunk schneidet nicht nur wie gewohnt mit, sondern bringt das Werk später auch als Platte heraus. Jansons koppelt Schubert, auch dies ist ungewöhnlich, mit dem fünfundzwanzigminütigen *Trauermarsch für Klavier und Orchester* von Jörg Widmann. Dieses Opus, ein gemeinsames Auftragswerk der Berliner Philharmoniker, des Toronto Symphony Orchestra und des San Francisco Symphony Orchestra, war im Dezember 2014 unter Simon Rattle uraufgeführt worden. Yefim Bronfman, der damals den Klavierpart gespielt hatte, sitzt auch jetzt in den Jansons-Konzerten am Flügel.

Mehreres fällt in allen Sätzen von Schuberts Achter auf: eine bemerkenswerte Auflichtung des Klangs und die Trennschärfe. Akkorde, gerade im Forte, werden nicht in den Raum gemeißelt und ausgekostet, sondern ganz im Sinne einer Harnoncourt'schen Klangrede dynamisch sofort zurückgenommen. Auch das Herauspräparieren der Mittelstimmen lässt aufhorchen, wodurch viel mehr Korrespondenzen zwischen den Gruppen möglich sind, was auch genutzt wird.

Durchweg zügige, fast strenge Tempi kennzeichnen diese Interpretation. Schon die Introduktion gestalten Jansons und sein Orchester flott. Und als es zum Hauptteil des Satzes kommt, wird nur minimal beschleunigt. Ganz anders als bei Kollegen abseits der Alten Musik ist man fast überrascht vom entschlackten Klangbild, auch von der kammermusikalischen Wendigkeit und Filigranität in den Soli. Gern werden, bei aller Wahrung der Substanz, Widerhaken platziert. Kurz: Man erlebt, dass die »Große« ganz aus dem Geist der frühen Symphonien gespielt wird und dadurch alles romantische Imponiergehabe verliert.

Ebenso aufs Mikrokosmische konzentriert, deutet Jansons den zweiten Satz, den er fast tänzerisch aufreizend gestaltet – was allerdings zu einer gewissen Einbuße beim Höhepunkt des Andante con moto führt: Gerade weil Jansons weniger expansiv vorgeht, spitzt sich diese Stelle – trotz scharfer Akzentuierungen – nicht so katastrophisch zu, wie man es von landläufigen Aufführungen kennt und vielleicht auch erwartet. Der Zusammenbruch danach fällt dadurch weniger nihilistisch aus, das daraufhin einsetzende Thema ist kein Paradigmenwechsel im Satzgefüge, sondern wirkt eher wie ein melancholischer Kommentar zum soeben Geschehenen.

Erstaunlich feingliedrig ist hier auch das Trio des dritten Satzes. Selbst die kleinsten Bläser-Verzahnungen sind erkennbar. Die von anderen gern ausgespielte Wehmut hört man weniger – womöglich auch, weil Jansons das Stück rein musikimmanent begreift und nicht als eine Art Tondichtung mit außermusikalischen Allusionen. Viel weniger nachdrücklich, fast leichtfüßig agiert das Orchester im letzten Satz, obgleich die Energie im Vergleich zum Kopfsatz zugenommen hat. Eine von Schubert eingeschobene und später intensivierte ruhigere Episode verleiht jeder der hier parallelisierten Schichtungen eine eigene Präsenz.

Erreicht wird auch dies mit einem eher behutsamen Zugriff, mit subtilen Rhythmisierungen und ebensolchen Farbaufträgen. Trotzdem ist zu spüren, dass Jansons das gesamte Opus als Finalsymphonie versteht. Die letzten Steigerungen präsentieren sich allerdings weniger als muskulöses Aufbäumen und triumphale Architektur: Bei Jansons haben diese Ausbrüche vielmehr etwas Lakonisches – bis hin zum Schlussakkord, der nicht – wie es Partiturvorschrift wäre – dynamisch zurückgefahren wird, sondern fast abgerissenen wirkt.

Gerade bei diesem so heiklen Stück (von dem zum Beispiel Günter Wand sagte, er wolle es erst nach Überschreitung des 60. Lebensjahres riskieren) zeigt sich, wie weit entfernt sich Janons von seinen Kollegen bewegt, die ein ähnliches Repertoire wie er dirigieren. Musikalische Romantik bedeutet für ihn nicht automatisch Überwältigungsdruck, massige Vehemenz und klangliche Wucherungen. Ohne die Erkenntnisse der sogenannten »historischen Aufführungspraxis« ist Jansons Deutung von Schuberts letzter Symphonie (und anderer Komponisten) nicht denkbar. Was nicht heißt, dass er dieser Tradition angehört. Es ist eher ein freies Nutzen solcher Erkenntnisse, um einen Weg abseits interpretatorischer Dogmen zu beschreiten. Jansons bleibt dabei stets auf Sichtweite mit der Tradition. Als Kompromiss ließe sich das bezeichnen. Man könnte es aber auch als Versöhnung verschiedener Spielpraktiken verstehen.

Verhängnisvoller Tschaikowsky

Eine großzügig ausgesprochene Einladung – doch dann, während der Vorbereitung, wird plötzlich klar: Für den repräsentativen Anlass ist gar kein Geld da. Am besten also, man wird die Gäste schnell wieder los, so erlaucht sie auch sein mögen. Dem BR-Symphonieorchester passiert das Ende 2017, in jenen Tagen, in denen in München die Entscheidung für die Architektur des Konzerthauses fällt.
Eigentlich war für Mai 2018 eine Reise nach Südamerika geplant, wo das Orchester sehr lange nicht mehr aufgetreten ist. Eine solche Tournee hätte sich vom gewohnten USA-Asien-Rhythmus abgehoben. Doch der südamerikanische Veranstalter musste aus finanziellen Gründen passen. Beim BR entsteht dadurch eine bizarre Situation: Der Chefdirigent steht für Mai 2018 zur Verfügung – doch was mit ihm anstellen? Der Blick richtet sich nach Nordeuropa, zu den dortigen Kulturstädten und deren Veranstaltern pflegt man seit Langem gute Kontakte. Eine Ersatztournee wird aus dem Boden gestampft, es geht in Jansons' Geburtsstadt Riga, nach Helsinki, zum dritten Mal in Jansons' Heimat St. Petersburg und nach Moskau.
Im Musiikkitalo von Helsinki, dessen akustische

Ausstattung wieder einmal von Yasuhisa Toyota stammt, treibt es Jansons während der Anspielprobe zur Klangabschmeckung durch den Saal. In Riga überträgt das lettische Fernsehen die Stippvisite des großen Sohnes der Stadt. Eine Vertreterin des Ministerpräsidenten überreicht dem Dirigenten beim anschließenden Empfang ein »Diploma«, Jansons muss selbst lachen über die Bezeichnung der Ehrenurkunde. Ranghöchster Gast ist Staatspräsident Raimonds Vējonis. Er fasst sich auf Englisch und mit schwerem lettischen Akzent kurz: »He is a great conductor.«

In St. Petersburg lädt Jansons wieder zu einem seiner legendären Feste ein. Für den Tag vor dem Konzert in der Philharmonie hat er den Moika-Palast gemietet, wo einst Rasputin ermordet wurde. Ein fürstliches Dinner in barocker Pracht, im palasteigenen Theater geben die Schlagzeuger des Mariinsky-Theaters ein Konzert, zu vorgerückter Stunde wird ausgiebig getanzt. »Fast wäre ich auch auf der Fläche gewesen«, sagt Jansons danach.

Obwohl Strauss' *Don Juan* in den Wochen zuvor oft auf den Pulten gelegen hatte, gerät Jansons bei der Anspielprobe am Konzerttag ins Puzzeln. Vielleicht auch, um manchen Kater zu vertreiben. Im Konzert wird die Tondichtung mit Beethovens dritter Symphonie und Ravels *La Valse* kombiniert. Sogar die Plätze mit schlechter Sicht sind belegt, Gedrängel herrscht auf den Stehplätzen. Auffallend viele ältere Damen streben während der Ovationen mit Blumen nach vorn zur Bühne. Rhythmisches Klatschen, ebenso beim Tourneefinale in Moskau, das von Jansons noch angefeuert wird. Dem Überraschten wird am Ende auch ein Sträußlein Maiglöckchen überreicht – von einem Mann.

Während dieser Wochen erhält Jansons das Angebot einer weiteren Vertragsverlängerung beim BR-Symphonieorchester. Bis 2024 soll dieser nun gelten, er wäre dann 21 Jahre beim Orchester und 81 Jahre alt. Die Zeit der Flitterwochen, des himmelhoch jauchzenden Honeymoon ist schon lange vorbei, das wissen beide Vertragsparteien. Jansons und das BR-Symphonieorchester – vergleichbar ist dies eher mit einem in innigster Selbstverständlichkeit verbundenen Paar, das Verrücktheiten als Gunstbeweise nicht mehr braucht. Sicher hat es auch Durchhänger gegeben, doch anderes, Wichtigeres bestimmt nun diese Ehe.

»Eigentlich war mein Plan, in München 2021 aufzuhören«, sagte Jansons im Rückblick. »Ich habe aber begriffen, dass mich das Orchester auch wegen des Saales braucht – wobei ich sicher nicht so lange bleiben kann und werde, bis der fertig ist.« Auch das Orchester setzt mit dieser Vertragsverlängerung ein starkes Zeichen: Obwohl das Projekt unumkehrbar ist, kann man sich einen anderen Anwalt für den Saal nicht vorstellen.

An der Isar würde Jansons damit seinen Vorvorvorgänger Rafael Kubelik überflügeln, der 18 Jahre lang an der Spitze des BR-Symphonieorchesters gestanden hatte. Dass er sich im achten Lebensjahrzehnt nicht zurückziehen will, um »nur« noch als Gastdirigent bei erlesenen Ensembles durch die Musikwelt zu reisen, passt zu Jansons: Zum Dirigieren gehört für ihn ein Chefposten. Ohne die Lizenz zum Formen und Gestalten funktioniert dieser Beruf nicht für ihn. Außerdem fühlt sich Jansons zu diesem Zeitpunkt gesundheitlich relativ gut – warum also die Münchner Ära beenden?

»Im Grunde hat sich unsere feste Bindung zu Mariss Jansons nicht verändert«, sagte Heinrich Braun, Kontrabassist und langjähriger Orchestervorstand. »Manchmal – und die letzten Jahre immer öfter – war er gesundheitlich angeschlagen. Daran gibt er sich immer selbst die Schuld, es ist ihm geradezu peinlich. Dennoch verläuft die Probenarbeit normalerweise mit der ihm eigenen Hartnäckigkeit.« Rein menschlich gesehen, so bestätigten auch andere Musiker, sei man nie aneinandergeraten. Es habe in München keine echte Krise gegeben – obgleich einzelne Orchestermitglieder zum Teil harte Kritik äußerten. Jansons registrierte das genau, kam aber zu dem Schluss: Von einem grundsätzlichen Zerwürfnis sind derlei Scharmützel weit entfernt.

Dass er seinem Ensemble immer mehr vertraut, schlägt manchmal auch ins Gegenteil um. Es kommt zu Gesprächen, in denen Orchestervertreter ihn darum bitten, so hart und intensiv wie früher zu proben. Noch immer erzählt man sich von Schostakowitschs vierter Symphonie, die 2004, also ein Jahr nach Jansons' Amtsantritt, für eine CD eingespielt worden war. Aufnahmeort war die Stadthalle von Germering vor den Toren Münchens gewesen, aus Termin- und Dispositionsgründen hatte man dorthin ausweichen müssen. Ein enormer Stress hatte geherrscht, es war zu Pannen gekommen, dennoch war man Punkt 16 Uhr fertig gewesen. Tags darauf hatte man noch kleinere Korrekturen aufgenommen, dann war Julian Rachlin für das Brahms-Violinkonzert dazugekommen.

Alle waren davon ausgegangen: Ein Repertoirestück – das ist schnell im Kasten. Solist, Orchester und Jansons hatten also einen ersten Durchlauf musiziert. Nach einer Abhörpause war der Chefdirigent völlig entgeistert zurückgekommen: So gehe das nicht, das sei weit von dem entfernt, was das Orchester erreichen könne bei diesem Stück.»Sie müssen ab den ersten Tönen die Welt umarmen!«

Solche durchaus enervierenden Momente fordern die Musiker nun auch im fortgeschrittenen Zustand der gemeinsamen Beziehung. Jansons nimmt sich dies zu Herzen, bei Ravels *La Valse*, den er einmal in den Proben extrem auseinandernimmt, oder auch bei Beethovens

Eroica wird er seine Musiker nach Wunsch belästigen. Viel hat diese Situation mit der Repertoire-Politik zu tun. Naturgemäß kommt es nach so langer Zeit zu Wiederholungen. Mehr noch: Die Tourneeveranstalter gehen auf Nummer sicher und verlangen die immer gleichen Werke. Doch die, so die Arbeitsökonomie, müssen auch in München gespielt werden. Ein Paradox: Je begehrter man weltweit wird, desto stereotyper fallen die Programme aus.

Den typischen Münchner Konzertbesucher stört dies nicht übermäßig. Bekannte Kost, von Sterneköchen zubereitet, verkauft sich nach wie vor bestens. Doch auch darüber führen die Mitglieder des Orchesters und Jansons Gespräche. Die Musiker ermutigen ihn: Er habe mittlerweile einen solchen Status erreicht, dass er in der Auswahl der Werke freie Hand habe. Eine Art Wunschzettel wird formuliert. Die Reiseprogramme mögen doch auch aus Werken bestehen, die ihm besonders am Herzen liegen, Komponisten des Impressionismus zum Beispiel, die zweite Wiener Schule oder vielleicht einmal die frühen Tschaikowsky-Symphonien.

Als der BR-Vertrag schließlich unterzeichnet ist, richtet Jansons seine Aufmerksamkeit auf eine Aufführung jenseits von München: *Pique Dame,* jene Tschaikowsky-Oper, die er konzertant in München und bei einer szenischen Produktion in Amsterdam dirigiert hatte, ist nun bei den Salzburger Festspielen angesetzt. Natürlich wieder mit den Wiener Philharmonikern. Doch wer soll inszenieren? Die Planungszeit ist äußerst knapp, was auch am Intendanten Markus Hinterhäuser liegt, der nicht zu überstürzten Entscheidungen neigt. Und auch Jansons, nicht gerade ein Experte für die internationale Regieszene, ist unschlüssig. Dazu kommt, dass dieses Projekt erst für eines der Folgejahre gedacht gewesen war. Durch notwendige und kurzfristige Umstellungen in Salzburg musste *Pique Dame* allerdings vorgezogen werden.

Eine Adaption der hochgelobten Amsterdamer Produktion von Stefan Herheim kommt aus Exklusivitätsgründen nicht infrage. Markus Hinterhäuser unterbreitet Jansons mehrere Regievorschläge, darunter auch der für seine hochästhetischen, so rätsel- wie ritualhaften Tableaus bekannte Robert Wilson. Am Ende dieses Prozesses die Überraschung: Hans Neuenfels übernimmt die Regie. Ausgerechnet jener stilprägende, in seiner wildesten Zeit auch verhasste Meister, der nach einer Durchhängeperiode zu einem spitzfindig-analytischen, provokativ-querdenkenden, etwas zahmeren Altersstil gefunden hat. Neuenfels ist nur zwei Jahre älter als Jansons, es treffen also zwei Vertreter derselben Künstlergeneration zusammen. »Ich war anfangs ein bisschen misstrauisch bei Neuenfels«, gab Jansons rückblickend zu. »Aber wenn mir etwas nicht gefällt, dann sage ich das auch. Mit ihm gab es eine große Kollegialität. Eine rechtzeitige Kommunikation, damit schnell Probleme ausgeräumt werden können, ist einfach wichtig.«

Am 5. August 2018 ist Premiere im Großen Festspielhaus. Hans Neuenfels realisiert *Pique Dame* als hochpräzise Charakterschau. Symbolhaft, überzeichnet, surreal in manchen Figurenschilderungen und -ausstattungen, pathosbrechend, heruntergekühlt auf eine schmucklose Morbidezza. Neuenfels führt Typen mit Tiefenschärfe vor, der Abend tänzelt zwischen Psycho-Realismus, Bizarrerien und einem distanzierenden Als-ob. Umso schärfer, stringenter wird der Gehalt des Stücks herausgearbeitet. Und das mit bestechendem Handwerk: Jeder Auftritt, jedes per Laufband hereingefahrene Detail, jede Interaktion, jede szenische Balance stimmt.

Vor allem dies imponiert Jansons. Wieder ist er in jeder Probe dabei. Mit den Wiener Philharmonikern wird schon an der Donau vorgearbeitet, an der Salzach quartiert sich der Dirigent für mehrere Wochen ein. Teilnehmer der dortigen Proben erzählen, wie Neuenfels sofort allergrößten Respekt vor Jansons' Stück-Erfahrung habe, wie er sich immer wieder rückversichere. Zu einer Konfrontation zwischen Regisseur und musikalischem Leiter kann es gar nicht kommen, weil Details sofort hinterfragt, diskutiert und schließlich gemeinsam realisiert werden.

Im Vergleich zu Jansons' vorherigen Dirigaten von *Pique Dame* hört man aus der Salzburger Premiere einen Verfeinerungsprozess heraus. Mit den wachsweich folgenden Philharmonikern glückt eine Interpretation der Verinnerlichung, der zarten Brechungen, der behutsam ausgebreiteten Detailfülle. Keine Überwältigungsmusik ist das trotz vieler großer Momente, sondern ein tief erfühltes, souverän disponiertes Seelendrama.

Die Besetzung – Brandon Jovanovich als Hermann, Evgenia Muraveva als Lisa, Hanna Schwarz als ein letztes Mal zur Erotik erwachende Gräfin – bewegt sich auf anlassgemäßem hohen Niveau.»Jansons hat ein untrügliches Gespür, die an Stimmungswechseln reiche, mit vielfältigsten Formen arbeitende Partitur quasi vorauszuahnen«, schreibt die *Welt*. »Die Kontraste sind wunderbar platziert und vorbereitet. Besser, sinniger und auch sinnlicher kann man diesen pompösen, aber auch intimen, grotesken wie zärtlichen, dabei dramaturgisch und farbenreich so gekonnten Fünfakter klanglich nicht verlebendigen.«

Die *Frankfurter Rundschau* urteilt, Jansons habe sich in die Partitur nach Art der Tradition seines Lehrers Mrawinsky versenkt,»der immer mit feinem Gespür und sachlich-rationalem Blick die verschiedenen, divergierenden und die Konsistenz eines Werkganzen gleichsam sprengenden Komponenten dieses klassischen Romantikers herauspräparierte. Bei Jansons geschieht das, ohne die Frenesie, die Unerbittlichkeit, das Pathos und den schroff aufbrechenden oder zart keimenden Gefühlston zu vernachlässigen«.

Sechs Aufführungen der *Pique Dame* sind in Salzburg angesetzt. Wer Jansons nach der ersten und zweiten Vorstellung trifft, erlebt einen hochgestimmten, gelösten Künstler. Endlich Oper, und dann noch in diesen nahezu idealen Rahmenbedingungen, dieses Glücksgefühl teilt sich auch unausgesprochen mit. Und es werden Pläne gesponnen für das nächste Stück. Modest Mussorgskys *Boris Godunow* soll es sein, ein Opus, das Jansons noch fehlt, das schon länger auf seiner Wunschliste steht und das er zu den besten Musiktheaterwerken überhaupt zählt.

Doch in der dritten Aufführung von *Pique Dame* sind viele, die den Dirigenten gut kennen, irritiert. Es läuft nicht so präzise und selbstverständlich wie sonst, kleine Abstimmungsprobleme häufen sich. Keiner, der diese Aufführung, geschweige denn die vorherige Premiere erlebt hat, ahnt, dass sich hier eine gesundheitliche Tragödie anbahnt, der Jansons nur mit Mühe entgehen wird. Diese Salzburger *Pique Dame* wird zu einer ähnlichen Schicksalsproduktion wie 21 Jahre zuvor *La Bohème* in Oslo, zu einem Lebenseinschnitt.

Die letzten Auftritte

»Ich fühlte mich schlechter und schlechter bei den Dirigaten in Salzburg«, so Jansons im Rückblick. »In der letzten Vorstellung dachte ich in der Pause, es geht nicht mehr. Es kamen Vertreter der Festspiele zu mir, auch Bekannte aus München, die meinten: Mariss, du musst ins Krankenhaus. Ich kämpfte mit mir und entschied: Ich mache nach der Pause sitzend weiter.«

Es ist der 25. August 2018, die sechste Vorstellung von *Pique Dame* im Großen Festspielhaus. Lange muss das Publikum auf den zweiten Teil der Tschaikowsky-Oper warten – nicht ahnend, dass die Aufführung auf der Kippe steht. Als Jansons endlich in den Orchestergraben zurückkehrt, wird er von medizinischem Personal begleitet. An den vorangegangenen Abenden hatte er noch gedacht, die gesundheitlichen Probleme würden irgendwann verfliegen. Aber absagen, dies auch noch bei den Salzburger Festspielen, am Pult der Wiener Philharmoniker und bei einem seiner seltenen Opernprojekte, das will er keinesfalls.

Doch sein Zustand verschlimmert sich. Unmittelbar nach der letzten, vom Abbruch bedrohten *Pique Dame* wird Jansons auf die Intensivstation einer Salzburger Klinik gebracht. Auf dem Weg dorthin treibt ihn, wie erzählt wird, eine Sorge um – er habe sich nicht bei Sängern und Musikern bedanken können. An einen Weitertransport ist in den nächsten Tagen und Wochen nicht zu denken. Diesmal ist es nicht das Herz, sondern eine seltene Virusinfektion. Auch andere sind in diesem Salzburger Sommer davon betroffen. Die Krankheit greift das Muskelgewebe und die Nieren an. Jansons leidet zusätzlich an einer beidseitigen Lungenentzündung, es steht schlecht um ihn.

Für die kommenden Monate müssen alle Auftritte abgesagt werden. Dies betrifft das normale Konzertleben bei seinem BR-Symphonieorchester, für ihn springen dort Simone Young, Cristian Măcelaru und Manfred Honeck ein. Vor allem aber betrifft es die große Tournee des Ensembles nach Südkorea, Japan und Taiwan. Für Jansons wird ein Kollege gefunden, der noch wenige Monate zuvor seine engsten Vertrauten und Freunde zu sich nach Los Angeles gerufen hatte, um sich zu verabschieden: Der 82-jährige Zubin Mehta war an Lungenkrebs erkrankt, ist aber nach Operationen und einer Chemotherapie wie durch ein Wunder wieder genesen. Als ihn Jansons anruft, erklärt sich Mehta sofort zum Einspringen bereit.

Doch auch dieses Engagement steht plötzlich auf der Kippe. Drei Tage vor Tourneebeginn spürt Mehta starke Schmerzen in der Hüfte – ein Knochenriss. Er solle, so die Ärzte, im Sitzen dirigieren. Doch Mehta lässt sich hinreißen von der Musik und erhebt sich einmal, zum Entsetzen der BR-Delegation, von seinem Stuhl. Nichts passiert, die Reise geht ohne Probleme über die asiatischen Bühnen. Mehr noch: Die Konzerte, allen voran Mehtas Interpretation von Strauss' *Heldenleben*, werden zum Triumph.

Jansons ist unterdessen ans Bett gefesselt. Erst ein halbes Jahr später kann er zum BR-Symphonieorchester zurückkehren. Und dies gleich zu einem höchst repräsentativen Anlass: Erstmals leitet er, live im Fernsehen übertragen, im Münchner Herkulessaal ein Silvesterkonzert. Die Vorgeschichte ist kurios. Zuvor hatte die ARD zu diesem Anlass eine Vereinbarung mit den Berliner Philharmonikern geschlossen. Sehr zum Unwillen der eigenen, öffentlich-rechtlich finanzierten Ensembles und mancher Entscheidungsträger. Warum, so wurde irgendwann vorwurfsvoll gefragt, binde man sich an ein Fremdorchester, wenn man doch über genügend eigene verfüge?

Die ARD-Verantwortlichen lenkten ein und erklärten das Silvesterkonzert fortan zur hauseigenen Angelegenheit. Den Anfang machen Jansons und sein Münchner Orchester. Das neunzigminütige Konzert wird von Thomas Gottschalk moderiert. Eine Häppchen-Hitparade. Der fünfte *Ungarische Tanz* von Brahms, der 15. *Slawische Tanz* von Dvořák, Sibelius' *Valse triste* oder Ligetis *Concert Românesc* – fast alles Stücke, die Jansons auf Tourneen gern als Zugaben spielen lässt. Eine Merkwürdigkeit ist der Auftritt von Starpianist Lang Lang, der nur den Mittelsatz aus Mozarts Klavierkonzert KV 467 spielt, auch er ist gesundheitlich nicht auf der Höhe.

Immerhin fühlt sich der Dirigent so weit genesen, dass er mit dem BR-Symphonieorchester auf eine Europatournee gehen kann. Im März 2019 reist man nach Budapest, Luxemburg und Amsterdam, gestartet wird mit zwei Konzerten in Wien. Eines der beiden Programme entspricht mit Dvořáks neunter Symphonie und Strawinskys *Le Sacre du Printemps* eher dem Standard, das zweite bildet mit Poulencs Orgelkonzert und Saint-Saëns' dritter Symphonie ein unübliches Reisegepäck. Der Grund: Ivetka Apkalna, Titularorganistin der Hamburger Elbphilharmonie, ist als Solistin dabei.

Jansons scheint die Tournee zu genießen. Je länger sie dauert, desto besserer Laune ist er und desto befreiter wirkt er. Nur einen Monat später, kurz zuvor ist in München die für ihn unerwartete Entscheidung für die Konzerthausakustik gefallen, tritt Jansons sogar ans Pult eines für ihn – fast – neuen Orchesters. 1981 hatte er die Staatskapelle Dresden das letzte Mal dirigiert, nun kommt es zur Wiederbegegnung im Rahmen der Salzburger Osterfestspiele. Eigentlich würde sich Jansons die Zusammenarbeit mit für ihn fremden Musikern schon aus Zeitgründen nicht aufbürden. Doch das Festival lockt mit einer Ehrung, mit dem Herbert-von-Karajan-Preis. Gestiftet wurde dieser von Dirigentenwitwe Eliette von Karajan, dotiert ist er mit 50 000 Euro.

In Salzburg, wo er dem verehrungswürdigen Star einst hatte assistieren dürfen, schließt sich für Jansons also ein Kreis. Aufs Programm hat er Haydns *Militärsymphonie* gesetzt, während des martialisch lärmenden Finales marschieren Schlagzeuger samt Schellenbaum durchs Parkett – ein Scherz, den Jansons auch schon andernorts praktiziert hatte. Nach der Pause gibt es Mahlers vierte Symphonie mit Solistin Regula Mühlemann. Die Staatskapelle lässt Mahler in schlichter, natürlicher Schönheit leuchten. Der Chefdirigent Christian Thielemann verneigt sich in seiner Ansprache vor dem Kollegen: »Wir Jüngeren können so viel von Ihnen lernen.«

Noch immer ist Jansons nicht ganz gesund, im Gegenteil. Auf einer Kurztournee mit den Wiener Philharmonikern wird ihm in der Elbphilharmonie sicherheitshalber ein Stuhl bereitgestellt. An einem anderen Abend kann er sich nicht mehr richtig bewegen und dirigiert in immer schieferer Körperhaltung. »Ich hatte keine Schmerzen, das war merkwürdig. Ich merkte einfach, dass ich nicht mehr aufrecht stehen konnte«, sagte er später. Jansons, der in diesen Konzerten ohnehin mit reduzierter Gestik agiert, wird von der Bühne begleitet. Das Comeback nach der Virusinfektion dauert also nur wenige Monate. Die Ärzte raten Jansons, sich zur Gänze auszukurieren. Erneut werden Konzerte abgesagt, Münchner Abende betrifft dies, aber auch –für ihn umso betrüblicher und ärgerlicher – eine Tournee mit dem BR-Symphonieorchester.

In München und Ingolstadt springt Daniel Harding für ihn ein, auf Gastspielen im norddeutschen Redefin und bei einem Festival in seiner Geburtsstadt Riga Susanna Mälkki. Für die Abende bei den Proms in London und den Salzburger Festspielen hat man Yannick Nézet-Séguin gewinnen können. Wie unangenehm Jansons dies alles ist, lässt sich kaum erahnen. Als er Anfang August für einen Privattermin in München weilt, ist er schmaler geworden – aber auch tatendurstiger. Im Herbst, so versichert Jansons, sei wieder fest mit ihm zu rechnen.

Tatsächlich kehrt er im Oktober 2019 zum BR-Symphonieorchester zurück. Einige große, auch ungewöhnliche Projekte warten auf ihn in der anstehenden Saison. Gleich zu Beginn zum Beispiel eine Podiumsdiskussion zum zehnten Geburtstag des sendereigenen Labels BR Klassik. Jansons, der solche Termine nicht gerade liebt, gibt sich aufgeräumt und ungewohnt schlagfertig. Von der kniffligen Zusammenarbeit mit Tonmeistern erzählt er und gibt – unter großem Gelächter – eine Begebenheit zum Besten, die er einst mit Karajan während dessen Einspielung der *Götterdämmerung* erlebt hatte. »Wissen Sie«, so habe der Tenor damals vorwitzig gesagt, »es gibt 100 Dirigenten, die das dirigieren können, aber nur drei, die diese Partie singen können.« Karajan habe daraufhin geantwortet: »Das stimmt, aber Sie gehören nicht zu diesen drei.«

Wieder, wie so oft, werden in München Tourneeprogramme geprobt und in den Abonnementkonzerten gespielt. Rudolf Buchbinder spielt als Klaviersolist, die für die Reise vorgesehene Sopranistin Diana Damrau lässt sich an der Isar krankheitsbedingt von Sarah Wegener vertreten. Scheint Jansons in den ersten beiden Münchner Konzerten bei Brahms' vierter Symphonie mit sparsamer, reduzierter Gestik sehr aufs Orchester zu vertrauen, präsentiert er sich zwei Wochen später bei der zehnten Symphonie von Schostakowitsch entschlossener, offensiver.

Ohnehin, nicht nur die Zuhörer spüren dies, haben seine Abende endgültig die Schwelle zum Legendenhaften überschritten. Wenn Jansons die Bühne betritt, umweht ihn, den schmal und fragil Gewordenen, eine besondere Aura, etwas in mehrfacher Hinsicht Ungreif- und Unfassbares. Etwas, das sich auf seine Musiker überträgt, sie anstachelt.

Bei Schostakowitsch wirkt es, als wäre das BR-Symphonieorchester zur ultimativen Deutung entschlossen. Wie ein Geschenk für den endlich Zurückgekehrten – und als müsste mit diesen Abenden viel bewiesen werden. Etwas, das über musikalische Kompetenz, Spielkultur und Reflexion weit hinausgeht. Man fühlt sich erinnert an die späten Konzerte Claudio Abbados mit den Berliner Philharmonikern. Schostakowitschs Zehnte fesselt das Münchner Publikum mit einer auch bei diesen Interpreten ungewöhnlichen Dichte, Präzision und Intensität. Wieder führt Jansons vor, dass – sosehr Schostakowitsch auch dazu verführt – hemdaufreißende Emotion und Identifikation ebenso wie effektvolles Imponiergehabe bei diesen Werken in die Irre leiten. Alles, was diese Zehnte birgt, die außermusikalischen Allusionen inklusive der lärmenden Stalin-Karikatur, wird nicht als haltloses Erfühlen, sondern als souverän inszenierte Darstellung vorgeführt.

Während einer Probe setzt Jansons zu einer kurzen Rede an. Er spricht gerührt davon, wie sehr man in dieser so besonderen Zeit zu einer Familie zusammengewachsen sei. Unerwähnt bleibt dabei anderes, aber man spürt es: wie viel Energie er jetzt aus diesen Konzerten zieht, wie sie ihm Labsal sind und Stärkung. Einmal, während eines Zwischenspiels aus Strauss' Oper *Intermezzo*, hat er Tränen in den Augen.

Wieder geht es also auf Tournee, und wieder kann Jansons nicht alle Konzerte dirigieren. In Wien, Paris und Hamburg ernten er und das BR-Symphonieorchester Standing Ovations, in Antwerpen, Luxemburg und Essen lässt er sich von Daniel Harding vertreten. Die zwischenzeitliche Schonung und die frühere Abreise nach New York bringen nicht viel. Noch in der Anspielprobe des ersten Konzerts ist Jansons zwar sehr präsent. Nur wenige Minuten später klagt er jedoch über Kreislaufprobleme. Nur mit Mühe schleppt er sich aufs Podium für die erste Hälfte mit Strauss' symphonischen *Intermezzo*- Zwischenspielen und den *Vier letzten Liedern*, die Diana Damrau singt. Die anschließende Pause wird länger und länger, das Publikum unruhig. Bei Brahms' vierter Symphonie hilft das Orchester seinem Chef musikalisch über alles hinweg. Der, nun vollkommen erschöpft, lässt es sich nicht nehmen, zur Zugabe zurückzukehren. Der fünfte *Ungarische Tanz* von Brahms ist das letzte Werk, das Jansons in seinem Leben dirigiert. Am nächsten Tag springt Wassili Petrenko ein, der sich gerade in der Stadt befindet.

Jansons fängt sich danach einigermaßen wieder und kehrt, enttäuscht und verärgert über sich selbst, nach St. Petersburg zurück. Er hat noch so viele Pläne. Für das Beethoven-Jahr 2020 zum Beispiel, für das er in München nicht die Symphonien aufführen möchte, sondern die Ouvertüren, das Tripelkonzert und die *Missa*

Solemnis. Jenes Werk also, mit dem sich einst Nikolaus Harnoncourt aus der Musikwelt verabschiedet hatte. Zugleich ist Jansons deutlich geworden: Die Absagen häufen sich zu sehr, sein Gesundheitszustand bessert sich kaum – er möchte sein Orchester nicht weiter enttäuschen. Es gibt Gespräche über einen Rückzug vom Chefposten. Sehr offen werden diese geführt, im gegenseitigen Einverständnis. Ehrlichkeit auf beiden Seiten – dies zeichnet das so einzigartige Verhältnis zum BR-Symphonieorchester aus. Doch dann, in den frühen Morgenstunden des 1. Dezember 2019, fällt die Musikwelt in eine Schockstarre. Mariss Jansons hat seinen letzten Kampf verloren.

Coda

Womöglich hätte die Premiere am 20. August 2020 im Großen Festspielhaus zu Salzburg seine Laufbahn gekrönt. Und dies, darüber hätte er wohl am meisten gelächelt, ausgerechnet mit einer Oper über einen scheiternden Zaren: Für eine gute Pointe war Mariss Jansons jederzeit zu haben. Doch die Aufführung von Mussorgskys *Boris Godunow* mit den Wiener Philharmonikern blieb einer der letzten unerfüllten Träume in Jansons ansonsten erfülltem Leben. »Ich konnte mir von da an nichts anderes vorstellen«, sagte er einmal im Rückblick auf seine ersten Dirigierversuche während des Chorleiterstudiums. Sicherlich hatte ihm seinerzeit das Beispiel des Vaters vor Augen gestanden.

Mit Nachahmung und Prägung allein lässt sich diese Entscheidung, diese Karriere nicht erklären. War es also Veranlagung, ein gewissermaßen ererbter Drang zum Pult, ja zum Chefposten? Auffallend ist, dass sich Jansons in seiner Laufbahn stets an ein Ensemble band, und dies schon sehr früh. Es gab nie Wanderjahre des bloßen Gastierens, des Umherziehens, des Ausprobierens. Ein vorübergehendes Dasein als freies Radikal des Musikbetriebs, nicht nur ungebunden, sondern auch unbelastet von der Verwaltungs- und

Organisationsarbeit als Chef, das lehnte Jansons für sich ab.

Als Wolfgang Sawallisch kurz vor seinem Tod einmal gefragt wurde, ob er alles wieder genauso machen würde, meinte er: Dirigent ja, aber nicht unbedingt in ständiger Chefposition. Das Musizieren, die Konzentration auf die Werke, die Reflexion, das Innehalten und Verarbeiten, all dies sei durch die Zusatzaufgaben doch sehr beeinflusst worden. Eine Haltung, die der von Mariss Jansons diametral entgegenstand. Nicht nur, weil er in dieser Frage einem militärischen Credo folgte (»Ein guter Soldat muss auch General werden wollen.«), sondern auch, weil die auf den ersten Blick kunstfernen Zusatzaufgaben eines Chefs seine künstlerische Arbeit überhaupt erst bedingten: »Das ist für mich etwas sehr Natürliches. Ich will nicht nur Dirigent sein und wunderbare Musik mit einem wunderbaren Orchester genießen. Ich fühle die Verantwortung und den Drang, dass ich alles wissen muss, damit ich verändern und verbessern kann. Ein Paradiesorchester gibt es schließlich nicht.«

Wie erwähnt, machte diese Haltung Jansons auch zu einem kontrollbesessenen Chef. Im Musikalischen etwas weniger, da ließ er, der Orchestermitglieder wertschätzend als Kollegen achtete, etwas mehr Spielraum – wenn auch in genau abgesteckten Feldern. Etwas anders verhielt es sich mit der Arbeit abseits des Podiums. Das reichte von detaillierten Besetzungsfragen im Ensemble über Verwaltungsabläufe bis zu Presseartikeln, die er sich regelmäßig vorlegen ließ – ohne diese jedoch gegenüber den Journalisten zu kommentieren. Freiräume, geschweige denn Freizeit gab es in den Probenwochen für ihn nicht. Und auch nicht zu Hause in St. Petersburg, wo er das Geschehen hingebungsvoll per Telefon lenkte. Ein Extrem-Kümmerer.

Altersmilde ist vielleicht ein zu beschönigender Begriff: Mit der Zeit wurde Jansons nachgiebiger. Nicht unbedingt, weil ihm Kontrolle weniger wichtig war. Es handelte sich eher um eine Sache des Vertrauens – und dies betraf besonders das BR-Symphonieorchester, mit dem Jansons in knapp zwei Jahrzehnten viel von dem verwirklichen konnte, was er sich unter funktionierender Ensemblearbeit vorstellte. Irgendwann war er angekommen in seiner Karriere, die sich mit dieser letzten, langjährigen Chefposition in vielfacher Weise erfüllte. Musikalisch, menschlich und in der Realisierung des Konzertsaals – ein Lebensprojekt, dessen Fertigstellung er nicht mehr erleben durfte.

Übereinstimmend berichten alle Musiker, dass sie ihren Chef stets »lesen« konnten. Auf eine positive Weise war Jansons durchschaubar, geradlinig – und damit nachvollziehbar in seinen Entscheidungen. Die größte Tugend eines Dirigenten war für ihn nicht Handwerk, Wissen, Struktur- oder Klangbewusstsein, sondern Ehrlichkeit. Jansons war ein Taktiker, freundlich, erfahren, clever, unnachgiebig, jedoch niemals intrigant. Und er versteckte sich nie hinter einer Pose oder der Maske des Maestro: »Ich bin so, wie ich bin – und Schluss.«

In gewisser Hinsicht bedeutete diese Lesbarkeit auch etwas Ungeschütztes. Jansons verstellte sich nicht und ließ sich seinerseits nicht ver- oder umstellen, etwa durch die Erfordernisse der Medienarbeit und des PR-Systems. Diese Begleiterscheinungen einer Dirigentenkarriere hatte er zwar als richtig erkannt und erfüllte viele dieser Nebenaufgaben. Doch manches passierte widerwillig, als lästige Notwendigkeit. Kurzvideos zu drehen zum Beispiel für soziale Netzwerke, überhaupt das schnelle, plakative, öffentlichkeitswirksame Statement, all dies wurde nie zu seiner Lieblingsbeschäftigung.

Nicht nur hier zeigt sich: In der Karriere von Mariss Jansons spiegelte sich gleichzeitig die Veränderung des Dirigentenberufs wider. Seine Laufbahn begann in der Zeit der Pulttyrannen, der unangefochtenen, verehrten, gefürchteten Befehlsgeber, der narzisstischen Maestri. Und auch wenn er mit zwei Musterbeispielen, Jewgenij Mrawinsky und Herbert von Karajan, unmittelbar zu tun hatte, so hatte er doch mit deren Charakteren wenig gemein. Sicher spielte in diesem Fall das Wiener Studium eine Rolle, die Sozialisation beim Dirigentenlehrer Hans Swarowsky. Auch andere Swarowsky-Schüler wie Claudio Abbado, Zubin Mehta oder Adam und Iván Fischer waren Gegenentwürfe zum klassischen Taktstockdiktator. »Mit dem Orchester sollst du so sein, wie du bist«, formulierte es Jansons. »Man soll nicht versuchen, seine Persönlichkeit zu verfälschen. Wenn man Autorität vortäuscht, spürt das Orchester sofort, dass sie künstlich ist, und das ist noch schlimmer. Orchestermusiker merken gleich, wenn sich ein Dirigent selbstherrlich verhält.«

Zweifellos dachte Jansons hierarchisch. Doch nie im Sinne eines beratungsresistenten Alleinherrschers, eines Denkmals seiner selbst. Es gab bei Jansons musikalische, aber keine menschlichen Rangunterschiede.

Tief verankert war in ihm ein Bewusstsein für Regeln, für fest gefügte Strukturen im zwischenmenschlichen Zusammenleben. Mit seiner Herkunft hatte dies zu tun, mit seiner Erziehung im Elternhaus und in der Schule. »Ich bin sehr dafür, dass Menschen Manieren beigebracht werden. Dass man lernt, was man machen darf und wo man eher vorsichtig sein sollte. Heute glauben die Menschen, dass sie alles dürfen. Deshalb bin ich für strenge Regeln. Ein vierjähriges Kind wird das noch nicht verstehen, deshalb wird es zunächst die Vorschriften befolgen – und später begreifen, warum ihm diese beigebracht wurden.« Dass manche ihm dies alt altmodisch auslegten, wusste Jansons. »Aber es geht doch ums Miteinander. Alles andere macht uns zu Wilden.«

Dieses Denken in Strukturen setzte sich im Musikalischen fort, allerdings auf eine andere, gewissermaßen gelöstere Weise. Es gab für Jansons zwar tief reflektierte, zum Teil über Jahrzehnte verfolgte interpretatorische Konzepte und Grundsätze. Dennoch blieb da immer eine Offenheit und Durchlässigkeit. Ursache war eine stete, fruchtbare Unzufriedenheit, aber auch der nagende, fruchtbare, zuweilen furchtbare Zweifel. »Es gibt Menschen, die sich in solchen Situationen mit Arroganz schützen, ich habe da einige Kollegen erlebt. Ich verstehe nicht, warum sie diese abweisende Maske zeigen – vielleicht, weil sie einen Komplex haben und ihre Unsicherheit verbergen wollen.«

Zweifel und Selbstkritik als Credo, das mag ein Allgemeinplatz sein – zumal als Voraussetzung für künstlerische Arbeit. Eine andere Bedeutung bekommt dieser Vorsatz, wenn man sich wie Jansons dadurch einem übermäßigen, manchmal gesundheitsgefährdenden Druck aussetzt. Für ein gutes bis akzeptables Konzert operierte Jansons nicht mit Parametern wie Zufriedenheit oder Erfolg. »Qualität ist eine moralische Pflicht.«

Dass er, hätte er sich noch einmal entscheiden können, wieder Dirigent geworden wäre, stand für Jansons außer Frage. Mit einer Einschränkung allerdings: Er hätte seine Karriere nicht im 21. Jahrhundert starten wollen. Als er seine Ausbildung im damaligen Leningrad begann, geschah dies in seinen Augen unter bestmöglichen Voraussetzungen. Das betraf die Ausstattung der Institute, aber auch die Qualität der Professoren. »Es war die goldene Zeit für Dirigentenschüler. Diese Lehre, diese Atmosphäre, dieses Niveau! Ich möchte schon nochmals diesen Weg gehen können, aber mit den Voraussetzungen von damals.«

Was seinerzeit in Leningrad begann, entwickelte sich zu einer Karriere von außergewöhnlicher Geradlinigkeit. Als hätte ein großer Unbekannter für Jansons ein vollkommen logisches, stringentes Drehbuch entworfen. Dirigieren, das Zusammensein mit »seinen« Orchestern, etwas anderes konnte sich Jansons nicht mehr vorstellen – was zugleich bedeutete: Es ging nicht mehr ohne. Auch deshalb konnte er so viele physische Krisen überwinden, auch deshalb verwandelte er sich, wenn er sich dem Energiestrom eines Orchesters und dem Kraftfeld eines Konzerts aussetzte. »Bei mir hängt das nicht ab vom Applaus, das ist keine Droge, keine Sucht. Es ist eine Art Erfüllung. Nehmen wir an, jemand würde mir sagen: Schluss, du dirigierst nicht mehr. Genau für ein Jahr wäre ich glücklich. Aber dann ...«

Gerade in seinen letzten Konzerten war dies zu spüren. Manchmal ging Mariss Jansons die Kraft aus, doch das BR-Symphonieorchester fühlte sich davon erst recht angestachelt. Jansons erlangte deshalb eine solche Größe, weil er nicht nur nahm, sondern auch geben konnte und wollte. Dass er mehr gab, als ihm eigentlich zur Verfügung stand, das war zugleich sein großes Verhängnis. Dass er sein letztes Konzert in der New Yorker Carnegie Hall am 8. November 2019 unter anderem mit den *Vier letzten Liedern* von Richard Strauss bestritt, kann kein Zufall sein. »Wir sind wandermüde«, heißt es da. »Ist dies etwa der Tod?«

Danksagung

Ein Gespräch über Mariss Jansons? Es schien zuweilen, als ob der Name alle Türen öffnete. Die Beliebtheit dieses Künstlers spiegelt sich auch in solch großer Dialogbereitschaft wider. Und so kam es zu vielen wunderbaren, informativen, erhellenden Treffen und Unterhaltungen auf verschiedenen digitalen Wegen, ohne die dieses Buch nicht möglich gewesen wäre. Für das Oslo Philharmonic Orchestra sprachen Elise Båtnes, Hans Josef Groh, Svein Haugen und Stig Nilsson, für das Pittsburgh Symphony Orchestra Andrés Cárdenes, Robert Moir und Paul Silver. Für das Concertgebouworkest Amsterdam Petra van der Heide, Johan van Iersel und Herman Rieken. Für das Symphonieorchester des Bayerischen Rundfunks äußerten sich Philippe Boucly, Heinrich Braun, Andreas Marschik, Peter Meisel (von dem die meisten der beeindruckenden Fotos stammen), Nikolaus Pont, Peter Prislin und Franz Scheuerer. Und für die Wiener Philharmoniker Michael Bladerer, Walter Blovsky (auch in seiner Eigenschaft als Manager des BR-Ensembles) und Clemens Hellsberg.

Auch anderen verdanke ich wichtige Berichte, Einschätzungen und Anekdoten. Zum Beispiel Thomas Angyan, dem langjährigen Intendanten des Wiener Musikvereins, Mikus Čeče, Dramaturg an der Lettischen Nationaloper Riga, oder Stephan Gehmacher, Intendant der Luxemburger Philharmonie und zuvor Manager des BR-Symphonieorchesters, sowie Stephen Wright, dem früheren Manager von Mariss Jansons. Natürlich sind noch eine Vielzahl anderer Begegnungen in dieses Buch eingeflossen; die mit ihnen verbundenen Namen sind zu zahlreich, um hier aufgezählt zu werden. Die meisten stammen aus dem BR-Symphonieorchester, das ich auf vielen Tourneen begleiten durfte; die Zugänglichkeit und Zugewandtheit dieser Musiker ist nicht hoch genug einzuschätzen.

Bedanken möchte ich mich besonders bei der bewundernswerten Claudia Kreile, der linken und rechten Hand von Mariss Jansons – vor allem für ihre geduldigen Reaktionen, wenn es wieder einmal um Terminbitten ging. Auch Clara Kroher, ihre zeitweilige Vertretung, war eine immense Hilfe. Ein Dankeschön gilt Catharina Stohldreier vom Piper Verlag für ihre wertvolle, konstruktive, wohltuend kritische Begleitung dieses Projekts.

Der allergrößte Respekt gebührt allerdings jenem Menschen, der nicht so leicht für dieses Buch zu gewinnen war. Doch nach einigen Jahren waren alle Bedenken ausgeräumt, und es konnte losgehen. Für die Begegnungen mit Mariss Jansons, für seine Offenheit, Bereitwilligkeit, für die vielen ausführlichen Antworten auf ebenso viele Fragen bin ich unendlich dankbar. Besonders für die zwei ihm so kostbaren Dinge, die er schenkte: Zeit und Vertrauen.

Anhang

Kurzvita

14.1.1943	Geburt in Riga
1956	Übersiedlung nach Leningrad (heute St. Petersburg)
1957	Studium am Leningrader Konservatorium
1966	Heirat mit Ira Jansons
1967	Geburt von Tochter Ilona
1968	Debüt bei den Leningrader Philharmonikern, erste Begegnung mit Herbert von Karajan
1969	Studium in Wien
1970	Assistent Karajans bei den Salzburger Osterfestspielen
1971	zweiter Preis beim Karajan-Dirigentenwettbewerb in Berlin
1971	Dozent für Dirigieren am Leningrader Konservatorium
1973	stellvertretender Dirigent und Assistent von Jewgenij Mrawinsky bei den Leningrader Philharmonikern
1979	Chefdirigent des Oslo Philharmonic Orchestra
1988	Debüt in den USA beim Los Angeles Philharmonic Orchestra
1990	Debüt bei den Salzburger Festspielen

1992	Principal Guest Conductor des London Philharmonic Orchestra
1992	Debüt bei den Wiener Philharmonikern
1996	Herzinfarkt während einer Vorstellung von *La Bohème* in Oslo
1997	Chefdirigent des Pittsburgh Symphony Orchestra
1998	Heirat mit Irina Jansons
2003	Chefdirigent des Symphonieorchesters des Bayerischen Rundfunks
2004	Chefdirigent des Concertgebouworkest Amsterdam
2006	erstes von drei Neujahrskonzerten in Wien
2006	Operndebüt in Amsterdam mit Schostakowitschs *Lady Macbeth von Mzensk*
2013	Ernst von Siemens Musikpreis
2017	Operndebüt bei den Salzburger Festspielen mit Schostakowitschs *Lady Macbeth von Mzensk*; Goldmedaille der Londoner Royal Philharmonic Society
2018	Ehrenmitgliedschaft bei den Berliner und Wiener Philharmonikern
2019	Karajan-Preis der Salzburger Osterfestspiele
1.12.2019	Tod in St. Petersburg

Diskografie

Die Auflistung der Aufnahmen umfasst nicht die gesamte Diskografie von Mariss Jansons. Manches wurde inzwischen vom Mark genommen. Bis zur Drucklegung dieses Buchs waren die hier aufgeführten Produktionen bei den jeweiligen Labels noch erhältlich. Sollten die Einspielungen nicht als DVD oder Blu-Ray gekennzeichnet sein, handelt es sich grundsätzlich um CDs.

Bartók: *Konzert für Orchester, Musik für Saiteninstrumente, Schlagzeug und Orchester*, Oslo Philharmonic Orchestra, Warner.

Beethoven: *Messe in C-Dur, Leonoren-Ouvertüre Nr. 3*, Chor und Symphonieorchester des BR, BR Klassik (auch DVD und Blu-Ray).

Beethoven: *Neun Symphonien* (mit Kancheli: *Dixi*, Mochizuki: *Nirai*, Šerkšnytė: *Fires*, Shchedrin: *Beethovens Heiligenstädter Testament*, Widmann: *Con brio*), Chor und Symphonieorchester des BR, BR Klassik.

Berlioz: *Symphonie fantastique* (mit Varèse: *Ionisation*); Symphonieorchester des BR, BR Klassik.

Brahms: *Ein deutsches Requiem*, Netherlands Radio Choir, Concertgebouworkest, RCO.

Brahms: *Vier Symphonien*, Symphonieorchester des BR, BR Klassik.

Brahms: *Symphonie Nr. 1*, Oslo Philharmonic Orchestra, Simax.

Brahms: *Symphonie Nr. 1* (mit Wagner: *Wesendonck-Lieder*, Strauss: *Don Juan*), Wiener Philharmoniker, EuroArts (DVD und Blu-Ray).

Brahms: *Symphonie Nr. 2* (mit Beethoven: *Symphonie Nr. 2*), Concertgebouworkest, RCO.

Brahms: *Symphonien Nr. 2 und 4*, Oslo Philharmonic Orchestra, Simax.

Brahms: *Symphonie Nr. 4*, Oslo Philharmonic Orchestra, Simax.
Britten: *War Requiem*, Chor und Symphonieorchester des BR, BR Klassik.
Bruckner: *Symphonien Nr. 3 und 4*, Concertgebouworkest, RCO.
Bruckner: *Symphonie Nr. 4*, Symphonieorchester des BR, BR Klassik.
Bruckner: *Symphonien Nr. 6 und 7*, Concertgebouworkest, RCO.
Bruckner: *Symphonie Nr. 7*, Symphonieorchester des BR, BR Klassik.
Bruckner: *Symphonie Nr. 8*, Symphonieorchester des BR, BR Klassik.
Bruckner: *Symphonie Nr. 9*, Concertgebouworkest, RCO.
Bruckner: *Symphonie Nr. 9*, Symphonieorchester des BR, BR Klassik.
Dvořák: *Konzert für Violoncello* (mit Tschaikowsky: *Rokoko-Variationen*), Truls Mørk, Oslo Philharmonic Orchestra, Virgin.
Dvořák: *Requiem, Symphonie Nr. 8*, Wiener Singverein, Concertgebouworkest, RCO.
Dvořák: *Requiem*, Chor und Symphonieorchester des BR, Arthaus (DVD und Blu-Ray).
Dvořák: *Stabat Mater*, Chor und Symphonieorchester des BR, BR Klassik (DVD und Blu-Ray bei Concorde).
Dvořák: *Symphonie Nr. 5, Scherzo capriccioso, Othello*, Oslo Philharmonic Orchestra, Warner.
Dvořák: *Symphonien Nr. 7 und 8*, Oslo Philharmonic Orchestra, Warner.
Dvořák: *Symphonie Nr. 8* (mit Weber: *Oberon-Ouvertüre*, Schostakowitsch: *Violinkonzert Nr. 1*, Bach: *Presto aus Sonate für Violine*, BWV 1001), Hilary Hahn, Berliner Philharmoniker, EuroArts (DVD).
Dvořák: *Symphonie Nr. 8* (mit Strauss: *Don Quixote*), Yo-Yo Ma, Symphonieorchester des BR, Concorde (DVD und Blu-Ray).

Dvořák: *Symphonie Nr. 8* (mit Dvořák: *Karneval*, Suk: *Serenáda für Streichorchester*), Symphonieorchester des BR, BR Klassik.

Dvořák: *Symphonie Nr. 9*, Concertgebouworkest, RCO.

Dvořák: *Symphonie Nr. 9* (mit Smetana: *Die Moldau*), Oslo Philharmonic Orchestra, Warner.

Dvořák: *Symphonie Nr. 9* (mit Mussorgsky: *Bilder einer Ausstellung*), Symphonieorchester des BR, Concorde (DVD).

Gounod: *Cäcilienmesse* (mit Schubert: *Messe G-Dur*), Chor und Symphonieorchester des BR, BR Klassik.

Grieg: *Die Klavierkonzerte*, Leif Ove Andsnes, Berliner Philharmoniker, Warner.

Haydn: *Harmoniemesse, Symphonie Nr. 88*, Chor und Symphonieorchester des BR, BR Klassik (auch DVD).

Haydn: *Symphonien Nr. 100 und 104, Sinfonia concertante*, Symphonieorchester des BR, Sony.

Honegger: *Symphonie Nr. 3* (mit Poulenc: *Gloria*), Netherlands Radio Choir, Concertgebouworkest, RCO.

Janáček: *Glagolitische Messe* (mit Brahms: *Symphonie Nr. 2*), Chor und Symphonieorchester des BR, Arthaus (DVD und Blu-Ray).

Lutosławski: *Konzert für Orchester* (mit Szymanowski: *Symphonie Nr. 3*, A. Tschaikowsky: *Symphonie Nr. 3*), Symphonieorchester des BR, BR Klassik.

Mahler: *Symphonie Nr. 1*, Concertgebouworkest, RCO.

Mahler: *Symphonien Nr. 1 und 9*, Oslo Philharmonic Orchestra, Simax.

Mahler: *Symphonie Nr. 1*, Symphonieorchester des BR, BR Klassik.

Mahler: *Symphonie Nr. 2*, Netherlands Radio Choir, Concertgebouworkest, RCO (inkl. DVD).

Mahler: *Symphonie Nr. 2*, Latvian State Academic Choir, Oslo Philharmonic Orchestra, Chandos.

Mahler: *Symphonie Nr. 2*, Chor und Symphonieorchester des BR, BR Klassik (Blu-Ray bei Arthaus).

Mahler: *Symphonie Nr. 3*, Boys of the Breda Sacrament Choir, Rijnmond Boys' Choir, Netherlands Radio Choir, Concertgebouworkest, RCO.

Mahler: *Symphonie Nr. 4*, Concertgebouworkest, RCO.
Mahler: *Symphonie Nr. 5*, Concertgebouworkest, RCO.
Mahler: *Symphonie Nr. 5*, Symphonieorchester des BR, BR Klassik.
Mahler: *Symphonie Nr. 7*, Concertgebouworkest, RCO.
Mahler: *Symphonie Nr. 7*, Oslo Philharmonic Orchestra, Simax.
Mahler: *Symphonie Nr. 7*, Symphonieorchester des BR, BR Klassik.
Mahler: *Symphonie Nr. 8*, Netherlands Radio Choir, State Choir »Latvija«, Concertgebouworkest, RCO.
Mahler: *Symphonie Nr. 9*, Symphonieorchester des BR, BR Klassik.
Mendelssohn Bartholdy: *Konzert für Violine* (mit Sibelius: *Konzert für Violine*), Sarah Chang, Berliner Philharmoniker, Warner.
Mendelssohn Bartholdy: *Konzert für Violine* (mit Bruch: *Konzert für Violine*), Midori, Berliner Philharmoniker, Sony.
Mozart: *Requiem*, Netherlands Radio Choir, Concertgebouworkest, RCO.
Mozart: *Requiem*, Chor und Symphonieorchester des BR, Concorde (DVD und Blu-Ray).
Mussorgsky: *Bilder einer Ausstellung*, Concertgebouworkest, RCO.
Mussorgsky: *Bilder einer Ausstellung, Eine Nacht auf dem kahlen Berge*, Vorspiel zu *Chowanschtschina* (mit Rimski-Korsakow: *Sheherazade, Capriccio espagnol*), Oslo Philharmonic Orchestra, Warner.
Mussorgsky: *Bilder einer Ausstellung* (mit Strawinsky: *Petruschka*), Symphonieorchester des BR, BR Klassik.
Prokofjew: *Symphonie Nr. 5*, Concertgebouworkest, RCO.
Prokofjew: *Symphonie Nr. 5*, Leningrader Philharmoniker, Chandos.
Rachmaninow: *Die Glocken, Symphonische Tänze*, Chor und Symphonieorchester des BR, BR Klassik.
Rachmaninow: *Symphonien Nr. 1–3, Klavierkonzerte Nr. 1–4, Die Toteninsel, Scherzo d-Moll, Vocalise op. 14 in der Orchesterfassung, Symphonische Tänze, Paganini-Rhapsodie*, Mikhail Rudy, St. Petersburger Philharmoniker, Warner.

Rachmaninow: *Symphonie Nr. 2,* Concertgebouworkest, RCO.
Rachmaninow: *Symphonie Nr. 2,* Philharmonia Orchestra, Chandos.
Respighi: *Pini di Roma* (mit Bizet: *Carmen-Suite*), Symphonieorchester des BR, BR Klassik.
Rihm: *Requiem-Strophen,* Chor und Symphonieorchester des BR, Neos.
Saint-Saëns: *Symphonie Nr. 3* (mit Poulenc: *Orgelkonzert*), Iveta Apkalna, Symphonieorchester des BR, BR Klassik.
Schönberg: *Gurre-Lieder,* NDR-Chor, MDR-Rundfunkchor Leipzig, Chor und Symphonieorchester des BR, BR Klassik (DVD).
Schostakowitsch: *Lady Macbeth von Mzensk,* Netherlands Opera Chorus, Concertgebouworkest, Opus Arte (DVD).
Schostakowitsch: *Symphonien Nr. 1–15,* Symphonieorchester des BR, St. Petersburger Philharmoniker, Berliner Philharmoniker, Wiener Philharmoniker, London Philharmonic Orchestra, Philadelphia Orchestra, Oslo Philharmonic Orchestra, Warner.
Schostakowitsch: *Symphonie Nr. 7 »Leningrader«,* Concertgebouworkest, RCO.
Schostakowitsch: *Symphonie Nr. 7 »Leningrader«,* Symphonieorchester des BR, BR Klassik.
Schostakowitsch: *Symphonie Nr. 10,* Concertgebouworkest, RCO.
Schostakowitsch: *Symphonie Nr. 10,* Symphonieorchester des BR, BR Klassik.
Schubert: *Symphonie Nr. 8 »Die Große«,* Symphonieorchester des BR, BR Klassik.
Schumann: *Symphonie Nr. 1* (mit Schubert: *Symphonie Nr. 3*), Symphonieorchester des BR, BR Klassik.
Sibelius: *Konzert für Violine* (mit Prokofjew: *Konzert für Violine*), Frank Peter Zimmermann, Philharmonia Orchestra, Warner.
Sibelius: *Symphonien Nr. 1–3, 5,* Oslo Philharmonic Orchestra, Warner.
Sibelius: *Symphonie Nr. 2,* Concertgebouworkest, RCO.

Sibelius: *Symphonie Nr. 2, Finlandia, Karelia-Suite*, Symphonieorchester des BR, BR Klassik.

Strauss: *Also sprach Zarathustra, Burleske*, Daniil Trifonov, Symphonieorchester des BR, BR Klassik.

Strauss: *Ein Heldenleben*, Concertgebouworkest, RCO.

Strauss: *Ein Heldenleben, Don Juan*, Symphonieorchester des BR, BR Klassik.

Strauss: *Ein Heldenleben* (mit Beethoven: *Klavierkonzert Nr. 3*), Mitsuko Uchida, Symphonieorchester des BR, Arthaus (DVD und Blu-Ray).

Strauss: *Eine Alpensinfonie, Don Juan*, Concertgebouworkest, RCO.

Strauss: *Eine Alpensinfonie*, Symphonieorchester des BR, BR Klassik.

Strauss: *Konzert für Oboe und kleines Orchester* (mit *Metamorphosen*, dirigiert von Eugen Jochum), Stefan Schilli, Symphonieorchester des BR, Oehms.

Strauss: *Till Eulenspiegel, Rosenkavalier-Suite, Vier letzte Lieder*, Anja Harteros, Symphonieorchester des BR, BR Klassik.

Strawinsky: *Der Feuervogel* (mit Strauss: *Till Eulenspiegel*), Oslo Philharmonic Orchestra, Simax.

Strawinsky: *Le Sacre du Printemps, Suite aus L'oiseau de feu*, Symphonieorchester des BR, BR Klassik.

Strawinsky: *Petruschka, Symphonische Tänze*, Concertgebouworkest, RCO.

Tschaikowsky: *Konzert für Viola, Klavier und Orchester, Etudes in Simple Tones*, Xenia Bashmet, Boris Berezovsky, Daria Tschaikowskaja, Moscow Philharmonic Orchestra, Melodiya.

Tschaikowsky: *Eugen Onegin*, Concertgebouworkest, Opus Arte (DVD und Blu-Ray).

Tschaikowsky: *Pique Dame*, Netherlands Opera Chorus, Concertgebouworkest, CMajor (DVD und Blu-Ray).

Tschaikowsky: *Pique Dame*, Konzertvereinigung Wiener Staatsopernchor, Wiener Philharmoniker, Unitel (DVD und Blu-Ray).

Tschaikowsky: *Pique Dame*, Kinderchor der Bayerischen

Staatsoper, Chor und Symphonieorchester des BR, BR Klassik.
Tschaikowsky: *Symphonien 1–6, Manfred-Symphonie*, Oslo Philharmonic Orchestra, Chandos.
Tschaikowsky: *Symphonie Nr. 5, Francesca da Rimini*, Symphonieorchester des BR, BR Klassik.
Tschaikowsky: *Symphonie Nr. 6* (mit Schostakowitsch: *Symphonie Nr. 6*), Symphonieorchester des BR, BR Klassik.
Verdi: *Messa da Requiem*, Chor und Symphonieorchester des BR, BR Klassik.
Wagner: *Orchesterstücke*, Oslo Philharmonic Orchestra, Warner.
Weber: *Konzert für Klarinette Nr. 1* (mit Weber: *Grand Duo concertant op. 48*, Brahms: *Intermezzo op. 118 Nr. 2* und *Wie Melodien zieht es mir*, Mendelssohn Bartholdy: *Lieder ohne Worte für Klarinette und Klavier*), Andreas Ottensamer, Yuja Wang, Berliner Philharmoniker, Deutsche Grammophon.

Sammelprogramme:
Berliner Philharmoniker – Open Air, Vadim Repin, EuroArts (DVD)
Debussy: *La Mer*, Dutilleux: *L'Arbre des Songes*, Ravel: *La Valse*, Dmitry Sitkovetsky, Concertgebouworkest, RCO.
Europakonzert 2001, Emmanuel Pahud, Berliner Philharmoniker, EuroArts (DVD).
Europakonzert 2017, Andreas Ottensamer, Berliner Philharmoniker, EuroArts (DVD).
Konzert zu Ehren von Papst Benedikt XVI., Chor und Symphonieorchester des BR, Arthaus (DVD).
Liszt: *Ungarische Rhapsodie Nr. 2*, Chabrier: *España*, Enescu: *Rumänische Rhapsodie*, Gershwin: *Rhapsody in Blue*, Ravel: *Rapsodie espagnole*, Denis Matsuev, Symphonieorchester des BR, BR Klassik.
Music is the Language of Heart and Soul, Filmporträt von Robert Neumüller (mit Mahler: *Symphonie Nr. 2*), Concertgebouworkest, CMajor (DVD und Blu-Ray).
Neujahrskonzert 2006, Wiener Philharmoniker, Deutsche Grammophon (auch DVD).

Neujahrskonzert 2012, Wiener Philharmoniker, Sony (auch DVD).
Neujahrskonzert 2016, Wiener Philharmoniker, Sony (auch DVD).

Literatur

Constantin Floros: »Diener am Werk. Der Dirigenten-Lehrer Hans Swarowsky«, in: *Das Orchester* 02/2009.
Hartmut Hein/Julian Caskel (Hg.): *Handbuch Dirigenten. 250 Portraits*, Kassel, Bärenreiter/Metzler 2015.
Roderick L. Sharpe, Jeanne Koekkoek Stierman: *Maestros in America*, Lanham, Scarecrow Press 2008.
Katrin Reichelt: *Lettland unter deutscher Besatzung 1941–1944. Der lettische Anteil am Holocaust*, Berlin, Metropol-Verlag 2011.
Peter Reynolds: *BBC National Orchestra of Wales: A Celebration*, London, BBC 2009.
Alexander Werner: *Carlos Kleiber. Eine Biografie*, Mainz, Schott 2008.

Film

Robert Neumüller: *Musik ist die Sprache von Herz und Seele*, ORF 2011.
Eckart Querner/Sabine Scharnagl: *Die Musik hat immer recht*, BR 2013.

Bildnachweis

[1] – [5], [10] © privat
[6] – [9] © Reinhard Friedrich/Archiv Berliner Philharmoniker
[11] © Arne Knudsen
[12] © Renske Vrolijk/Royal Concertgebouw Orchestra
[13], [14] © Anne Dokter
[15], [17], [19] – [25] © Peter Meisel
[16] © PRO EVENTS
[18] © Matthias Schrader
[26] © Markus Dlouhy
[27] – [41] © Peter Meisel

Personenregister

Abbado, Claudio 37, 88, 96, 121, 192, 195, 198, 227, 255, 290, 296
Andriessen, Louis 234 f.
Angyan, Thomas 71, 217
Antonini, Giovanni 196
Apkalna, Ivetka 287
Audi, Pierre 175, 179
Ax, Emanuel 130, 236

Bach, Johann Sebastian 52, 87, 196, 208, 221
Barber, Samuel 112
Barenboim, Daniel 173, 190, 218, 255, 257
Bartók, Béla 12, 89, 118, 121, 131, 144, 187, 209, 251, 255
Båtnes, Elise 91, 93
Beatrix, Königin (der Niederlande) 233
Beckenbauer, Franz 185
Beckstein, Günther 240
Beethoven, Ludwig van 11–13, 19, 46, 52, 61, 64, 78, 83, 85 f., 88, 111 f., 130, 132, 136, 161, 187 f., 190–192, 195, 199, 206, 209, 226, 236, 251, 278, 280, 291
Benedikt XVI., Papst 187 f.
Bergel, Erich 81
Berio, Luciano 161
Berlioz, Hector 23, 67, 85, 89, 118, 122, 133, 144, 151, 161, 223, 229
Bernstein, Leonard 90, 112, 122, 161, 198, 211, 233
Bishop, Stephen 52
Bizet, Georges 178 f., 272
Bladerer, Michael 90, 216, 270
Blech, Leo 21
Blovsky, Walter 88, 169, 187, 189
Boccherini, Luigi 112
Böhm, Karl 41, 90, 198
Boskovsky, Willi 219
Botha, Johan 78, 225
Boucly, Philippe 135
Boulez, Pierre 266
Bræin, Edvard Fliflet 57
Brahms, Johannes 36, 40, 46, 69, 73, 83, 112, 114, 124, 161, 185, 199, 202, 221 f., 250, 266, 280, 287, 290 f.
Braun, Heinrich 136, 155, 221, 279
Brendel, Alfred 227
Breschnew, Leonid 54
Brewer, Christine 225
Britten, Benjamin 151, 227
Bronfman, Yefim 130, 274
Bruch, Max 124
Bruckner, Anton 38, 40, 78, 87, 130, 148, 160, 162, 167, 199, 202, 207 f., 216, 247, 249

Brundtland, Gro Harlem 100
Buchbinder, Rudolf 290

Cárdenes, Andrés 107, 109, 114 f., 119, 124, 127 f.
Celibidache, Sergiu 23
Chabrier, Emmanuel 251, 262
Chailly, Riccardo 127, 144 f., 159, 192, 211, 225
Chichon, Karel Mark 178
Chmura, Gabriel 13
Chruschtschow, Nikita 54
Copland, Aaron 251
Crider, Michèle 78

Damrau, Diana 186, 290 f.
Daugherty, Michael 118
Debussy, Claude 89, 144, 162, 251
Dijkstra, Peter 263
Dohnányi, Christoph von 84
Domingo, Plácido 186
Domingo, Plácido jr. 186
Dschojewa, Veronika 224
Dubček, Alexander 34
Dudamel, Gustavo 257
Dvořák, Antonín 52 f., 85, 108, 136, 163 f., 185, 222, 249, 261 f., 265, 287

Elgar, Edward 87
Eschenbach, Christoph 40, 123

Falla, Manuel de 209, 251
Faltlhauser, Kurt 168–170
Fauré, Gabriel 266
Feltsman, Vladimir 143
Fink, Bernarda 210 f.
Fischer, Adam 296
Fischer-Dieskau, Dietrich 227
Fischer, Heinz 215
Fischer, Iván 37, 296
Floros, Constantin 37
Fujimura, Mihoko 164, 225
Furtwängler, Wilhelm 259
Furzewa, Ekaterina 36

Gabrieli, Giovanni 121
Garanča, Elīna 161, 178, 261
Gatti, Daniele 225
Gehmacher, Stephan 189
Gergiev, Valery 56, 190
Gershwin, George 118, 251
Gielen, Michael 28, 212
Gilbert, Alan 190
Gilels, Emil 47, 55
Giulini, Carlo Maria 90
Goppel, Thomas 168
Gorbatschow, Michail 72
Gottschalk, Thomas 287
Grieg, Edvard 61, 71, 78, 85, 88, 204, 208
Griffey, Anthony Dean 117
Groh, Hans Josef 96
Grotzky, Johannes 138
Gruber, Thomas 138, 153
Grüner-Hegge, Odd 50
Gullberg, Odd 94

Haefliger, Ernst 117
Haitink, Bernard 143 f., 146, 160, 186, 225, 271
Halvorsen, Johan 52
Hampson, Thomas 223, 227, 233, 251
Händel, Georg Friedrich 87, 196, 208
Harald V., König (von Norwegen) 100
Harding, Daniel 289, 291
Harnoncourt, Nikolaus 68, 195, 202, 217, 227, 274, 292
Hartmann, Karl Amadeus 152, 265
Hatziano, Markella 78
Haugen, Svein 50, 92, 101
Haydn, Joseph 86 f., 112, 130, 151, 288
Heide, Petra van der 144, 162, 249, 252
Held, Alan 117
Hellsberg, Clemens 89 f., 216–218
Hengelbrock, Thomas 196
Henze, Hans Werner 161
Heppner, Ben 116 f.
Herheim, Stefan 179–182, 269, 282
Herreweghe, Philippe 190
Heubisch, Wolfgang 170 f., 238, 239
Himmler, Heinrich 14
Hinterhäuser, Markus 268 f., 281 f.
Holender, Ioan 178
Honeck, Manfred 286

Honegger, Arthur 78, 157
Hornung, Maximilian 222
Hovland, Egil 87

Iersel, Johan van 142, 145, 147, 249
Iwanowna, Zarin Anna 36

Janáček, Leoš 226
Jansen, Janine 234
Jansone, Iraīda 14–17, 19, 22, 24, 27–29, 36, 93, 165, 178 f.
Jansons, Arvīds 13, 15–18, 21, 22–25, 27–31, 36, 39, 42, 47–49, 56, 60 f., 73, 92 f., 194, 215, 261, 293
Jansons, Ilona 32
Jansons, Ira 32
Jansons, Irina 71, 120, 126, 136, 173 f., 214, 218, 227, 256, 272 f.
Jia, Lü 236
Jochum, Eugen 191
Jovanovich, Brandon 271, 283

Kamu, Okku 49, 57
Kancheli, Giya 209
Kantscheli, Gija 190
Karajan, Eliette von 288
Karajan, Herbert von 12 f., 26 f., 36 f., 39–42, 47 f., 56, 64, 82, 90, 157, 162, 198, 203, 220, 227, 259, 289, 296
Kaufmann, Julie 93
Kavakos, Leonidas 250, 265
Kempen, Thomas von 234

Ketting, Otto 209
Kirchschlager, Angelika 223
Kitajenko, Dmitrij 36
Kleiber, Carlos 20, 28 f.
Kleiber, Erich 20, 21, 28 f.
Klenze, Leo von 169
Knappertsbusch, Hans 162
Knuschewitsky, Swjatoslaw 27
Kodaly, Zoltan 161
Kondraschin, Kirill 54
Koopman, Ton 196
Korngold, Erich Wolfgang 265
Kreile, Claudia 221
Kremer, Gidon 35, 54, 114, 187, 209
Kriegenburg, Andreas 269, 271
Kross, Tanja 209
Kubelik, Rafael 150, 279
Kušej, Martin 175–177, 269

Lang Lang 186, 234, 287
Lanner, Joseph 215
Larcher, Thomas 267
Larmore, Jennifer 117
Larsen, Bjarne 57
Legge, Walter 12
Leskow, Nikolai 270
Levine, James 150, 152
Ligeti, György 227, 287
Liszt, Franz 52, 251
Loot, Jan Willem 145
López Cobos, Jesús 37
Lupu, Radu 130

Lutosławski, Witold 251
Lu, Yu 230

Maazel, Lorin 11, 88, 107 f., 110, 113 f., 119, 123, 131, 134–138, 145, 149–151, 187, 191, 219, 225
MacDonald, Rory 235 f.
Macelaru, Cristian 286
Madaras, Gergely 230
Mahler, Gustav 76, 78, 94, 103, 105, 111 f., 127, 130 f., 134, 144, 149, 159 f., 167, 202, 205–207, 210–212, 214, 225 f., 232 f., 235, 249, 251 f., 266, 271, 288
Mailer, Franz 214
Maisky, Mischa 114
Mälkki, Susanna 289
Marschik, Andreas 136
Martinů, Bohuslav 251
Massenet, Jules 251
Masur, Kurt 122
Mattila, Karita 187
Máxima, Königin (der Niederlande) 252
Máxima, Kronprinzessin (der Niederlande) 209, 233
Mehta, Zubin 37, 41, 139, 150, 185 f., 286, 296
Meister, Kurt 134, 137 f.
Mendelssohn Bartholdy, Felix 48, 57, 108, 208
Mengelberg, Willem 157, 160, 205
Menotti, Gian Carlo 112

Menuhin, Yehudi 227
Merbeth, Ricarda 210
Merkel, Angela 215
Michelangelo 266
Midori 107 f., 124
Millöcker, Carl 20
Minkus, Ludwig 15
Mittelbach, Werner 248
Mizushima, Aiko 222
Mochizuki, Misato 190
Moir, Robert 110–112, 117, 119, 126 f.
Mortier, Gerard 269
Mozart, Wolfgang Amadeus 12, 23, 34, 40 f., 86 f., 112, 153, 183, 186, 195, 215, 249, 266, 287
Mrawinsky, Jewgenij 24–27, 37, 39, 43–48, 56, 62, 64, 73–76, 82, 199, 220, 283, 296
Mühlemann, Regula 288
Muraveva, Evgenia 271, 283
Mussorgsky, Modest 7, 84, 115, 175, 260, 284, 293
Muti, Riccardo 88, 123, 133–135, 138, 151, 175, 264
Mutter, Anne-Sophie 222

Nagano, Kent 190, 222, 224
Naidoo, Xavier 185
Nakajima, Tateo 245
Neill, Stuart 93
Nelsons, Andris 178, 257
Netrebko, Anna 178 f.
Neuenfels, Hans 282 f.
Neumeier, John 215

Nézet-Séguin, Yannick 289
Nicolai, Otto 263
Nielsen, Carl 87
Nilsson, Stig 62 f., 91, 94
Nøkleberg, Einar Stehen 52
Nono, Luigi 152
Norman, Jessye 124
Norrington, Roger 190

Oistrach, David 27, 47
Orff, Carl 151
Österreicher, Karl 37–39
Otaka, Tadaaki 81, 83
Ozawa, Seji 41

Padding, Martijn 251
Padmore, Mark 267
Palestrina, Giovanni Pierluigi da 188
Perlman, Itzhak 122
Petrenko, Kirill 257 f.
Petrenko, Mikhail 180
Petrenko, Wassili 291
Poulenc, Francis 152, 161, 287
Previn, André 102 f., 110
Prior, Alexander 230
Prislin, Peter 149
Prohaska, Anna 225
Prokina, Elena 93
Prokofjew, Sergej 7, 48, 52, 59, 107, 208, 234, 250
Puccini, Giacomo 91, 93, 173
Puschkin, Alexander 182

Quasthoff, Thomas 164

Rabinowitsch, Nikolai 33, 44
Rachlin, Julian 130, 223, 280
Rachmaninow, Sergej 143, 212
Raes, Jan 247
Rattle, Simon 8, 103, 254 f., 274
Ravel, Maurice 12, 59, 85, 103, 121, 144, 162, 208, 250 f., 255, 267, 278, 280
Reiter, Dieter 241 f.
Renolds, Peter 82
Respighi, Ottorino 251
Reutter, Otto 255
Richter, Swjatoslaw 27, 47
Rieken, Herman 147, 163
Rihm, Wolfgang 227, 250, 265 f.
Rilke, Rainer Maria 266
Rimskij-Korsakow, Nikolai 84
Rossini, Gioachino 52, 209
Rostropowitsch, Mstislaw 35, 55, 130, 186, 194
Roussel, Albert 103
Rudy, Mikhail 54, 130

Sæverud, Harald 52
Saint-Saëns, Camille 52, 234, 287
Salminen, Matti 78
Sanderling, Kurt 24
Sanderling, Thomas 186
Sawallisch, Wolfgang 41, 164, 294
Scharf, Albert 133 f.

Scheuerer, Franz 150
Schiff, András 60
Schmid, Toni 172
Schnittke, Alfred 152
Schönberg, Arnold 116 f., 131, 152, 222
Schostakowitsch, Dmitri 7, 26, 59, 61, 68 f., 74–78, 84–87, 89, 107, 112, 124, 131, 134, 143, 152 f., 158, 160, 175 f., 186 f., 194, 202, 207, 229, 249–251, 262 f., 265, 267–271, 280, 290
Schtschedrin, Rodion 123, 186, 190
Schubert, Franz 52, 69, 73, 87, 112, 162, 202, 208, 221, 263, 274–276
Schumann, Robert 69, 87, 266
Schüssel, Wolfgang 215
Schwarz, Hanna 283
Seehofer, Horst 170 f., 240–242
Šerkšnytė, Raminta 190
Shaham, Gil 130
Shakespeare, William 236
Sharpe, Roderick L. 131
Sibelius, Jean 44, 52 f., 61, 68, 71, 85 f., 88, 103, 107, 112, 144, 205, 212, 221, 262, 287
Silver, Paul 113, 121
Sinopoli, Giuseppe 37, 88
Skovhus, Bo 180, 224
Slobobodyanik, Alexander 48
Solschenizyn, Alexander 54

Soltesz, Stefan 37
Solti, Georg 90
Sonja, Königin (von Norwegen) 100
Sonnleitner, Florian 260
Stalin, Josef 22, 78, 290
Staud, Johannes Maria 190
Steinberg, William 110
Stemme, Nina 271
Stierman, Jeanne Koekkoek 131
Stockhausen, Karlheinz 227
Stoiber, Edmund 168, 170, 240
Stojanowa, Krassimira 164, 180
Strauß, Eduard 215, 218 f.
Strauß, Johann 186, 214 f., 217
Strauß, Johann junior 215, 218 f.
Strauß, Josef 217 f.
Strauss, Richard 7, 44, 59, 78, 83, 85 f., 88, 105, 112 f., 118, 121, 124, 144, 157 f., 161, 186 f., 202, 205 f., 208 f., 234, 236, 249–251, 271, 278, 286, 291, 298
Strawinsky, Igor 12, 44, 120 f., 151, 207, 235, 287
Svendsen, Johan Severin 87
Swarowsky, Hans 12, 37–39, 83, 88, 196, 296
Szell, George 25

Tellefsen, Arve 60
Temirkanow, Juri 73 f., 129

Thibaudet, Jean-Yves 250
Thielemann, Christian 145, 150, 185 f., 188 f., 198 f., 222, 239, 257, 288
Thor, Harald B. 269
Thurn und Taxis, Fürstin Gloria von 188
Toeplitz, Gideon 107
Toscanini, Arturo 25
Toyota, Yasuhisa 171, 244 f., 267, 278
Tschaikowsky, Peter 7, 15, 23, 26, 44, 48, 57, 62–71, 78, 82, 84–87, 89, 144, 158, 175, 179–181, 183, 186, 194, 202 f., 206, 214, 218, 224, 232, 234, 236, 250, 252, 272, 281, 285
Tschakarow, Emil 13
Tveitt, Geirr 87

Uchida, Mitsuko 209
Ude, Christian 170
Urmana, Violeta 103, 105

Varèse, Edgard 262
Vējonis, Raimonds 278
Ventris, Christopher 175
Verdi, Giuseppe 42, 78, 112, 133, 175, 263, 266
Vickers, Jon 42
Vīgners, Leonīds 24
Villazón, Rolando 178
Viotti, Marcello 153–155
Vogt, Klaus Florian 164
Volle, Michael 225

Wagenaar, Johan 236
Wagner, Martin 264
Wagner, Richard 40, 107, 124, 144, 186 f., 221, 233, 263, 271
Wand, Günter 276
Weber, Carl Maria von 136
Wegener, Sarah 290
Werner, Alexander 28
Westbroek, Eva-Maria 175 f.
Wicks, Camilla 52
Widmann, Jörg 190, 274
Wilhelm, Ulrich 256
Willem-Alexander, Kronprinz (der Niederlande) 209, 233

Williams, Huw Tregelles 82
Williams, John 118
Wilson, Robert 282
Wit, Antoni 13
Wolkow, Solomon 77
Wray, Margaret Jane 117
Wright, Stephen 47, 49, 80 f., 84, 101, 109, 143

Young, Simone 286
Yo-Yo Ma 112, 222

Zeffirelli, Franco 178
Zimmermann, Frank Peter 130, 255